D1751397

Manfred Böckl

Mühlhiasl

Der Seher vom Rabenstein

Roman

Manfred Böckl

MÜHLHIASL
DER SEHER VOM RABENSTEIN

ROMAN

SüdOst Verlag

Bibliografische Information der Deutschen Nationalbibliothek

Die Deutsche Nationalbibliothek verzeichnet diese Publikation in der Deutschen Nationalbibliografie; detaillierte bibliografische Daten sind im Internet über http://dnb.dnb.de abrufbar.
ISBN 978-3-95587-777-4

MIX
Papier aus verantwortungsvollen Quellen
FSC
www.fsc.org
FSC® C014138

Für uns, die Battenberg Gietl Verlag GmbH mit all ihren Imprint-Verlagen, ist Nachhaltigkeit ein wichtiger Teil unserer Unternehmensphilosophie. Daher achten wir bei allen unseren Produkten auf den Einsatz umweltschonender Ressourcen und Materialien.
Dieses Buch wurde auf FSC®-zertifiziertem Papier gedruckt. FSC (Forest Stewardship Council®) ist eine nicht staatliche, gemeinnützige Organisation, die sich für die verantwortungsvolle und ökologische Nutzung der Wälder unserer Erde einsetzt.

Unsere Partnerdruckerei kann zudem für den gesamten Herstellungsprozess nachfolgende Zertifikate vorweisen:
– Zertifizierung für FOGRA PSO
– Zertifizierungssystem FSC®
– Leitlinien zur klimaneutralen Produktion (Carbon Footprint)
– Zertifizierung EcoVadis (die Methodik besteht aus 21 Kriterien in den Bereichen Umwelt, Einhaltung menschlicher Rechte und Ethik)
– Zertifikat zum Energieverbrauch aus 100 % erneuerbaren Quellen
– Teilnahme am Projekt „Grünes Unternehmen" zum Schutz von Naturressourcen und der menschlichen Gesundheit

10. Auflage 2021
ISBN 978-3-95587-777-4
Alle Rechte vorbehalten!
© 2021 SüdOst Verlag in der
Battenberg Gietl Verlag GmbH, Regenstauf
www.battenberg-gietl.de

„Dann schaut den Wald an.
Er wird Löcher haben wie
des Bettelmanns Rock."

„. . . wird man Sommer und
Winter nicht mehr auseinander
kennen, und die Sonne wird
nicht mehr scheinen."

*(Prophezeiungen des Mühlhiasl
nach mündlichen Überlieferungen
aus der Gegend von Englmar)*

Inhaltsverzeichnis

Prolog	9
Der Sohn	20
Gespaltene Welt	32
Das Waldweib	46
Der Rabenstein	57
Steinschrei	71
Die Rotjankerl	83
Barbara	95
Neunerlei Holz	107
Bruderzwist	127
Mühlenzeit	144
Zerkrachendes Leben	163
Kanzelsturm	185
Heimatlos	193
Weltabräumen	210
Verkrüppelt	234
Absterben und Weiterleben	245
Anmerkungen	251
Nachwort	257
Die Prophezeiungen	261

Prolog

Als der Blutende sie nächtens heimsuchte, war Anna Maria Iglberger gerade acht Jahre alt.

Der Krieg war ausgebrochen, weil nach dem Tod Kaiser Karls VI. im Jahr 1740 gleichermaßen Maria Theresia von Österreich und Kurfürst Karl Albrecht von Bayern ihren jeweiligen Anspruch auf die Herrschaft über die habsburgischen Länder angemeldet hatten. Die Auseinandersetzung sollte sich über acht Jahre hinziehen und später als Österreichischer Erbfolgekrieg in die europäische Geschichte eingehen. Als der Blutende zu Anna Maria Iglberger kam, stand der Streit erst in seinem zweiten Jahr; man schrieb damals den Spätherbst 1741.

In Böhmen prallten in diesen Wochen die österreichischen und die mit den Franzosen verbündeten bayerischen Truppen aufeinander. Musketenschüsse knatterten und Rauch zog durch die Wälder. Dörfer brannten ab, Weiber wurden geschändet, Bauern gespießt und Soldaten verstümmelt. Militärrösser galoppierten mit aufgeschlitzten Bäuchen durch den Pulverdampf, verfingen sich mit ihren trommelnden Hufen in den eigenen Eingeweiden und brachen schrill klagend zusammen.

Mitten im Gemetzel befand sich Joseph Iglberger, der älteste Bruder der achtjährigen Anna Maria. Aus dem kleinen Flecken Grub im Vorwald bei Bogen war er im Sommer dieses Jahres 1741 zusammen mit noch einem anderen weggelaufen. Die beiden Burschen waren zum bayerischen Heer gestoßen, hatten Handgeld genommen und hatten die paar Gulden schreimäulig versoffen. Jetzt, im Spätherbst des gleichen Jahres, torkelte Joseph Iglberger mit unbeschreiblichem Grauen in den runden Bauernaugen durch die Schlacht. Der Kamerad aus Grub war längst anderswohin versprengt worden.

Ehe der Säbelhieb des Kroaten ihm quer über den Rücken schnalzte, ehe die Klinge sich in seine Rippen verbiß und sie spaltete, begriff der neunzehnjährige Joseph Iglberger noch, wie das Antlitz des Krieges in seiner allerletzten Konsequenz aussah. Dann brach er blutend auf die nach Angstschweiß, Fäkalien und Tod stinkende Erde nieder – und hatte gleichzeitig das Gefühl, körperlos zu schweben, zu rasen, zu gleiten.

Anni, dachte er noch.

Er hatte die kleine Schwester so sehr geliebt. Erst wenige Tage zuvor, während des Kampfes um ein anderes namenloses böhmisches Dorf, hatte er mitansehen müssen, wie ein Mädchen, ein Kind in Anna Marias Alter, von einem durchgehenden Gaul niedergetrampelt worden und mit zerschmettertem Körperchen liegengeblieben war.

Jetzt wurden ihm das fassungslose Gesicht des böhmischen Mädchens und dasjenige seiner kleinen Schwester noch eins, ehe er, ein paar gequälte Herzschläge später, überhaupt nicht mehr denken, nichts mehr sehen, nichts mehr empfinden konnte.

Tot lag Joseph Iglberger auf dem nächtlichen Schlachtfeld in Böhmen.

Und im selben Augenblick – doch das wußte sie nicht – schreckte Anna Maria Iglberger in ihrem Bett im Bauernhaus zu Grub im Vorwald aus dem Schlaf hoch und starrte mit entsetzten Augen auf den Blutenden, der wie aus dem Nichts gekommen vor ihr stand.

Wächsern und starr war das Gesicht des Bruders; nur die Lippen bewegten sich lautlos, flatterten, zuckten wie im Krampf. Zwischen schmerzhaft gebleckten Zähnen heraus sprudelte und sprühte in hektischen Stößen das Blut. Auch über Josephs Rükken schwemmte es, den unregelmäßigen Schlägen des sterbenden Herzens gehorchend. Das achtjährige Mädchen sah es genau, obwohl der Bruder ihm nicht den Rücken, sondern die Brust zuwandte.

Die der Achtjährigen vertraute Welt war mit einem Schlag zerbrochen. Die bisher gültigen Dimensionen hatten sich urplötzlich verschoben. Der Blutende war in die Kammer gekommen aus dem Nichts – und verflüchtigte sich nun wieder ins Nichts.

Anna Maria Iglberger begann in Panik zu schreien. Die drei Geschwister, die zusammen mit dem Mädchen in der Dachstube schliefen, erwachten, blickten verstört und ratlos drein. Keines von ihnen hatte die Erscheinung wahrgenommen, allein Anna Maria. Jetzt schrie sie und schrie, bis die Mutter kam, sie in die Arme nahm, sie zu beruhigen versuchte.

Anna Maria beruhigte sich lange nicht. Sie brauchte Stunden, um überhaupt über das sprechen zu können, was sie in der

Kammer gesehen hatte. Erst als das Tageslicht durch die kleinen Fenster drängte, erzählte sie den Eltern stockend von der blutenden Erscheinung. „Der Joseph ist tot!" heulte sie. Und beschrieb nun wieder und wieder, wie das Blut aus seinem Mund und seinem aufklaffenden Rücken gekommen war. Und wollte und konnte das schreckliche Bild nicht vergessen.

In seiner Verzweiflung lief der alte Iglberger zuletzt zum Pfarrer von Grub. Der kam, sah das Mädchen, bekreuzigte sich und begann exorzistische Litaneien zu murmeln. Der angeblich teufelsaustreiberische Hokuspokus bewirkte gar nichts. Ratlos zog sich der Pfarrer zurück. Anna Maria flennte und litt weiter.

Später am Tag tauchte auf dem Bauernhof der Müller von Apoig auf. Er war von Hunderdorf heraufgekommen, um beim Iglberger ein paar Säcke Roggen einzuhandeln. Die Bäuerin erinnerte sich daran, daß man den Müllern schon von alters her besondere Fähigkeiten im Umgang mit dem Übernatürlichen nachsagte. Vielleicht konnte der alte Lang helfen.

Der Apoiger Müller hörte sich an, was die Bäuerin ihm zu berichten hatte; er horchte geduldig auch auf das Gestammel des achtjährigen Mädchens. „Man hat's immer wieder gehört, daß die Toten, wenn sie fern von der Heimat gestorben sind, den Lebenden ein Zeichen geben", murmelte der Lang zuletzt. „Und der Sepp ist in die Fremde gelaufen, als Soldat..."

Wieder heulte das Mädchen auf.

„Du meinst, daß er wirklich gefallen ist?!" jammerte die Iglbergerin. Ihr Gatte starrte stumm durchs Küchenfenster nach draußen, wo die anderen Kinder auf dem diesigen Hofplatz spielten. „JessasMariaundJosef", wimmerte die Frau haltlos. „Alle Heiligen, helfts mir!"

Der Müller räusperte sich rauh und erwiderte: „Jetzt müssen wir erst einmal an das Dirndl denken! Die Annamirl muß für ein paar Tage weg von Grub. Das wird ihr helfen. Ich nehm' sie mit hinunter nach Apoig. Meine Alte kann sich um sie kümmern. Ist ja eh weitschichtig mit dir verwandt, Iglbergerin, gell. In der Mühl' kann die Annamirl wieder zu sich selber kommen. Das Mühlenrauschen ist gut für eine wie sie. Das Mühlenrauschen macht ihr die Seel' wieder ruhig."

Er ging zu dem Mädchen, zog es an sich. Das Schluchzen der Achtjährigen ebbte ab. Die Mutter tat durch ein Nicken ihre halbherzige Zustimmung kund. Der alte Iglberger sagte: „Die Roggensäck' lad' ich dir vorher noch auf. Den Preis kannst du mir später machen."

Der Müller von Apoig grunzte und führte das Mädchen aus der Küchenstube. Unter der Tür drehte er sich noch einmal um und raunte der Iglbergerin zu: „Kann bloß ein Traum gewesen sein, kann auch mehr gewesen sein. Merk' dir die Stund' und den Tag gut . . ."

„Tot ist er! Jetzt glaub' ich's ganz fest!" ächzte die Iglbergerin. Sie griff nach dem Rockärmel des Lang, krallte sich dort fest.

Der Müller von Apoig schüttelt unwillig die Hand ab, zuckte die Achseln und erwiderte: „Glauben! Was heißt schon glauben? Menschenglauben, Priesterglauben, Aberglauben – alles neblig. Wart's ab, Iglbergerin, mehr kann ich dir auch nicht sagen. – Die Annamirl kannst in einer Wochn oder so wieder holen . . ."

Damit ging er mit dem Mädchen nach draußen. Der Bauer folgte ihm und wuchtete ihm die Roggensäcke auf den einspännigen Wagen. Dann tauschten die beiden Männer nur noch einen langen, wortlosen Blick. Der Müller von Apoig schwang sich auf das Sitzbrett, half dem Mädchen hoch, knüpfte die Zügel los und schnalzte mit der Zunge. Der Schimmel zog an, der Wagen holperte los und verschwand nach kurzer Wegstrecke im ziehenden Nebel. Der Bauer blickte ihm lange nach und fühlte sich inwendig seltsam leer. Ununterbrochen dachte er an den Joseph, an den Narren, der zu den Soldaten gelaufen war.

Während der Fahrt von Grub nach Hunderdorf hinunter wurde das Mädchen still. Das Schaukeln, Holpern und Poltern des Wagens, dazu der nickende Pferdekopf schläferten es ein. Der Müller zog Anna Maria nahe zu sich heran, legte ihr ein Stück Sackleinen um die schmalen Schultern und hielt sie fest. Als Hunderdorf in Sicht kam, waren die Augen des Mädchens zugefallen. Kurz vor dem Dorf lenkte der Müller den Schimmel auf einen Feldweg. Die Apoiger Mühle lag etwas außerhalb des Ortes. Vor dem flachen, langgestreckten Haus kam der Wagen zum Stehen. Das Wasser strudelte und gurgelte unter dem Wehr, das Mühlrad selbst stand heute still. Der alte Lang hob das Mädchen vom Sitzbrett und trug es unter dem vorgebauten Mittelgiebel hinein ins Haus. Anna Maria erwachte nicht. Der Müller erklärte seiner Gattin kurz den Sachverhalt, dann trug die

Frau das schlafende Mädchen in eine der leerstehenden Knechtskammern neben dem Mahlgang.

In Anna Marias Schlaf hinein begann wenig später das Mahlwerk zu pochen. Der alte Lang hatte mit der Verarbeitung des Roggens begonnen, den er mitgebracht hatte. Das Mädchen begann sich unruhig herumzuwälzen, wachte aber nicht auf. Dann lullte das Mühlenpochen die Achtjährige tiefer und tiefer ein. Ein Traum bildete sich aus; ein Traum, in dem Anna Maria erneut den Blutigen sah.

Doch diesmal stand der Bruder nicht vor ihr, sondern lag verkrümmt auf dem schlammigen Waldboden. Um ihn herum stampften Rösser, lagerten Uniformierte, wurden Kanonen gerollt. Lagerfeuer flackerten, und im Schein eines dieser Feuer sah das Mädchen, wie sich ein paar Soldaten der Leiche näherten, sie aufrichteten, die Taschen des Toten durchsuchten und leerten und den Bruder dann zu einer Grube schleiften, in der bereits viele andere Leichen lagen.

Das Mühlenpochen hielt an. Der Traum des Mädchens, der seltsamerweise farbig ablief – so wie Menschen normalerweise gar nicht träumen können, ging weiter. Anna Maria sah, wie Leiche um Leiche in die Grube glitt, wie das Loch zuletzt, im Morgengrauen schon, zugeschüttet wurde. Ein übermüdeter Feldprediger begann seine Gebete zu leiern. Neben dem Hügel des Massengrabes standen nur wenige Soldaten. Als der Prediger geendet hatte, ging einer von ihnen weg und suchte den Waibel[1]) auf. Die beiden Männer verhandelten eine Weile miteinander, dann gab der, der am Grab gestanden hatte, dem anderen eine Münze. Als er den Brief zu diktieren begann, erkannte Anna Maria den einfachen Soldaten. Es war der Bursche, der zusammen mit ihrem Bruder aus Grub weggelaufen war.

Anna Maria bekam mit, daß der Brief an die Eltern des Gefallenen gehen sollte. Dann verschwammen die Bilder und Geräusche, nur das Mühlenpochen blieb, und das Mädchen schlief nun traumlos weiter.

Als Anna Maria Iglberger spät am nächsten Morgen erwachte, stand die Müllerin an ihrem Bett. Neben ihr erkannte das Mäd-

---

[1]) Anmerkungen siehe Anhang

chen den ältesten Sohn der Müllersleute, der ein paar Jahre vor ihr geboren worden war. „Grüß dich", sagte der zwölfjährige Matthias jetzt und lachte Anna Maria an. „Hast' endlich ausgeschlafen?" Er reichte ihr ein Stück Brot, und das Mädchen spürte dankbar, daß es in die wirkliche Welt zurückgekehrt war. Der Blutende an ihrem Bett in Grub, auch der Traum der vergangenen Nacht waren für sie plötzlich nur noch ganz ferne, verschwommene Schatten. Nur eines hatte Anna Maria noch greifbar in Erinnerung. „Die Eltern kriegen einen Brief", murmelte sie, vergaß sofort wieder, was sie gesagt hatte, sprang aus dem Bett und folgte Matthias nach draußen.

Die Müllerin wußte inzwischen genau Bescheid über das, was sich in Grub zugetragen hatte. Ihr Gatte und sie hatten in der Nacht noch lange darüber gesprochen. Deswegen merkte sie sich jetzt gut, was das Mädchen soeben gesagt hatte.

Die nächsten Tage und Wochen verstrichen ereignislos. Vom Krieg in Böhmen gelangten kaum Nachrichten in den Vorwald bei Bogen. Anna Maria schlief eine Woche lang in der Knechtskammer und ließ sich vom Mühlenpochen lullen. Tagsüber spielte sie mit dem zwölfjährigen Matthias; als die Woche vorüber war, waren die beiden Kinder gute Freunde geworden. Dann tauchte eines Tages die Iglbergerin auf, um ihre Tochter nach Hause zu holen. Das Ende des Jahres 1741 war jetzt schon nahe. Im Vorwald und auch draußen im Donaugäu lag der erste Schnee.

Der Abschied von Matthias fiel Anna Maria schwer. Immer wieder dachte sie an den Brotkanten, den er ihr an jenem Morgen zugesteckt hatte. Der Kanten war für sie mehr als Nahrung gewesen; er hatte Anna Marias Leben damals auf einfache und urwüchsige Weise wieder Halt gegeben, auch wenn sie sich dies selbstverständlich nicht bewußt zu machen vermochte. Doch gerade durch dieses Stück Brot war ein tiefes Vertrauen zwischen den beiden Kindern entstanden.

Anna Maria und Matthias versprachen sich, daß sie sich von nun an so oft wie möglich gegenseitig besuchen wollten. Dann stapfte das Mädchen neben seiner Mutter durch den Schnee bergan, nach Grub. Manchmal war das Kloster Windberg zu sehen, das ein Stück weiter im Osten protzig und breit auf einem flachen Hügel lag. Dünne Rauchfäden stiegen aus den zahlreichen Kaminen auf und fächerten unter dem diesigen Himmel davon. Weit drüben in Böhmen rauchten noch immer die Dörfer, tobte noch immer der Krieg, doch daran dachte das Mädchen schon lange nicht mehr, und seine Mutter wollte nicht daran denken.

So kehrte Anna Maria heim. Dann rundete sich das Jahr und glitt beinahe unmerklich in den Januar hinüber, und in der Mitte dieses Monats langte endlich der Brief in Grub an; jener verschmutzte und an einer Ecke mit Blut besudelte Brief aus dem Heerlager in Böhmen.

Die Iglbergers, die beide nicht lesen konnten, drehten und wendeten den Umschlag lange unschlüssig. Die Kinder starrten mit großen Augen auf das gesiegelte Pergament. Am Abend dann nahmen die Eltern all ihren Mut zusammen und trugen den Brief zum Dorfpfarrer.

Der erbrach das Siegel und begann, zunächst still für sich, zu lesen. Danach blieb er lange stumm. Erst als der alte Iglberger ihn zu drängen begann, sagte er: „Gottes Wege sind für euch Bauern unbegreiflich! Aber es steht geschrieben, daß ihr nicht gegen den Stachel löcken sollt! Auch ist es gewiß gottgefällig und ehrenhaft, für den Fürsten, den Gott als Obrigkeit über euch gesetzt hat, zu sterben..."

„Der Sepp!" heulte die Iglbergerin unvermittelt los. „Die Annamirl hat recht gehabt!"

Der Bauer starrte, als hätte ihn der Schlag getroffen.

„Red' schon! Red' doch endlich, Hochwürden Herr Pfarrer!" schrie die Frau den Schwarzgewandeten an.

„Ich will nicht gleich sagen, daß eure Tochter vom Teufel besessen ist", murmelte der Pfarrer, „aber sie hat's in der Tat schon lange vorher gewußt! – Der Joseph Iglberger hat sein Leben für den Kurfürsten gegeben. In einer großen Schlacht ist er gefallen, im Böhmischen drüben. Ein Kamerad von ihm hat den Brief einem Vorgesetzten diktiert. – Und ihr müßt jetzt den Willen des Herrgotts annehmen! Das ist eure Pflicht! Außerdem liegt der Todesfall ja schon ein paar Wochen zurück..."

„Wann? Wann ist der Sepp umgekommen?" wimmerte die Bäuerin.

„Als ob das noch was ausmachen würd'", murmelte verstört ihr Gatte.

Der Pfarrer suchte im Brief, fand das Todesdatum und nannte es. Einen Augenblick lang stand das Ehepaar wie versteinert da. „Genau damals, als die Annamirl die Erscheinung gehabt hat!" brachte endlich die Iglbergerin heraus. „Sie hat ihn gesehen, damals in der Nacht! Der Sepp ist noch einmal zu ihr gekommen! Ist noch einmal heimgekomme..."

Der Dorfpfarrer nickte verwirrt und stumm. Im Hintergrund lauerte die Köchin.

Der Bauer bekam es, trotz der Trauer, die ihn lähmen wollte, plötzlich mit der Angst zu tun. Er schluckte mehrmals, wandte sich dann an den Kleriker: „Es braucht doch außer uns keiner im Dorf zu wissen, was damals mit der Annamirl passiert ist, gell?! Er wand sich. „Das Dirndl könnt' sonst in den Geruch einer Hex' kommen! Könnt' für sein Lebtag todunglücklich werden... oder gar noch Schlimmeres! Ich tu' Euch bitten, Hochwürden Herr Pfarrer..."

Der Schwarzgewandete schien mit sich zu kämpfen. In den Augen der Haushälterin stand plötzlich so etwas wie mystische Gier. Auch sie hatte längst von der Erscheinung auf dem Iglberger-Hof gehört. Bedrückend lange standen die vier Menschen stumm da. Endlich sagte der Pfarrer: „Ich will Gnade vor Recht ergehen lassen und schweigen." Danach wurde er unvermittelt geschäftsmäßig. „Eine normale Leich' kann es nicht geben für den Joseph Iglberger", erklärte er. „Weil er nicht auf dem Dorffriedhof zu liegen kommen wird. – Aber ich kann Seelenmessen lesen für ihn, am besten gleich ein volles Dutzend, weil er in der Sünd' und ohne letzte Ölung hinübergegangen ist."

Der Bauer nickte ängstlich und murmelte: „Fangt gleich morgen damit an, ich bitt' Euch! Und das Geld bring' ich Euch dann schon..."

Stoßartig begann die Bäuerin zu heulen. Der Iglberger zog sie aus der Pfarrstube, während die Haushälterin unter Zuhilfenahme ihrer Finger zu rechnen begann und der Geistliche dem Paar mißtrauisch und zweifelnd hinterherstarrte. Der Kleriker fragte sich, ob er richtig gehandelt hatte, als er dem Bauern versprochen hatte, über das vermaledeite Gesicht der Anna Maria Iglberger zu schweigen.

Zuletzt tratschte der Dorfpfarrer doch, ebenso handelte seine Haushälterin. Die Geschichte lief zuerst in Grub von Hof zu Hof, dann im Vorwald und bis in den Donaugäu hinunter von Dorf zu Dorf. Viele Menschen begannen scheel oder ängstlich auf die Iglbergerischen zu schauen. Zwar mied man sie nicht gerade völlig und quälte sie auch sonst nicht über Gebühr, und es kam auch nicht zu einem Hexenprozeß, den der Pfarrer selbst jetzt noch in der Mitte des 18. Jahrhunderts durchaus hätte anstrengen können.[2]) Doch die Familie war in einen unguten Ruf geraten; plötzlich galt sie als anders als die anderen – und dies tat ihr in der kleinen, sich selbst beschränkenden Bauernwelt weh. Über den Iglberger-Hof hieß es jetzt unter den Leuten, daß man besser einen Bogen um ihn schlagen solle, denn ganz geheuer sei es unter dem dortigen Schindeldach gewiß nicht.

Eine Ausnahme machten die Inhaber der Apoiger Mühle. Als das Gerede und Getratsche bis Hunderdorf hinunterkam, erinnerte sich die Lang-Mutter daran, daß das Iglberger-Mädchen schon damals in der Knechtskammer von einem Brief gesprochen hatte, der auf seinem elterlichen Hof eintreffen würde. Außerdem hatte die Müllerin die Geschichte von der Erscheinung unentstellt aus dem Mund ihres eigenen Gatten vernommen. Jetzt war die Langin völlig davon überzeugt, daß die Annamirl mit einer Gabe geschlagen war, die gerade auch an solchen Orten, wo seit Jahrhunderten die Mühlräder pochten, nicht ganz unbekannt war.

Schon immer war es so gewesen, daß man den Müllerischen, sonderlich den Weibern aus diesen Familien, zauberische Kräfte und heimliches Heidentum nachgesagt hatte. Dies mochte mit dem Neid der Bauern auf die Müller zusammenhängen, die niemals säten und trotzdem reicher als andere zu ernten schienen. Es mochte auch damit zusammenhängen, daß in den Mühlen oft nächtliche Lichter zu geistern schienen, denn die Mahlwerke dort waren vom Wasser- und nicht vom Sonnenstand abhängig. Eine weitere Ursache mochte sein, daß die Mühlen oft abseits der eigentlichen Dörfer standen und damit geheimnisvolle und nicht für jeden einsichtige Kleinwelten für sich zu bilden schienen.

Doch die Apoigerin wußte auch, daß es in der Tat manchmal Hellsichtige in den Mühlen gegeben hatte; vielleicht hing es mit dem einlullenden Wasserrauschen, dem nächtlichen monotonen Pochen zusammen. Dadurch mochte irgend etwas in den Seelen der Menschen geweckt und freigesetzt werden; freilich nicht bei vielen, bei ganz wenigen nur. Aber die Apoigerin erinnerte sich daran, daß auch in ihrer eigenen Familie – die Frau stammte aus einer Mühle bei St. Englmar – Geschichten über Hellsichtige umliefen; manche von ihnen reichten weit in die vergangenen Jahrhunderte zurück.

Die Müllerin von Apoig wußte auch, wie sehr ein Mensch leiden konnte, wenn er erst einmal in den Ruf geraten war, anders als die anderen zu sein. Die Bauern schnitten eine solche Person, die Pfaffen hetzten gegen sie, und es konnte leicht sein, daß der Betroffene dann zu einem menschenscheuen Sonderling wurde.

Die Müllerin, die ein gutes Herz besaß, faßte nun gerade aus dem letztgenannten Grund eine ganz besondere Zuneigung zu dem achtjährigen Mädchen aus Grub. Ihr Gatte sowie die Kinder, Matthias sowieso, folgten ihr darin, so daß sich zwischen den Familien Lang und Iglberger der Kontakt bald intensiver gestaltete, als er vor jenem Spätherbst des Jahres 1741 gewesen war. Ja, es lebte in den folgenden Jahren die Annamirl manchmal wochenlang auf der Apoiger Mühle, und dann wieder wanderte der halbwüchsige Matthias Lang hinauf nach Grub, um den Iglbergers bei der Aussaat, der Ernte oder beim Dreschen zu helfen. Die beiden Familien hielten zusammen, mochten die anderen deswegen auch noch so sehr die Mäuler wetzen, und die Freundschaft zwischen Anna Maria und Matthias wurde mit den Jahren tiefer und tiefer.

Der Krieg ging unterdessen weiter, zog sich durch halb Europa, bis dann im Jahr 1748 in Aachen der Friede geschlossen wurde und Maria Theresia die mit Hunderttausenden von Toten, Verwundeten, wahnsinnig und heimatlos Gewordenen, Geschändeten, Vergewaltigten und Mißbrauchten erkaufte Erbfolge in den habsburgischen Ländern antreten konnte. Als der Friedensschluß erfolgte, lag Joseph Iglberger schon sieben Jahre in seinem namenlosen böhmischen Grab, und der Schmerz über seinen sinnlosen Tod hatte in Grub der einfachen Erinnerung Platz gemacht. Auch Anna Maria hatte die grauenvolle Erscheinung, die im Spätherbst 1741 vor ihrem Bett aufgetaucht war, längst vergessen, ebenso den seltsamen Traum, der sie später noch heimgesucht hatte. Das Hellsehen war etwas Einmaliges geblieben und hatte sich nie mehr wiederholt.

Jetzt, im Jahr 1748, war für die Annamirl etwas ganz anderes wichtig: Daß Matthias die Fünfzehnjährige kürzlich zum ersten Mal geküßt hatte. Das Mädchen wünschte sich nichts sehnlicher, als daß es wieder dazu kommen würde.

In den folgenden Jahren hatte die Sechzehn-, Siebzehn-, Achtzehnjährige in dieser Hinsicht nicht zu klagen, und 1752 dann, kurz vor der Ernte, heirateten Anna Maria Iglberger aus Grub und Matthias Lang aus Hunderdorf in der Kirche von Steinberg[3]), zu welcher Pfarrgemeinde all die kleinen Dörfer der Gegend gehörten. Nachher feierten die beiden Familien ohne großen Zulauf ihrer Nachbarn in der Apoiger Mühle, und als sich Matthias Lang seiner Gattin zum ersten Mal ehelich und noch recht unbeholfen näherte, da hörte Anna Maria, während ihr anfängliches Verwirrtsein zur Lust wurde, das Wasserrauschen des Mühlbaches und ließ sich lullen von diesem Geräusch und geriet, zwischen Lust und Geborgenheit schwebend, in eine Art von Trance.

Diese Trance verspürte sie dann jedesmal, wenn Matthias unter dem schützenden Geräuschdach des Wasserrauschens und des Mühlenpochens zu ihr kam, und um die Weihnachtszeit des Jahres 1752 empfing sie auch in dieser seltsamen Trance.

Der Sohn

Die Ernte im Vorwald war eingebracht. Auf dem Hofplatz der Apoiger Mühle stauten sich in diesen ersten Septembertagen des Jahres 1753 die Fuhrwerke der Bauern. Noch immer regierte der alte Lang die Mühle; sein Sohn Matthias arbeitete unter ihm als Großknecht. Eben füllte Matthias den Mahltrichter mit einer neuen Ladung Weizen auf, als er vom Wohntrakt her den gellenden Schrei hörte.

Der junge Müller ließ das Korn schneller rieseln. Als der Sack endlich leer war, ertönte der zweite Schrei. Matthias Lang beorderte einen der anderen Knechte ans Mahlwerk. Der Vater, der nichts gehört hatte, verhandelte draußen mit einem Bauern. Matthias kletterte auf die Tenne hinunter, rannte über die Laufplanke neben dem schlagenden, peitschenden Mühlrad hinüber in die angebaute Küche. Auf dem gemauerten Herd mit den schweren Eisenringen in der Platte kochte bereits das Kesselwasser. Von der Lang-Mutter und von der Hebamme war nichts zu sehen. Aus der Kammer, die Matthias zusammen mit Anna Maria bewohnte, drang der dritte Schrei. Er riß die Tür auf und sah, wie sich die junge Frau auf dem Strohsack wand.

Ehe die Mutter und die alte Wehfrau ihn entsetzt hinausscheuchten, sah Matthias noch, wie sich der Strohsack zwischen den Schenkeln seines Weibes einnäßte. Ein durchdringend-sämiger Geruch hing plötzlich in der niedrigen Schlafstube. Matthias Lang schob sich verstört wieder in die Küche hinaus. Er schämte sich, weil er so unvermittelt und kopflos hereingeplatzt war. Die beiden alten Frauen hatten ihm schon lange vorher gesagt, daß er in dieser Stunde in der Wehkammer nichts zu suchen haben würde. Er hatte es akzeptiert, doch dann, als die Schreie aufgeklungen waren, hatte er ganz einfach darauf vergessen. Er hatte nur den einzigen Wunsch verspürt, bei Anna Maria zu sein; sein Herz hatte ihn zu ihr getrieben, denn er liebte sie.

Jetzt tastete er fahrig nach einem Krug Most, der auf der Anrichte stand, setzte das Gefäß an den Mund, trank dann doch nicht. Er hielt den Krug noch immer in der Hand, als sein Vater hereinkam. „Es ist ... es ist so grausam!" flüsterte Matthias.

„Das müssen die Weiber halt durchmachen", versuchte der Alte ihn rauh zu trösten. „War nicht anders, wie du auf die Welt gekommen bist – und wird auch in alle Ewigkeit nicht anders sein. Außerdem hat sie die Mutter und die Wehfrau bei sich. Die tun jetzt schon für sie, was notwendig ist."

Er nahm Matthias den Mostkrug aus der Hand und trank. Dann berührte er seinen Sohn seltsam zart und zaghaft am Oberarm. „Komm", sagte er, „die Bauern draußen warten, die Mühle auch!" Er zog Matthias hinaus auf die Tenne. Drinnen in der Kammer schrie Anna Maria schon wieder.

Seit das Fruchtwasser abgegangen war, fühlte sie sich schmutzig und besudelt. Doch dann war die Hebamme da und reinigte sie mit einem weichen Lappen. Anna Maria entspannte sich ein wenig. „So ist's gut!" lobte das alte Weib. „Lieg' ganz ruhig! Mußt dir deine Kräfte aufsparen! Bis das Kind kommt, kann es noch lange dauern. Ist ja dein erstes. Kann Abend werden, kann auch in die Nacht hineingehen. Du mußt Geduld haben. Wenn du dran glaubst, dann bet' ein G'setzl. Manchen hilft's..."

Beten, dachte die junge Frau, während die Schmerzen in ihrem Rücken wühlten und zogen. Ich glaub' nicht daran. Der Pfaff' in Grub hat mich immer bloß geschnitten. Deswegen mag ich jetzt auch nicht beten. Das hirnlose Murmeln tät' eh nichts helfen. Noch dazu in der Heidenmühl', wie manche Leut' Apoig nennen.

Es war kein Wunder, daß Anna Maria Lang so dachte. Seit vielen Jahren hatten die Iglbergers sich nur noch dann in der Kirche sehen lassen, wenn der Klerus es unabdingbar verlangte. Seit der älteste Sohn in Böhmen geblieben war, hatten die Eltern der Annamirl am katholischen Glauben zu zweifeln begonnen. Ihre Kinder waren deswegen geistig freier als andere aufgewachsen. Die Bigottischen, die Strenggläubigen in der Nachbarschaft, die Verleumder, die Scheeläugigen hatten ein Übriges bewirkt. All dies hatte bei den Iglbergerischen – nicht zu Unrecht – eine gesunde Abneigung gegen alles Christkatholische erzeugt. Später dann, als Anna Maria nach Apoig geheiratet hatte, war sie auch nicht gerade in eine beterische Familie hineingeraten. Auch die Apoiger pfiffen eher auf den angeblich alleinseligmachenden Glauben. Daß die Windberger Mönche, von denen die Langs die

Mühle zu Lehen hatten, sie trotzdem in Apoig duldeten, lag einfach daran, daß die Müller hier ihr Handwerk beherrschten. Im Zweifelsfall ging eben selbst für die Geschorenen der Profit vor.

Die Gebärende wandte sich brüsk von der Hebamme ab. Suchte den Blick der anderen Alten, der Schwiegermutter. In den guten Augen der Langin glaubte sie Verständnis zu lesen. Anna Maria brachte unvermittelt ein Lächeln zustande. Und dann hielt die Müllerin plötzlich ein kleines Kissen in der Hand, schob es der Schwiegertochter unter den Kopf, kam ihr dabei so nahe, daß nur die Annamirl ihr Murmeln hörte: „Beten brauchst' nicht, wenns d' nicht magst. Aber das da tut dir gut! Kräuter sind in dem Kissen, die ich bei Vollmond und im Morgentau gesammelt hab'. Es ist eine Kraft eingefangen in dem Kissen, eine uralte Kraft! Ich hab' das Wissen von meiner Mutter, und die hat's von ihrer gehabt. – Tief einatmen, Mirl! Und an gar nichts mehr denken! Wirst's sehen, das hilft dir!"

Natürlich hatte die Hebamme, die von Windberg heruntergekommen war, das Kräuterkissen gesehen. Eine andere hätte jetzt vielleicht zu einem bigottischen Tadel angesetzt, diese jedoch schwieg. Auch ihre Aufforderung zum Beten vorhin war ja nur halbherzig gekommen. Und jetzt wurde möglicherweise auch im Gehirn der Wehmutter viel älteres und besseres Wissen wach. Vielleicht erinnerte sie sich jetzt selbst wieder an gewisse Geheimnisse und Künste, mit denen die Hebammen früherer Zeiten den Gebärenden geholfen hatten – ehe man sie dann zum Dank dafür als Hexen verbrannt hatte.[4]

Anna Maria drückte das Gesicht gegen das Kissen. Die Kräuter rochen fremdartig; streng und süß zugleich. Anna Maria hätte nicht sagen können, was genau sich unter dem dünnen Leinen verbarg. Es war ihr aber auch gleichgültig. Schon nach wenigen Atemzügen spürte sie, wie ihr gequälter Körper und dazu ihre Seele sich entkrampften. Wieder atmete sie den seltsamen Duft tief ein – und dann schien sie, schon im Halbschlaf, irgendwohin wegzugleiten. Sie bemerkte noch, wie die beiden älteren Frauen, jetzt beinahe wie zwei Verschwörerinnen, die Köpfe zusammensteckten. Undeutlich hörte sie noch ihr Flüstern, dann verschwammen die Gesichter, auch die Flüsterlaute wischten weg – und mit geschlossenen Augen hörte Anna Maria jetzt nur noch ein Geräusch: das Mühlenpochen, das monotone, einlullende Mühlenpochen.

Es war da gewesen, als sie zum ersten Mal in Apoig geschlafen hatte, ein verstörtes, achtjähriges Mädchen, das dann im Mühlenpochen auf beinahe wundersame Weise seinen inneren Frieden wiedergefunden hatte. Das Pochen war da gewesen, als sie die ersten Male in Matthias' Armen gelegen hatte; es war auch damals da gewesen, als Anna Maria mit unendlichem Entzücken gespürt hatte, daß ihr Gatte sie befruchtet hatte, als sie es von einem ekstatischem Moment auf den anderen felsenfest gewußt hatte. Und nun lullte das Mühlenpochen sie im Verein mit den Kräuterdüften wiederum, nachhaltiger und schwerer als jemals zuvor.

Anna Maria trieb weg, in Anderwelten[5]) hinein, die sie nur einmal in ihrem Leben betreten hatte; damals, als sie acht Jahre alt gewesen war. Später hatte sie all dies vergessen, doch jetzt war plötzlich die Erinnerung daran wieder da, die Erinnerung an den Blutenden an ihrem Bett, die Erinnerung an den Traum wenige Stunden später. Doch jetzt schreckten diese Visionen Anna Maria nicht mehr, sondern sie vermochte sie wie eine vollkommen unbeteiligte Beobachterin zu sehen; Anna Maria hatte sich auf erstaunliche und unerklärliche Weise von scheinbar längst verschütteten, unbewußten Ängsten befreit. Vielleicht war ihr dies jedoch gerade deswegen möglich geworden, weil sie nun gebären, weil sie neues Leben aus ihrem Leib und aus ihrem Geist hervorbringen sollte. Die Kreißende wußte es nicht, spürte aber, wie sie weitertrieb; die Vergangenheit versank – und dann sah sie plötzlich ein ganz neues Bild.

Sie sah das Kind, einen Buben. Sie sah ihren eigenen Sohn, den noch Ungeborenen, bereits jetzt als Säugling, als Kleinkind, als Halbwüchsigen, als Heranwachsenden, als einen Ausgewachsenen. Sie sah, daß er eher schmächtig und mager war, auch mit zwanzig, auch mit dreißig Jahren. Sie sah, wie er sich formte, sich veränderte, wie sein Gesicht von der Jugend ins Alter hinein changierte; sein bärtiges Antlitz mit den so unglaublich hellen, unbeschreiblich scharfen Augen. Sie hörte ihn sprechen, stoßartig und wie aus einem wahnwitzigen Drang heraus sprechen, doch sie konnte kein einziges Wort verstehen; sie wußte nur ganz sicher, daß von seinen Lippen unerhörte, nie gehörte Botschaften kamen.

Dann sah sie ihn durch rasend schnell wechselnde Landschaften irrlichtern. Er wischte durch den Vorwald, durchs Windberger Klosterland, wischte kreuz und quer über die Donau hinweg, schoß über den Strom wie ein Sperling, schoß in den tiefen Wald hinein, wischte um einen Berg, auf dessen Gipfel früher Gehenkte im Wind getanzt hatten, wischte über Schachten und Kohlenmeiler hin, schoß durch Glashütten hindurch, wischte in eine Kirche hinein, erklomm in jähem Ansprung eine Kanzel, wurde verjagt, wischte weiter, schoß in eine undurchdringliche Nebelwand hinein. Ein Bär tatzte wild und wütend zu, gleichzeitig erklang der Schrei des Sohnes, des Säuglings, des alten Mannes, ehe der Nebel den Schrei schluckte, als hätte es ihn nie gegeben – und gleichzeitig war der Schrei noch immer da, hallte und echote weiter, in ferne, unendlich ferne Zeitalter hinein.

Mit dem Schrei, dem einzigen Geräusch, das sie in ihrer Vision vernommen hatte, mischte sich ihr eigenes Keuchen. Verschwitzt, verstört und doch seltsam gelöst kam Anna Maria wieder zu sich. Beinahe ungläubig erkannte sie, daß Stunden vergangen sein mußten. Als die Apoigerin ihr das Kräuterkissen gegeben hatte, war es noch heller Tag gewesen. Jetzt stand draußen, hinter dem winzigen Fenster der Kammer, die Nacht. Eine fahle Mondscheibe schimmerte über dem Mühlenwehr. Das Mondlicht war heller als die Funzel, die auf einem Wandbrett in der Kammer flackerte. Und aus dem Mondlicht heraus kam jetzt das Antlitz der Schwiegermutter auf Anna Maria zu, und die Alte sagte lächelnd: „Bloß einmal oder zweimal pressen noch, dann hast du es geschafft! Das Köpferl ist eh schon da! Hast es gut gemacht, während die Kräutl dich gewiegt haben..."

Noch einmal bäumte sich der Leib der Gebärenden auf. Dann kam das runzlige Körperchen, wurde aufgefangen von den erfahrenen Händen der Hebamme. Eine Welle der Schwäche, gleichzeitig der unendlichen Erleichterung kam über die Wöchnerin. Als Anna Maria Lang die Augen wieder aufschlug, sah sie das Kind. Das runzlige, blutverschmierte Wesen, dem aus der Leibesmitte noch die Nabelschnur hing. Die Mutter sah das Geschlecht und das Antlitz des Kindes – und es war der Sohn, den sie vorhin schon in ihrem visionären Traum erblickt hatte.

Nachdem der Säugling abgenabelt, die Nachgeburt gekommen war, schlief Anna Maria erschöpft ein. Das Kind lag jetzt gewickelt und eingemummt neben ihr. Seltsamerweise blieben seine Augen noch eine ganze Weile offen. Und es war etwas in diesen blutjungen Augen, das alt schien, uralt.

*

Am sechzehnten September dieses Jahres 1753 trug der junge Müller Matthias Lang seinen Sohn zur Taufe nach Windberg hinauf. Der Säugling war an diesem Tag gerade zwei Wochen alt.[6]) Neben ihrem Gatten lief, noch schwach, Anna Maria. Die Eltern des Jungmüllers und auch die der Mutter folgten dem Paar. Der Pate fehlte noch. Georg Bayr[7]) würde zusammen mit seinem Weib von Buchberg herunterkommen und erst im Kloster zu den anderen stoßen.

Auf halbem Weg zwischen Apoig und Windberg begegnete der Taufgesellschaft der Abt von Windberg, dem ein beträchtliches Gefolge von Jägern und Lakaien nachschwänzelte. Der Zisterzienser trug in der Hand eines der neuen und noch sehr seltenen Kuchenreuter-Gewehre.[8]) Die Elfenbeinbeschläge der Waffe schimmerten im milden Licht des Septembertages. Die beiden Gruppen – die des Jägers in seinem protzigen Barockgewand und die bescheidenere der Müller und Bauern – waren nur noch fünf oder sechs Dutzend Schritte voneinander entfernt, als die Bracken des Zisterziensers erregt aufläuteten. Im selben Augenblick ließ einer der Knechte sie von den Leinen. Die Hunde flitzten heulend davon, kamen hart an Matthias Lang mit dem Kind vorüber und verschwanden ein Stück weiter in einem Gestrüpp.

Gleich darauf brachen mit schwirrendem Flügelflattern die Rebhühner aus dem Gebüsch. Schwerfällig und nur sehr langsam kamen die braunen Vögel hoch; in ihr verzweifeltes, hektisches Schwingenrauschen hinein knallte der Schuß. Umwölkt von Pulverschwaden stand der Abt da. Die Schrotkugeln richteten im Rebhuhnschwarm, der nun schnell davonstob, keinen Schaden an. Doch Matthias Lang hatte, seinen Sohn auf dem Arm, fast genau in der Schußlinie gestanden. Der pfeifende Luftdruck hatte ihm den Hut vom Kopf gerissen. Jetzt verharrte der Müller wie gelähmt und starrte auf den herausgeputzten Kleriker wie auf einen bösen Geist. Der alte Lang und der Iglberger hatten die Fäuste geballt. Anna Maria sah aus, als würde sie jeden Moment ohnmächtig werden. Die beiden alten Frauen, die Apoigerin und die Iglbergerin, drängten sich schutzsuchend gegen ihre Männer.

Sie alle erwarteten, daß der Abt zu ihnen kam, sich wegen des leichtsinnigen Schusses, der um ein Haar ein Menschenleben gekostet hätte, zumindest entschuldigte. Doch der Zisterzienser dachte gar nicht daran. Er lamentierte lediglich den entfleuchenden Rebhühnern nach; dünn klang seine Klerikerstimme herüber. Dann reichte er das Gewehr einem seiner Jagdknechte, damit dieser es nachladen sollte.

Matthias Lang hatte seinen Hut aufgehoben und wieder aufgesetzt. Die kleine Gruppe der Müller und Bauern schob sich langsam auf den Zisterzienser und seine Schranzenhorde zu. Keiner der Apoiger, der Gruber wußte so recht, warum sie es taten, aber sie gingen näher, Schritt für Schritt. Verängstigt waren sie, verschüchtert, seit Jahrhunderten von Adel und Klerus unterdrückt, und doch spürten sie dumpf, daß sie auf den Abt zugehen, wenigstens auf diese täppische, symbolische Weise ihr Menschenrecht einfordern mußten. Wahrscheinlich hätte ein einziges überhebliches Wort des Zisterziensers ihnen zuletzt auch dieses Fünkchen Courage genommen, und sie hätten sich letztlich doch wieder stumm verscheuchen lassen, hätten gekuscht und wären geduckt weitergegangen, wenn nicht plötzlich das Unerhörte geschehen wäre.

Keiner hätte später zu sagen gewußt, wie es dem Säugling gelungen war, den einen Arm aus dem Steckkissen zu befreien. Doch plötzlich, urplötzlich, hing der dünne, rote Arm des noch ungetauften Kindes in der Luft, reckte sich gegen den Zisterzienser, der jetzt nur noch wenige Schritte entfernt stand, schien ihm zu drohen, schien ihn anklagen zu wollen. Und in den gletscherhellen, den eishellen Augen des zwei Wochen alten Kindes stand Grimm, nackter Grimm.

Der Blick des Säuglings – es war unglaublich, unbeschreiblich – schien den Abt jäh in seinen Bann zu zwingen. Schien der Kleriker bis jetzt das Grüppchen der Landleute gar nicht wahrgenommen zu haben, so wich er nun auf einmal erschrocken zurück. Es war eine seltsame, beinahe traumhafte Situation. Während der winzige Arm des Säuglings noch immer drohte, während seine Augen noch immer gletscherhell, eishell blitzten, schlug der Zisterzienser samt seinen verwirrten Begleitern einen fast ängstlichen Bogen um die Bauers- und Müllersleute, verschwand zuletzt, beinahe laufend, hinter der nächsten Hügelzunge. Erst als der Kleriker nicht mehr zu sehen war, senkte sich der Arm des Ungetauften; mit fahrigen Bewegungen nestelte seine Mutter das Steckkissen wieder fest.

Dann setzten sich die Taufgänger wieder in Bewegung, Windberg zu. Erstaunlicherweise redete keiner über den Zwischenfall; jeder versuchte, ihn ganz für sich zu verarbeiten. Als die beiden Familien dann endlich das Kloster erreichten, erschien ihnen alles nur noch wie ein wirrer Traum. Jetzt herrschte wieder die Realität; eine vermeintliche Realität, in der lediglich ein etwas leichtsinniger Schuß gefallen und fehlgegangen war, in der ein unmündiger Säugling nichts weiter getan hatte, als seinen Arm aus dem Steckkissen zu befreien und zu erheben. Und doch hatte hinter dieser einen Realität kurz eine andere aufgeleuchtet – aber das ließ sich nicht greifen, das war nur wie ein Wischer, ein lidschlagschnell aufblitzender Sprung im Gefüge von Raum und Zeit gewesen, und nun half eine gnädige menschliche Natur den Zeugen, alles, was sie neben dem vermeintlich Tatsächlichen mehr gespürt als gesehen hatten, schnell wieder zu verdrängen. Als die Apoiger und die Gruber die Klosterpforte passierten, war das Kind selbst längst wieder eingeschlafen.

Die Mönche, die in der Abtei zurückgeblieben waren, ahnten nichts von dem Zwischenfall, der sich draußen ereignet hatte. Die Taufgänger passierten den uralten, steingefaßten Brunnen, der sich inmitten des Klosterhofes erhob. Unter der Kirchentür wartete bereits ein Laienbruder auf sie. Als Matthias Lang mit dem Säugling auf dem Arm den Türsturz passierte, schien das Kind aus dem Schlaf aufzuschrecken. Seine hellen Augen schienen sich an einer Steinplastik festzusaugen, die oberhalb des Türsturzes angebracht war. Die archaische Bildtafel, vermutlich von Kelten aus Schottland oder Irland gemeißelt, zeigte einen Krieger, der mit einem Schwert bewaffnet war und sich einem Wolf zum Kampf gestellt hatte.[9]) Wie gebannt hing der Blick des Säuglings an dem seltsamen Bildwerk, das tausend Jahre oder noch älter sein mochte. Niemand sonst bemerkte es, doch für das Kind rauschte die Zeit. Dann hatte der Vater seinen Sohn über die Schwelle getragen, und die hellen Augen schlossen sich jäh wieder.

Der Laienbruder gab ein Zeichen; hoch oben im Turm begann eine einzelne Glocke dünn zu wimmern. Erstaunlicherweise reagierte das Kind überhaupt nicht auf den Lärm; es hielt die Augen geschlossen, als es schräg durch das klamme Kircheninnere zum Taufbecken getragen wurde.

Für den Mönch, der dort in seiner weißen Kutte wartete, stellte die Taufe eines Knechtsbalges kein sonderlich bedeutendes Ereignis dar. Er blickte sich lediglich fahrig um, stellte dann fest: „Der Pate fehlt aber noch!"

„Der Bayr-Girgl wird schon noch kommen. Hat einen weiteren Weg als wir von Buchberg herüber", erklärte der alte Iglberger.

„Hätt' sich auch ein bissl mehr schleunen können", raunzte der Pater, der sich Johann Nepomuk Altmann[10]) schrieb und bei den Landleuten in der Umgegend als recht versoffen galt. Auch jetzt roch er wieder arg nach dem schweren Braunbier, das sie im Windberger Kloster brauten.

Das Glöckchen bimmelte immer noch. Die Taufgänger und der Kleriker warteten, letzterer mit immer deutlicherem Grant im feisten Gesicht. Zwei alte Weiber schlurften herein, kniegelten vor dem Altar und dem Pater, suchten dann einen Stuhl an der hinteren, seitlichen Kirchenwand auf. Der Säugling selbst schlief nach wie vor. Immer vorwurfsvoller wurden die Blicke des Johann Nepomuk Altmann. An einem anderen Tag wäre der Taufgesellschaft die Verzögerung peinlich gewesen, doch heute war in ihren Gehirnen noch immer die dumpfe Erinnerung an den Zwischenfall mit dem Abt lebendig, und so kuschten oder entschuldigten sie sich nicht, sondern warteten trotzig einfach ab. Eine Viertelstunde verstrich, eine halbe. Dann knarrte endlich noch einmal die Tür, und der säumige Taufpate betrat die Kirche; hinter ihm kam sein Weib herein.

Der Buchberger Bauer schwitzte in seinem schweren Sonntagsstaat, ächzte heran und rechtfertigte sich: „Grad' heut' muß mir die Stutn rossig werden, mit der ich hergefahren bin! Zuerst, bis auf Au herüber, ist sie mir ja noch einigermaßen handsam am Zügel gegangen. Aber wie wir dann auf den Karrenweg nach Windberg gekommen sind, da hat's nahe der Straßn von Hunderdorf herauf auf einmal einen Schepperer getan. Irgendein Sauhund muß dort mit seiner Büchs'n herumgeballert haben, bestimmt noch eine halbe Meile von mir entfernt, aber die Stutn ist trotzdem stocknarrisch geworden." Der Bayr schüttelte noch im Nachhinein verwirrt den Kopf. „Ich hab' den Schuß gar nicht laut gehört, so weit weg ist er gefallen, aber die Stutn ist auf der Stell' durchgegangen. Ist mir ausgebrochen und wie der Teufel nach Au zurück. Hat lang' gedauert, bis ich sie wieder in der Gewalt gehabt hab'. – Eine schöne Tauffahrt ist das gewesen, bei allen Heiligen! Und ich glaub', daß es ausgerechnet der Windberger Abt war, der wo sie uns so versaut hat! Ist ja sonst keiner so großkopfert da herinnen bei uns, daß er so zur Unzeit auf die Jagd gehen müßt'."

„Er ist's wirklich gewesen!" ächzte die Iglbergerin. „Der Schuß hätt' um ein Haar den Matthias und den Buben getroffen..."

„Sakkrament!" entfuhr es dem Buchberger. Als er den entsetzten Blick des Paters sah, setzte er schnell hinzu: „Alle Heiligen loben Gott, den Herrn!"

„Aber daß dir gleich das Roß durchgegangen ist", murmelte der alte Müller, „das ist seltsam! Auf die große Entfernung hin! Freilich, es ist auch bei uns etwas passiert, was man nicht erklären kann..."

Er starrte auf den Säugling, der nach wie vor friedlich in seinem Steckkissen schlief. Auch die anderen blickten jetzt alle auf das Kind, die Eltern, die beiden Großmütter, der Iglberger. Begreifen konnten sie es weniger denn je, doch der Abt war davon wie gehetzt, und die Stute hätte eigentlich auch nicht durchgehen dürfen, wenn alles mit rechten Dingen zugegangen wäre. Der Bayr, ein Brocken Mannsbild, hätte sie eigentlich mit Leichtigkeit bemeistern müssen, ob rossig oder nicht. Fast kam es ihnen so vor, als hinge auch der zweite Vorfall wiederum mit dem ausgestreckten Ärmchen des Ungetauften zusammen.

„Was? Von was redest denn, Müller?" riß der Buchberger die anderen aus ihren schweren Gedanken.

„Ja, ich ... ich erzähl' dir's nachher im Wirtshaus", erwiderte fahrig der Apoiger.

Der Pater schnappte: „Schluß jetzt mit dem dummen Gerede!" Er wandte sich dem Buchberger zu und drohte: „Sünden solltest dich fürchten! Dem Hochwürdigen Herrn Abt die Schuld geben!"

„Weil's wahr ist", gab der Bauer unerschrocken zurück. Dann wandte er sich dem Täufling zu, musterte ihn, nahm ihn auf den Arm und forderte: „Und jetzt schleun' dich einmal du, Altmann, sonst gibt's draußen mit der Stutn nochmal ein Unglück! Wenn ein Hengstl aus dem Stall des Hochwürdigen Herrn Abts sie vielleicht derschmeckt..."

„Saubär!" knirschte der Pater – und fuhr, indem er mit dem Weihwasserwedel an den Taufpaten und das Kind herantrat, sogleich fort: „In nomine patri et filii et spiritu sancti!"

Die Zeremonie hatte ihren Anfang genommen, und jetzt zog der Mönch sie so schnell wie möglich durch. Mit fetter Stimme bellte er sein Latein ins Kirchenschiff hinein. Als er zum Höhepunkt kam, fragte er die Eltern des Täuflings erst gar nicht nach dem Namen, den sie ihrem Kind geben wollten. Wenn es um unbedeutende Leute ging, wurde der Kindsname meistens vom Vertreter der Kirche ausgesucht. Es war Brauch in Bayern, daß die Kinder nach einem Heiligen benannt wurden, dessen Gedenktag im Kalender „voraus" lag.[11]) Das nächste große Heiligenfest fiel auf den einundzwanzigsten September. Es galt dem Evangelisten Matthäus. Der Pater schlug das Kreuz über der Stirn des Säuglings und sagte: „Ich taufe dich auf den Namen Matthäus." Dann ließ er ein paar Tropfen Weihwasser über den dünnbeflaumten Schädel rinnen. Der junge Matthäus Lang verzog, offensichtlich unangenehm berührt, den Mund. Ansonsten reagierte er nicht weiter auf das Tun des Klerikers.

„Amen!" sagte der Zisterzienser. Die kleine Taufgemeinde fiel ein.

Während der Vater des kleinen Matthäus dem Mönch die Silberstücke in die Hand zählte, gingen die Bayrs, die Apoiger und die Gruber eilig nach draußen. Jetzt trug die Apoiger Großmutter das Kind.

Die rossige Stute stand mit angelegten Ohren neben dem Klosterbrunnen und stampfte unruhig. Als jedoch die alte Müllerin mit dem Kind in ihre Nähe kam, als die Stute den Säugling roch, schien sie sich plötzlich zu entspannen. Ihre Ohren stellten sich nach vorne, richteten sich auf das Kind aus; ihre Nüstern schnoberten auf einmal ganz friedlich. Gleichzeitig erwachte der kleine Matthäus Lang, der die Taufe schlafend über sich hatte ergehen lassen.

Ein Blick aus den unnatürlich hellen Augen traf die Stute. Das Tier äugte lammfromm zurück. Ein seltsames, unerklärliches Band schien zwischen dem Kind und dem Roß in dieser Sekunde zum Tragen gekommen zu sein. Es war, als begriffen die beiden ganz genau, was die anderen in der Kirche sich nicht hatten erklären können.

Und dann lief plötzlich ein deutliches Lachen über das Gesicht des Säuglings. Keiner der Erwachsenen bemerkte es. Hätte es einer gesehen, er wäre erschrocken. Denn der winzige Matthäus Lang hatte wiederum nicht wie ein Kind gewirkt, als er gelacht hatte; wieder hatte etwas in seinen Augen gestanden, das uralt war.

Während die Taufgänger dann in der Klosterschenke einkehrten, während das Ereignis nach altem Brauch gefeiert wurde, während die Vorfälle mit dem Abt und der rossigen Stute hin und her beredet wurden, ohne daß dabei jedoch viel herausgekommen wäre, schlief das Kind wieder. Es schlief auch, als sein Vater es zurück nach Apoig trug.

Auch in den folgenden Jahren schlief Matthäus Lang viel, schlief mehr als gewöhnliche Kinder, und in die Träume, die nur ihm allein gehörten, mischte sich Tag für Tag, Woche für Woche, Monat für Monat und Jahr für Jahr das Mühlenpochen und Mühlenrauschen, lullte ihn, so wie es einst seine Mutter gelullt hatte, als sie das erste Mal in der Mühle geschlafen hatte, lullte und formte ihn und formte aus, was von allem Anbeginn an tief in seiner Seele angelegt gewesen war.

Gespaltene Welt

Im Jahrzehnt nach dem verheerenden Krieg trieben aus dem ansonsten eher ländlichen Boden des bayerischen Kurfürstentums grelle Blüten auf. Max III. Joseph hatte den Verlust der habsburgischen Krone hinnehmen müssen; weil der kaiserliche Hermelin ihm nicht greifbar geworden war, schien der Kurfürst nunmehr von nicht minder größenwahnsinniger Bauwut befallen worden zu sein. Architektonische Pflaster schien er sich auf die von der verhinderten Erbfolge geschlagenen Wunden kleben zu wollen. Der bayerische Adel, egal ob weltlich oder kirchlich, eiferte dem Kurfürsten darin vehement nach. Barock und Rokoko gleichzeitig uferten in diesen Jahren wie wahnwitzig aus. Die Baumeister stolzierten einher wie die Barone und Grafen. Als Mäzene ließen sich die Adligen und Kirchenfürsten feiern, während das Volk einmal mehr die Kärrnerarbeit leisten mußte.

Die Armut im Land, die Not der einfachen Menschen, die letztlich alles zu bezahlen hatten, wurde überkleistert von grellem Goldgeflitter, von Gips, von Stuck, von gleißnerischen Fassaden; da noch barock, dort schon im Stil des Rokoko. Während Klerus und Adel prunkten, stiegen unaufhörlich die Steuern. Während wie besessen gebaut wurde, kamen Bauern um ihre Höfe, wurden auf die Straße gejagt, wurden durch neue, unverbrauchte Fronarbeiter ersetzt. An den Straßenrändern, in den Straßengräben verhungerten die einen oder verkamen zu Dieben, zu Schnapphähnen, zu Halsabschneidern, während an den Adelshöfen, in den Bischofspalästen, auch in den Abteien ein rauschendes Fest nach dem anderen gefeiert wurde und sich andererseits in Frankreich bereits die befreiende Revolution vorbereitete.

Auch nach Windberg war die grelle Bauwut gedrungen; auch die Mönche im Kloster auf dem sanften Vorwaldhügel waren vom allgemeinen bunten Wahn befallen worden. Neu ausgestaltet wurde das Innere jener Kirche, in der Matthäus Lang, der Enkel des Apoiger Müllers, seine Taufe schlafend durchgestanden hatte. Während der kleine Matthäus drei, vier Jahre zählte, durfte der Baumeister Mathias Obermayr in der Abteikirche seinem Drang freien Lauf lassen. Neue Stuckaltäre entstanden, zuletzt türmte sich der bemalte und vergoldete Gips deckenhoch. Als die Altäre im Jahr 1756 eingeweiht wurden, hatte der Vorwald eine neue Attraktion.

Die Gäubodenbauern karrten heran, Gruppen von Betern wanderten auf den krummen Wegen nach Windberg hinauf. Manche von ihnen kamen an der Apoiger Mühle vorbei, andere an dem alten Anwesen der Iglbergers in Grub. Sowohl die Bauern oben als auch die Müller unten blickten eher scheel auf diejenigen, die dem ärger denn je protzenden Kloster zustrebten.

Die Umbauten, die Altarbauten hatten viel Gold und Silber verschlungen. Die Fronfaust der Mönche lastete härter auf den Schultern der hörigen Hintersassen als seit Menschengedenken. Schon der Krieg hatte seine Opfer gefordert; doch in den vergangenen Jahren hatten die Bauern und Handwerker noch ärger als damals bluten müssen. Zwar pochte die Apoiger Mühle noch immer die Tage und Nächte hindurch, aber das meiste von dem, was ausgemahlen wurde, ging jetzt in Form zusätzlicher Abgaben ans Kloster. Zumindest die kleineren Bauern mußten die Leibriemen in diesen Jahren enger schnallen, und auch die Müllersleute hatten entsetzlich zu zinsen, mußten ebenfalls spüren, wie Schmalhans zunehmend Meister in ihrer Küche wurde. So gingen die Jahre, in denen aus dem Kleinkind Matthäus Lang ein Halbwüchsiger wurde, mager dahin. Matthäus überstand die Notjahre äußerlich unbeschadet, doch als die Zeit dann ins Jahr 1763 kam, zerbrach ihm jäh die Schutzhülle, in der er bis dahin trotz mancher Widrigkeiten einigermaßen sicher gelebt hatte.

Unmittelbar vorangegangen waren eher verinnerlichte Entwicklungsjahre. Schon als Sieben-, Achtjähriger hatte der Bub auf dem Dorfanger von Hunderdorf, gelegentlich auch oben an der Grenze des Windberger Klosterareals die Gänse gehütet. Barfuß hatte er am Weiher gesessen, hatte stundenlang auf den von grünem Schleim bedeckten Wasserspiegel geblickt, hatte geträumt, hatte das Federvieh morgens aus- und abends wieder eingetrieben. Viel war ihm in der zauberischen Länge solch stiller Tage durch den Kopf gegangen: Kindergedanken, dem scheinbaren Chaos des Ursprungs noch sehr nahe, so wie sie in vielen kleinen Menschenschädeln zu spuken und zu irrlichtern pflegen.

Doch wo andere Kinder von den Erwachsenen ständig zur Ordnung gerufen, ständig ge- und damit verbogen wurden, hatte Matthäus in seinen ersten Jahren nach dem Säuglingsalter das Glück oder das Unglück, viel alleingelassen zu werden. Denn der Vater und auch der Großvater hatten wenig Zeit für ihn; die hatten in der Mühle ums tägliche Brot zu schuften. Die Frauen wiederum, die Mutter und die alte Apoigerin, ließen ihm normalerweise die Zügel lang, geizten zwar keineswegs mit Liebe und Zuwendung, achteten jedoch, da sie selbst unter den Beschränkungen einer christlichen Gesellschaft gelitten hatten und immer noch litten, den natürlichen Freiheitswillen des Kindes. Außerdem hatte Anna Maria inzwischen noch mehrere Male geboren, und Johann Lang, 1759 zur Welt gekommen und als einziges Kind neben Matthias am Leben geblieben, beanspruchte sie zu Beginn des neuen Jahrzehnts zusätzlich.

Dies alles spielte dahingehend zusammen, daß Matthäus sich schneller und nachdrücklicher entwickelte als seine Altersgenossen, jedoch auf anderen mentalen Wegen. Hinzu kam, daß er eben auch einer der Müllerischen war, daß er damit ebenfalls schon früh im Geruch des Außenseitertums stand und deswegen ohnehin kaum Spielkameraden in Hunderdorf oder oben am Berg, in den Bauernhäusern um Windberg, gefunden hätte. All dies, auch das Fehlen gleichaltriger Geschwister, prägte den kleinen Matthäus bereits früh; aus diesen Gründen lernte er, schon in seinen ersten Jahren am murmelnden Bachufer, an den schillernden Weihern, zu träumen und ganz unkindlich zu sinnieren. Er war viel allein, aber er hatte mit dem Alleinsein zu leben gelernt; zumindest in der vertrauten Vorwaldumgebung belastete es ihn schon lange nicht mehr.

Als der Vater ihm eröffnete, daß er in diesem Sommer von daheim weg müsse, daß er in die Fremde müsse, traf der Schock ihn deswegen um so härter. Der nunmehr neunjährige Matthäus, obwohl zumeist in seiner Traumwelt lebend, hatte durchaus mitbekommen, daß schon in den Jahren zuvor der eine oder andere Halbwüchsige das Heimatdorf viel zu früh hatte verlassen müssen. Die Bauern, der vom Kloster verschuldeten Not gehorchend, pflegten ihre überschüssige Brut so bald wie möglich aus dem Haus zu treiben. An größere, protzigere Ökonomen, zumeist draußen im Donaugäu, wurde die noch geringe Arbeitskraft der Kinder schonungslos verschleudert. Die Halbwüchsigen schufteten dann dort draußen fürs Essen; am heimatlichen Kleinbauerntisch durfte man erleichtert aufatmen, weil es einen unnützen Fresser weniger gab.

Viele der auf diese Weise Ausgestoßenen kehrten ihr Leben lang nicht mehr nach Hunderdorf, nach Windberg oder in die vielen Dutzend anderen Dörfer im Vorwald, die ihnen frühkindliche Heimat gewesen waren, zurück. Sie verbrachten ihr Leben getreten und gestoßen außerhalb, wechselten ihre Dienstbotenstellen und ärmlichen Kammern oft Jahr für Jahr, trieben als verachtete Knechte und Mägde durch Niederbayern und die Oberpfalz von Lichtmeß zu Lichtmeß[12]), kamen so gut wie nie zu Eigenem, durften keine Familien gründen, und die Mägde konnten Kinder allerhöchstens unehelich empfangen und sie unter den anklagenden Blicken der Protzbauern während der Feldarbeit oder mutterseelenallein am Wegrand gebären. Verdammung von den Kanzeln herunter war dann zumindest die Folge; gar nicht selten zog eine heimliche Geburt deswegen auch noch den Kindsmord nach sich, eine verzweifelte Kindstötung aus verständlichen und durchaus nachvollziehbaren Gründen. Die meisten Dienstboten jedoch trieben steril durchs Leben, trieben und trieben weiter, bis sie irgendwo auf einer fremden Hofstelle verstarben und im feuchtmuffigen Schatten irgendeiner Friedhofsmauer verscharrt wurden. Denn noch im Tod und darüber hinaus sorgte die christliche Gesellschaft dafür, daß der Unterschied zwischen Arm und Reich messerscharf gewahrt blieb.

Ein solch ärmliches Leben, ein solch verachteter Tod waren also in den allermeisten Fällen schon vorgezeichnet, wenn im Vorwald ein Kind aus dem Haus und in die Fremde gehen mußte, und als nun der Vater davon zu reden anfing, zuckte der noch nicht ganz zehnjährige Matthäus unwillkürlich zusammen, zog die Schultern und den kleinen Schädel instinktiv ein und verspürte Angst. Es geschah einfach deswegen, weil er schon früher manchmal das Leid gewittert hatte, wenn andere Kinder das Dorf hatten verlassen müssen. Kinder, die nicht seine Spielkameraden gewesen waren, denen aber – ob er es wollte oder nicht – dennoch sein unbewußtes Mitfühlen galt.

Der Vater sah das Zusammenzucken des Halbwüchsigen, räusperte sich rauh und fügte seiner ersten Eröffnung schnell hinzu: „Es ist ja nicht für immer. Nur den Sommer über sollst' weg, vielleicht noch ein Stück in den Herbst hinein..." Er brach ab, verstummte beinahe schuldbewußt.

Matthäus schwieg. Hatte jetzt sogar die Fäuste geballt, ließ seine unnatürlich hellen Augen trotzig blitzen.

Es war Anna Maria, die zuletzt das richtige Wort fand: „Die Buchingers von Rabenstein sind Verwandte von uns. Zu ihnen kannst' beruhigt gehen."

Jetzt zeigte der Bub plötzlich Interesse. „Buchinger", murmelte er. Dann: „Rabenstein". Er schien die ungewöhnlichen Wörter, die er nie zuvor gehört hatte, abzuschmecken. Und dann sagte er noch etwas sehr Seltsames: „Es hat mit Zauberbäumen und schwarzen Vögeln zu tun..."

„Die Buchingers stammen von einer Großonkellinie deiner Mutter her", warf der junge Müller, deutlich erleichtert, ein. „Sind gute Leut' und werden dich auch nicht wie einen Fremden halten. Kannst Gäns' hüten bei ihnen, ganz wie daheim."

Doch Matthäus Lang achtete nicht weiter auf seinen Vater. Urplötzlich schien er alle seine Ängste vergessen zu haben. Schien immer noch den beiden fremdartigen Wörtern nachzuschmecken und nachzuspüren, schien gar nicht hinzuhören, als die alte Apoigerin beruhigend sagte: „Es bedeutet nicht, daß du in die Fremde sollst wie die anderen Bauernkinder. Es ist nur, weil wir es in diesem Jahr auf der Mühle besonders knapp haben. Da hilft's, wenn eines sich für ein paar Monate bei den Verwandten durchbringen kann. Und bis das Laub fällt im Herbst, bist' wieder da, Hiasl, gell!"

Jetzt nickte der Bub wie im Traum.

„Die Mutter bringt dich nächste Woch'n hinüber nach Zwiesel", erklärte der junge Müller noch, dann stand er vom Mittagstisch auf, um zurück an seine Arbeit zu gehen. Matthäus nickte noch einmal, dann lief er hinaus zum Bachufer und kauerte sich dort nieder. Eilig rieselte das Wasser an ihm vorüber, rieselte fort, in die Ferne, unentwegt. Lange kauerte und starrte der Bub, zuletzt murmelte er: „Alle müssen s' wandern und ziehen. Die Bauernkinder und die Wassertröpfl und ich auch. Die einen gehen für immer, aber ich nicht. Ich komm' noch zurück zur Mühl'. Im einen Jahr und im anderen Jahr wieder. Viele Jahr' noch..." Jetzt sirrte und summte sein Stimmchen wie in Trance: „Aber einmal komm' ich auch nicht mehr zurück. Das Mühl–

rad treibt's Wasser fort, aber mich wird's dann noch ärger treiben..."

Weiter hinten im Bach sprang ein Weißfisch. Der nicht ganz zehnjährige Hiasl wurde abgelenkt, lauerte gegen die Stelle hin, wo der Fisch hochgeschossen war, hatte schon wieder vergessen, was er geflüstert hatte, als der Nebel in seinem Schädel gewesen war. Jetzt war der kleine Matthäus wieder ein ganz normaler Bub. Den Fisch hätte er gerne erwischt, und all das andere interessierte ihn jetzt nicht mehr.

*

Eine Woche später ging Anna Maria Lang mit ihrem Erstgeborenen los. Den vierjährigen Johann hatte sie in der Obhut seiner Apoiger Großmutter zurückgelassen. Über der Schulter trug die nunmehr dreißigjährige Frau einen Stecken, an dessen Ende ein zusammengeknüpftes Tuch befestigt war. Ein Laib Brot und ein Stück Speck waren darin aufbewahrt: Wegzehrung für die zwei Tage, die sie bis in die Zwieseler Gegend hinaus brauchen würden. Der kleine Hiasl trottete unbeschwert neben seiner Mutter her. Still war er, wie immer, doch er schien nichts mehr dagegen zu haben, einmal ein Stück in die Welt hinauszukommen.

Der Sommer stand noch in seinen ersten Wochen. Die sanften Vorwaldhügel prangten in frischem Grün. Auf den Wiesenbreiten hatten die Blumen und Kräuter zu leuchten begonnen: Klatschmohn schillerte blutrot, tiefblau waren die Kornblumen, schaumig weiß leuchtete das Geißkraut. Als die beiden nach den ersten paar Wegstunden hinaus in den Schwarzacher Wald kamen, schienen die Farben sich allmählich auszudünnen. Jetzt wurden die Bergrücken schroffer, der Forst tiefer, die Landschaft insgesamt dunkler. Nicht mehr die Wiesen und Feldbreiten, von kleinen Siedlungen durchsetzt, dominierten, sondern der düstere, rauschende Wald. Wildschweinsiegel tauchten auf, dort, wo die Wanderer sich über feuchten Grund weiterkämpfen mußten, dann wieder sahen sie die feinen Schalenabdrücke von Rehwild. Einmal strich ein blaugefiederter Häher keckernd durch die Wipfellandschaft. Das Sonnenlicht vermochte sich nur noch schütter durch die Baumkronen zu tasten; Anna Maria und ihr Sohn gingen jetzt stundenlang im Halbdämmer dahin.

Um dem Neunjährigen den Weg nicht lang werden zu lassen, erzählte seine Mutter ihm die Geschichte der Ritter von Degenberg[13]), denen dieser riesige Wald einst gehört hatte. „Es wird ein paar hundert Jahr' her sein", sagte Anna Maria in das Baumrauschen hinein, „daß es im ganzen Wald kein mächtigeres Adelsgeschlecht gegeben hat. Die Stammburg der Degenberger hat weiter im Süden gestanden, nahe an der Donau, aber immer noch im Vorwald gelegen. War ein riesiges Steinhaus, mit Türmen und Zinnen und einer Zugbrücke, und die Ritter lebten dort, prächtig wie die Grafen . . ."

„Aber heut' ist nichts mehr von der Burg zu sehen", murmelte da der Bub. „Die Steine liegen im Wald herum, bloß die Ameisen und Asseln wuseln dort noch."

„Woher weißt' denn das?" fragte die Mutter erstaunt. Der neunjährige Hiasl blickte sie, wie aus einem Wachtraum aufschreckend, an, schüttelte den kleinen Kopf, zuckte die Achseln.

„Seltsam", flüsterte Anna Maria im Gehen. Dann lachte sie. „Ach was, ich werd' dir die Geschichte halt schon früher einmal erzählt haben. Oder hast' sie am End' von der Großmutter gehört, gell?"

„Nein!" wollte der neunjährige Hiasl erwidern. „Noch nie hat mir einer was davon erzählt." – Aber dann schwieg er lieber, denn er ahnte, daß die Mutter ihm nicht glauben würde. Sie würde ihn höchstens auslachen, wenn er ihr sagte, daß er noch nie etwas von der zerstörten Burg gehört, daß er die Trümmer im Wald vielmehr soeben ganz deutlich g e s e h e n hatte. Die Steintrümmer, sogar die Ameisen und die Asseln. Und die unheimliche Stille, die über der Ruine hing, hatte er g e h ö r t. Und gleichzeitig war auch wieder dieser seltsame Nebel in seinem Schädel gewesen. Der Nebel, der ihn ängstigte, der immer ganz unversehens kam. Der manchmal so blitzschnell auftauchte und vorbeiwischte, daß er sofort wieder vergessen werden konnte; der aber zu anderen Zeiten länger lastete und blieb und den Buben nachher noch Stunden oder gar Tage ängstigen konnte. Jetzt jedoch war das unerklärliche Ziehen eher flüchtig gewesen; schon begann der neunjährige Hiasl wieder zu vergessen, und so nahm er es auch widerspruchslos hin, als seine Mutter sagte: „Wird wohl das Ähnl gewesen sein, das dir schon vom Degenberg erzählt hat. – Möchtest' die Geschichte trotzdem noch einmal von mir hören?"

„Ja", erwiderte der Bub, denn nun waren seine eigenen Gesichte bloß noch wie ein lange zurückliegender Traum, und die Burg selbst dort unten im Süden war ihm auf einmal wieder völlig fremd. Jetzt war er nur noch neugierig auf das, was seine Mutter ihm weiter berichten würde.

„Prächtig wie die Grafen lebten sie", sagte Anna Maria Lang, während sie einen Hohlweg passierten. „Aber dann wurden die Degenberger Ritter übermütig. Sie wollten sein wie der Fürst im Bayernland und fingen einen Krieg gegen ihn an. Sie verführten auch andere Ritter zum Aufstand, und so begann im Wald das Brennen und Morden. Man sagt, ein gräßliches Unwetter sei gekommen und ein teuflischer Blitz sei in den Degenberg gefahren und habe die Burg gespalten und zertrümmert von der Turmspitze bis zum Keller..."

„Nein!" entfuhr es da dem Buben. Schnell, direkt gehetzt, redete er weiter: „Kein Blitz! Auch kein Teufel! Aber Männer in der Nacht! Donnersteiner hat der eine geheißen, der allergrößte Lump! Verrat ist's gewesen, ein hundsgemeiner Verrat..." Der Hiasl brach ab, ging auch nicht weiter, stand da und starrte die Mutter fast wütend an. Dann, nach ein paar Lidschlägen, sackte sein kleiner Körper in sich zusammen. Jetzt blickte er nur noch ängstlich, während er eben noch beinahe wie ein Rebell, ein geistiger Revolutionär, gewirkt hatte. Einmal mehr hatte sich die Welt urplötzlich für ihn gespalten, waren verschiedene Dimensionen zusammengeprallt, hatten sich die Bausteine des Sichtbaren und Unsichtbaren knirschend ein wenig gegeneinander verschoben. Doch schon war es wieder vorbei, war nur noch ängstliche Verwirrung geblieben, und jetzt lauerte der Bub verstört darauf, wie seine Mutter auf den jähen, ihm selbst nicht erklärlichen Ausbruch reagieren würde.

Sie machte es ihm leicht. „Was du bloß immer daherredest!" sagte sie lachend. Willst' jetzt die Geschichte bis zum Ende hören oder nicht?"

„Ja!" bat der Hiasl und ging auch schon weiter. Von einem Augenblick auf den anderen war er wiederum zum normalen Kind geworden. Und jetzt lauschte er auch wie ein Kind auf das, was eine Mutter ihm noch abschließend über die Degenberger Ritter zu berichten wußte: „Die prächtige Burg verkam zu einem elenden Trümmerhaufen. Viele von den Knechten des Ritters starben, auch zahlreiche seiner adligen Spießgesellen kamen um. Wer den Einsturz der Burg überlebte, mußte landflüchtig werden. Arm wie die Bettler zogen die Degenberger und die anderen über die Waldpfade. Ausgetrieben wurden sie zuletzt aus Bayern, mußten nach Böhmen hinüber, und zuletzt wußte keiner mehr etwas von ihnen ..." Die Stimme der Anna Maria Lang verflachte. Jäh war ihr etwas ganz anderes in den Sinn gekommen. „Nach Böhmen", murmelte sie noch einmal, dann blieb sie stumm.

Auch der neunjährige Bub schwieg jetzt. Diese Geschichte kannte er. Oft hatten sie in der Familie von dem Onkel erzählt, der als Soldat in Böhmen umgekommen war. Auch ohne die Hilfe der Nebelschleier wußte der Hiasl, warum die Mutter jetzt auf einmal so bedrückt wirkte. Er tastete nach ihrer Hand, umklammerte sie, wollte sie ablenken und fragte deswegen: „Wann kommen wir denn wieder aus dem Schwarzacher Wald heraus? Und wie heißt dann das nächste Dorf?"

Die Mutter nahm sich zusammen, lächelte und legte den Arm um die schmalen Schultern ihres Erstgeborenen. „Der Wald hat jetzt bald ein End'", erwiderte sie, „und dann sind wir in Ruhmannsfelden. Dort werden wir schlafen und morgen dann wandern wir quer durch das Regenknie und kommen zuletzt nach Zwiesel hinauf."

„Und dann nach Rabenstein", flüsterte der Bub. „Darüber gibt es auch eine Geschichte, gell!"

„Ich wüßt' aber keine", gab seine Mutter befremdet zurück. „Höchstens, daß sie bei den Buchingers eine kennen."

„Ich weiß sie, aber ich kann sie noch nicht erzählen", sagte der Neunjährige.

„Ja, in deinem Kopf wurlt's ja vor lauter Blödsinn", erwiderte Anna Maria. „Aber jetzt laß mich in Ruh' damit! Schau, der Weg wird wieder steil, und wir müssen uns unseren Atem für den Anstieg sparen!"

Der Hiasl nickte gehorsam und lief, schwerer schnaufend, hinter seiner Mutter her. Was hab' ich da jetzt bloß wieder von Rabenstein gesagt? dachte er, über sich selbst verblüfft. Und hatte den Gedanken schon ein paar Schritte weiter wieder vergessen.

In einer billigen Ruhmannsfeldener Herberge kehrten sie für die Nacht ein, kauften sich einen Krug Bier, aßen Brot und Speck dazu und schliefen dann bis zum Sonnenaufgang im kratzigen Stroh auf der Tenne des Wirtshauses. Im Gastraum nebenan lärmten die halbe Nacht durch ein paar Fuhrknechte, die nach Cham hinauf und dann weiter ins Künische Gebirge wollten. Als Anna Maria und ihr Sohn wieder aufbrachen, schliefen die derben Kerle noch ihre Räusche aus. Nach kargem Frühstück marschierten das Kind und die Frau weiter, in einen neuen Frühsommertag hinein, über Gottesried und Rohrbach hinüber nach Regen.

Sie erreichten den Markt am gleichnamigen Fluß kurz vor der Mittagszeit, kauften sich beim Wirt wiederum einen Krug Bier und vesperten. Östlich des Marktes, halb vom Waldpelz verdeckt, war eine Ruine zu sehen. Der zerborstene Turm hob sich ein gutes Stück über die Baumwipfel heraus. „Was ist das?" fragte der Bub kauend.

„Der Weißenstein", erwiderte seine Mutter nach kurzem Nachdenken. „Auch dort oben haben einmal reiche Ritter gelebt, aber jetzt pfeift bloß noch der Wind zwischen den Mauern."[14]) Sie lehnte sich auf der Wirtshausbank zurück, hob den Bierkrug an den Mund und trank.

Der Bub starrte lange zur Burgruine hinauf. Etwas, das seine Mutter nicht sehen konnte, schien ihn zu faszinieren. Und in der Tat waren auf einmal wieder die Nebel da, und ganz zuletzt, als Anna Maria Lang schon zum Aufbruch drängte, verwischte sich für den neunjährigen Hiasl das Bild der Ruine, und aus dem Raumzeitwischen heraus entstand ihm ein anderes Bild. Einen winzigen Augenblick lang glaubte der Bub die Burg so zu sehen, wie sie vor seiner Zeit gewesen war, wie sie vor vielen hundert Jahren auf dem pelzigen Hügelrücken gestanden hatte. Dann aber hörte der Hiasl die Stimme seiner Mutter. „Komm endlich!" drängte sie, und er sprang auf und griff nach ihrer Hand und hatte schon wenige hundert Meter weiter, als der Ortsrand in die Wiesen überging, wieder vergessen, was er zu sehen geglaubt hatte.

Der Weg zog sich nun, oft am Regenfluß entlang, weiter nach Zwiesel hinauf. Etwa zwei Stunden liefen die beiden noch weiter, zuletzt keuchten sie den steilen Anstieg zum Zwieseler Marktplatz hoch. Sie erreichten die Kirche, die den nördlichen Ausgang des Platzes zu versperren schien, und gerade als die

Mutter vor der Friedhofsmauer nach links abbiegen wollte, packte es den Neunjährigen erneut. Diesmal hielt das neblige Wischen in seinem Gehirn länger an; Anna Maria erschrak, als sie ihn wie erstarrt unter dem Kirchturm stehen sah, die Arme zuckend an das Körperchen gekrümmt, die Augen mit den geweiteten Pupillen nach oben gerichtet, der Kirchturmspitze entgegen. Ein Bann schien über den Buben gefallen zu sein, jäh wie ein Blitz, ein Bann, der ihn jetzt schüttelte und erbeben ließ, dann aber ebenso jäh wieder von ihm wich. Als Matthäus sich entspannte, bemerkte er, daß seine Mutter ihn an den Schultern gepackt hatte, und jetzt hörte er auch ihre ängstliche Frage: „Was ist denn los, Hiasl? Was hast' denn?"

„Ich kann sie nicht sehen", flüsterte der Neunjährige. „Aber ich weiß, daß sie da sind. Einmal werden sie da sein, ganz bestimmt!"

„Was wird da sein?" fragte die Mutter.

Der Bub zuckte die Achseln. „Weiß nicht..."

Dann strich plötzlich über das Kirchenschiff eine Dohle heran, schwang sich hoch zum Turmspitz, kreiste und verschwand, ein flatternder, schwarzer Schatten, in einem Schalloch. „Die Vögel hast' gemeint, gell?" sagte Anna Maria aufatmend. Sie zog ihren Sohn am Ärmel weiter. „Manchmal kannst' einen aber wirklich erschrecken! Jetzt komm endlich! Wir haben noch ein gutes Stück Weg bis nach Rabenstein und dürfen nicht so trödeln!"

Willig lief der Neunjährige wieder los. Aber tief drinnen dachte er trotzig: Die Vögel hab' ich n i c h t gemeint! Freilich hätte er andererseits auch nicht zu sagen gewußt, was ihn unter dem Kirchturm von Zwiesel nun wirklich so jäh in seinen Bann geschlagen hatte.

*

Ungefähr eine Stunde marschierten Mutter und Sohn von Zwiesel aus noch weiter. Sie passierten Klautzenbach, das am Rand des krummen Fußweges wie ein Schwalbennest am Hangrand klebte. Danach wurde der Wald wieder dichter, verschattete ringsum den sich nun allmählich abendlich einfärbenden Himmel. Zuletzt tauchte dann, mitten im Wald, Rabenstein auf; das Schloß, die Häuser, die sich östlich davon an den Waldrand duckten. „Da sind wir", sagte die Mutter und deutete auf ein eher bescheidenes Bauernanwesen am Ortsrand. Flach war das Wohnhaus gebaut, der Stall und der Stadel unter das mit Steinen belegte Schindeldach eingezogen. Zwischen Weg und Fassade dampfte ein magerer Misthaufen, ein paar Hennen scharrten und pickten im braunfeuchten Stroh, die ersten gickelten zu dieser Stunde bereits gegen ihren Stallschlupf hin. Im Stall selbst war das Rumoren von zwei oder drei Kühen zu hören. Als die Langs näher an das Haus herankamen, schlug ein Hund an, ein Spitzl, fetzte um das Gebäudeeck, bis die dünne Kette ihn zurückwarf.

Der Bub stieß, ohne daß er es wußte, einen seltsam-leisen Pfiff aus. Der Spitz rollte sich auf den Rücken, wedelte, fiepte. Der Neunjährige lachte. Aus der Tür des Bauernhauses trat der Buchinger mit seinem Weib. „Da bist' ja endlich", begrüßte der magere Waldbauer den Buben und fuhr ihm mit der abgearbeiteten Hand über den wilden, dunklen Haarschopf. „Und du auch, Annamirl", setzte er hinzu und drückte die Hand der jungen Apoiger Müllerin.

„Gewiß seid ihr müd' vom langen Weg bis zu uns herauf", sagte die Buchingerin. „Kommts herein! Schmalznudeln hab' ich gebacken, die werden euch schmecken!"

Durch den niedrigen Türsturz traten sie in die Bauernstube. Ärmlich und einfach war es dort drinnen, aber sauber. Im gemauerten Herd in der Stubenecke bullerte das Feuer. Obenauf stand eine eiserne Pfanne. Die Schmalznudeln verbreiteten einen strengen und dennoch verlockenden Duft. Die Buchingerin nötigte die Besucher zum Tisch mit der vom Schmirgelsand verwetzten Platte. Ehe sie die Pfanne vom Herd nahm, ging sie noch zur Wiege in der anderen Stubenecke. Der einjährige Säugling, der dort drinnen lag, hatte zu plärren begonnen. Die Buchingerin schaukelte ihn; das Kind verstummte und schlief wieder ein. „Der Jörg", erklärte der Bauer. „Unser einziger Schratz." Er deutete auf sein Weib, das schon in den Dreißigern stand, und setzte hinzu: „Und mehr werden auch nicht mehr kommen. Aber Hauptsach', wir haben den einen Erben."

Die Buchingerin stellte die Pfanne auf den Tisch. Ehe Anna Maria Lang zugriff, wandte sie sich ihrem eigenen Sohn zu: „Weil's auf dem Buchinger-Hof keine jungen Leut' hat, brauchen sie dich. Sollst ihnen halt zur Hand gehen, so gut du kannst, gell. Bis es im Herbst dann wieder weniger wird mit der Arbeit."

Der Neunjährige nickte. „Gänshüten kann ich schon, und ausmisten auch!" Er biß in seine Schmalznudel.

„Wenn der Hof ein Knechtl tragen tät', wär' alles leichter", sagte der Bauer. „Aber es geht halt nicht. Haben einen Haufen zu zinsen an die Schloßherrschaft. Da ist's dann schon eine Hilf', wenn mir der Hiasl ein bissl zur Hand geht."

„Sollst es gut haben bei uns, Hiasl", sagte die Buchingerin und schob ihm noch eine Schmalznudel zu.

„Bei euch ist's schon gut", erwiderte der Neunjährige ernsthaft.

Die Erwachsenen lachten. Draußen fielen jetzt die Abendschatten über das kleine Bauernhaus am Waldrand. Als die Nudeln aufgegessen waren, war auch schon die Stall- und dann die Bettzeit da. Ehe der Hiasl aber die Kammer aufsuchte, die er in dieser Nacht noch mit seiner Mutter teilen würde, lief er noch einmal nach draußen, zum Spitzl. Der kleine Kettenhund, sonst eher bissig, begrüßte ihn wie einen alten Freund, rollte sich sofort wieder auf den Rücken, ließ sich das Bauchfell kraulen.

„Bald gehen wir zusammen in den Wald", flüsterte ihm der Bub zu. „Du darfst von der Kett'n, und ich werd' dann nicht mehr allein sein, auch wenn die Mutter fort ist – und ich überhaupt keine Mutter und keinen Vater mehr hab' in diesem Sommer. Aber dich hab' ich, Spitzl..."

Der Hund fiepte, dann sprang er unversehens auf und bellte wütend zum Hauseck hinüber. Ein Schatten hatte sich dort bewegt; jetzt schien etwas Großes wegzuflattern, war im nächsten Augenblick in der Dunkelheit verschwunden. Der Hund wurde wieder still. Der Neunjährige streichelte ihn noch einmal und ging zurück ins Haus.

Matthäus, sonst manchmal so hellsichtig, ahnte nicht, daß er belauert worden war, als er mit dem Spitzl gescherzt und geredet hatte. Er tappte hinauf in die Kammer, wartete auf die Mutter und kroch dann so nahe wie möglich an ihren warmen Rücken heran.

Wenig später schlief das Haus, schliefen die Menschen und Tiere unter seinem Schindeldach. Auch in den anderen Häusern von Rabenstein waren die Fenster jetzt dunkel, nur im Schloß glühte es noch rötlich hinter den Scheiben der Herrschaftszimmer. Rings um den kleinen Ort lag der Wald schweigend unter dem samtigen Firmament der Frühsommernacht; scheinbar endlos erstreckte er sich nach allen Seiten hin, und dann ging der Mond auf und wanderte, eine sichelförmige Barke, langsam von Horizont zu Horizont.

Das Waldweib

Unter dem silbrig-fahlen Lichtbogen strich die Mondsüchtige durch den Wald, die Hexe, wie manche sie nannten, wenn in der Zwieseler Gegend abends im Kienspanlicht die Rede auf sie kam. Keiner wußte so recht, wann das alte Weib zum ersten Mal in den Wäldern um Klautzenbach, Rabenstein, Zwiesel, Ludwigsthal oder Lindberg aufgetaucht war. Irgendwann war die Hexe gekommen, irgendwann pflegte sie zwischendurch wieder zu verschwinden. Man erzählte von ihr bis Regen hinunter und bis Viechtach hinüber, und manche wollten sie auch drüben im Böhmerwald schon gesehen haben. Ab und zu pochte sie an eine der Bauerntüren, bot Kräuter oder Pilze an, war mit einer warmen Suppe oder einem Bett im Stadelstroh als Bezahlung zufrieden, begann dann wohl, wenn sie gesättigt war und im Warmen saß, auch zu erzählen, wirres Zeug, aus dem keiner so recht schlau wurde, das aber dann doch weitergetratscht wurde, denn die Sprachbilder der Alten waren kräftig und die Freude am Seltsamen, am Ungewöhnlichen unter den einsamen Menschen im Wald groß.

In Wahrheit war die angebliche Hexe nichts weiter als eine Entwurzelte. Kindheit und Jugend hatte sie unten an der Donau, in Deggendorf, verbracht, war dort als die Tochter eines Kleinhändlers aufgewachsen. Als sie siebzehn Jahre alt gewesen war, hatte es ein Manöver an der Donau gegeben. Entlang des behäbigen Stromes waren die Dragoner in ihren bunten Uniformen geritten. Einer von ihnen, ein Korporal, war im Haus der Höltls einquartiert gewesen. Die siebzehnjährige Theres hatte sich in ihn vergafft, und in einer Nacht, als der Mond silbrig am Himmel gestanden hatte, da hatte etwas in ihrem Denken ausgesetzt, sie hatte zu schweben und gleichzeitig wie im Feuer zu brennen vermeint, und sie hatte sich, fast wie im Traum, von dem Dragoner verführen lassen.

Schon wenige Tage später waren die Soldaten wieder abgezogen, nach München oder Ingolstadt hinauf; die Theres wußte es nicht einmal. Sie hatte ihren Korporal niemals danach gefragt. Die ersten Wochen nach ihrer Entjungferung hatte sie lediglich unter Liebeskummer gelitten. Dann jedoch hatte ihre Weiberblutung ausgesetzt, und aus dem Liebeskummer war Angst, nackte, elementare Angst geworden. Zunächst hatte die Theres es nur geahnt, zwei, drei Monate später hatte sie es gewußt. Sie war schwanger von dem Korporal und entehrt dazu. In der Kleinstadt, in der jedes Jahr die Wallfahrt zur Deggendorfer Gnad'[15]) zelebriert wurde, würde niemand Verständnis für die Sünderin haben, zu der sie nun geworden war. Auch mit Mitleid war nicht zu rechnen, das hatte die Theres ganz genau gewußt. Sie hatte erlebt, wie die Priester von den Kanzeln geschimpft hatten, als vor zwei oder drei Jahren ein anderes Mädchen in die Sünde geraten, mit dem dicken Bauch herumgelaufen und zuletzt an einen stadtbekannten Säufer verheiratet worden war, nur damit dem kleinbürgerlichen und bigottischen Anstand Genüge getan war. Gnade hatte eine ledige Schwangere in der Stadt der Madonnengnad' gewiß nicht zu erwarten – und nun war auch die Theres zu einer solchen geworden, zu einer, die das angeblich Teuflische, das Böse in sich hatte dringen lassen.

Die Siebzehnjährige, schon immer labil, schon immer leicht verhuscht, sonderlich dann, wenn der Mond so silbrig und sichtig am klaren Himmer stand, hatte sich, aus ihrer Angst heraus, mehr und mehr in den Wahn hineingesteigert. Die Angst hatte bewirkt, daß das Mädchen die Erinnerung an den Korporal mehr und mehr verdrängt hatte, je weiter die Schwangerschaft fortgeschritten war. Unaufhörlich hatte die Theres sich eingeredet, daß es gar kein Mann gewesen war, der auf ihr gelegen hatte, sondern etwas ganz anderes. Zuletzt, als ihr Zustand sich nicht mehr hatte verbergen lassen, hatte das Mädchen seinen Eltern schrill und hysterisch eröffnet, daß es vom Natternberger Teufel[16]) vergewaltigt worden sei. Und jetzt werde die dämonische Brut bald aus ihr drängen wollen.

Daraufhin waren auch die Eltern halb verrückt vor Angst geworden. Teils war es der Teufelskult, den sie im marianischen Deggendorf alle betrieben, gewesen, der sie halb in den Irrsinn getrieben hatte, teils einfach die Furcht vor der Schande. Der Vater der Theres hatte schließlich zu einem probaten und im katholischen Bayern gar nicht selten angewendeten Mittel gegriffen: Er hatte die Tochter für den Rest ihrer Schwangerschaft zu Hause eingesperrt, hatte sie auf diese Weise vor den Nachbarn, vor allen anderen, die Zeugen hätten werden können, abgeschottet, hatte sie monatelang in ihrer Kammer im eigenen Angstdunst schmoren und brüten lassen.

Damit noch immer nicht genug: Als die unvermeidliche Schandgeburt immer näher gerückt war, hatte der Alte damit begonnen, seine Tochter gezielt zu schlagen, sie zu treten. Die Schläge waren gegen den nun prall vorstehenden Bauch der Hochschwangeren gerichtet gewesen; kurz nachdem der achte Schwangerschaftsmonat durchgestanden gewesen wäre, hatte der bigottische Vater, angetrunken, einmal allzu hart zugeschlagen, hatte damit erreicht, was er unterschwellig sowieso die ganze Zeit über beabsichtigt hatte. Der Fötus war vom geschundenen Leib der Theres abgestoßen worden; unter entsetzlichen Krämpfen, im eigenen Blut liegend, hatte das Mädchen die Fehlgeburt durchgestanden und knapp überlebt.

Das nicht ganz ausgetragene Kind hingegen war tot gekommen; ein verrunzelter, blutig-schleimiger Brocken Fleisch. Als die Theres gesehen hatte, was sie zur Welt gebracht hatte, war der latent ohnehin schon immer in ihr steckende Wahnsinn voll durchgebrochen. In einer irrlichternden Wahnwelt hatte sie von jener Stunde an, in welcher der Alte die Fehlgeburt unter dem gestampften Lehmboden des Holzschuppens hatte verschwinden lassen, zu leben begonnen.

Der Skandal war auf diese Weise vermieden worden; die christlich-bigottische Deggendorfer Welt hatte sich in Ruhe weiterdrehen können, bis zur nächsten Kindstötung, aus Wahn und Angst geboren. Die Alten, die Eltern der Theres, hatten sich allmählich wieder in das alltägliche Leben einzufügen vermocht. Nicht so die Tochter. Vieles in ihr war zerbrochen worden; jetzt war sie nur noch eine Hülle, aus der jederzeit der Irrsinn, der Angstwahn brechen konnte. Das Haus, in dem sie aufgewachsen war, in dem sie schwanger geworden war, in dem sie fehlgeboren hatte, war ihr nun zum unerträglichen Gefängnis, zur unerträglichen Last geworden. Wenige Wochen nach der Fehlgeburt waren dann die ersten, zwanghaften Ausbruchsversuche erfolgt. Theres hatte begonnen, wegzulaufen; in den Wäldern am Donauufer, auch an den Ruselhängen nach so etwas wie nichtmenschlichem Schutz und nichtmenschlicher Geborgenheit zu suchen. Einige Male war der Vater ihr gefolgt, hatte sie wie ein Tier wieder eingefangen, hatte sie zurück nach Deggendorf gebracht. Theres jedoch war zu einer Ruhelosen geworden, hatte immer von neuem die Flucht versucht. Bis dann eines Tages die Irrenwärter gekommen waren und das nunmehr neunzehnjährige Mädchen ins Siechenhaus verschleppt hatten, in dem neben den Kranken, den Aussätzigen, den Stadtarmen auch die Verrückten untergebracht zu werden pflegten.

Bald war Theres scheinbar endgültig zu einer verkommen, die bloß noch dahinvegetierte. Die Neunzehn-, Zwanzig-, Einundzwanzigjährige hatte in einer Welt gelebt, in der das Grauen, die Erniedrigung, das viehische Dahintreiben, auch die Schläge, die Brutalitäten alltäglich waren, in der es keine Hoffnungen mehr gab und auch keine Auswege, auch wenn der Armenpriester, der täglich einmal vom Kloster Metten herüberkam, regelmäßig von der letzten Erlösung durch seinen Gott zu faseln pflegte.

Die wahre Erlösung dann war auf ganz anderen Wegen zu Theres gekommen. Sie war in jenem Jahr gekommen, als ihre Eltern kurz nacheinander weggestorben waren. Als daraufhin keiner mehr für den Aufenthalt der Verrückten im Siechenhaus hatte bezahlen können, war Theres zum letzten Mal in ihrem Leben ausgebrochen – und diesmal erfolgreich. Die Irrenwärter, auch die Kleriker, die das sogenannte Hospital betrieben, hatten gar nicht versucht, ihr nachzusetzen, sie noch einmal nach Deggendorf zurückzubringen. So war Theres zuletzt in den Wäldern nördlich von Deggendorf verschwunden, und seitdem war ein ganzes Menschenalter, waren mehr als dreißig Jahre über das Waldgebirge hingegangen.

Seit mehr als drei Jahrzehnten strich die Entwurzelte nun schon von einem Dorf zum nächsten, von einer Einöde zur anderen. Im Urwald kannte sie vom Blitz gehöhlte oder ausgemoderte Baumstämme, in denen sie nächtigen konnte; unter den Gipfelschroffen von Arber, Rachel und Lusen gab es Felshöhlen, in denen sie sich verkriechen konnte. Die Frühjahrs- und Sommernächte waren ohnehin zumeist mild; dann genügte dem Waldweib ein Lager im Moos, irgendwo an einem Bachlauf oder weiter oben auf irgendeinem verlassenen Schachten[17]. Zur Nahrung dienten der Theres die Pilze und Beeren des Waldes; ab und zu ging ihr auch ein Stück Kleinwild in die Falle oder ein Fisch in die primitiv aus dünnen Zweigen geknüpfte Reuse.

Zwischendurch zeigte sich immer wieder der eine oder andere Bauer mitleidig; die mehr als dreißig Jahre, die Theres auf diese Weise mühsam und kärglich überlebt hatte, hatten sie zu einer Art Halbwilden gemacht, doch sie hatten auch vermocht, den Schock, den das Mädchen siebzehn- und achtzehnjährig erlitten hatte, so weit abzudämpfen und abzuschleifen, daß zuletzt nur noch dumpfe, unterschwellige Erinnerungen geblieben waren. Wenn die Theres im Wald mit ihren Phantasien allein war, pflegte sie ihre wirren Gedanken über das zu lagern, über das zu schichten, was vor so vielen Jahren in Wahrheit geschehen war, und wenn sie dann und wann mit Menschen zusammentraf, dann pflegten diese Phantasien, diese Schauermärlein im Mund des nunmehr alten Weibes laut zu werden; die Bauern nahmen ihr Gefasel dann gutmütig und nicht ohne Interesse hin, ängstigten und gruselten sich nicht ohne heimlichen Genuß, denn die Geschichten der Theres brachten, weil sie so grell, so ungewöhnlich, so verboten, so mephistophelisch waren, Kitzel und Abwechslung in die Einsamkeit des Waldgebirges.

An jenem Frühsommerabend des Jahres 1763 hatte das Waldweib sich nahe des Buchinger-Anwesens am Rand von Rabenstein aufgehalten. Sie hatte gespürt, daß sich Fremde im Haus aufhielten; auf einmal hatte sie dann den neun- oder zehnjährigen Buben mit den seltsam hellen Augen und dem dunklen Haarschopf ins Freie kommen sehen. Theres hatte beobachtet, wie das Kind mit dem Spitzl gespielt und geredet hatte. Ein paar Wortfetzen aus dem Mund des Hiasl hatte die alte Frau aufgeschnappt: „Keine Mutter... kein Vater... allein."

Dann war plötzlich der Hund hochgekommen und hatte sie verbellt. Wie ein großer, flatternder Schatten war Theres in die Dunkelheit zurückgewichen, war ängstlich im schützenden Wald verschwunden. War zum Rabenstein hinaufgelaufen, und nun strich sie unter dem silbrig-fahlen Mondbogen durch den Forst. Und das kalte Licht schien auf ihrer Haut zu knistern und zu sprotzeln, wühlte ihr die Nerven und die Seele auf, trieb sie immer weiter in den so angenehm kitzelnden Wahn, in die Mondsucht hinein. Der Mond war schon seit Jahrzehnten der heimliche Freund und Vertraute der Theres; wenn er sie mit seinem kalten Schimmer überschüttete, ihre zerschundene Seele badete, dann begann es in ihrem Kopf wie nie zu wirbeln und zu sausen. Dann schoben sich die Hierwelt und die Anderwelt ineinander, dann wurde die Realität ganz flach und das Irreale ganz hoch, dann trieb die Waldgängerin in ihre Traumwelten hinein wie nie sonst, während das, was sie als Mädchen durchlitten hatte, nur noch ganz vom Rand her in ihr fiebriges Bewußtsein einzudringen vermochte.

In dieser Nacht kam zum silbrigen Mondlicht noch etwas anderes hinzu: Der Bub, der mit den hellen Augen, der mit dem dunklen Schopf, der zarte Halbwüchsige – der ihr eigenes Fleisch und Blut, ihr lebendiges Fleisch und Blut hätte sein können.

Je höher die Theres auf den Berg hinaufkam, um so greller und nachdrücklicher wurden die Bilder in ihrer kranken, verletzten Phantasie. Mit jedem hastigen Schritt wurde der Bub, den sie neben dem Buchinger-Anwesen gesehen hatte, mehr zu ihrem eigenen, verlorenen Kind. Das kleine Wesen schien in sie einzudringen und sie auszufüllen, schien sich wie ein Fötus in ihrem Leib einnisten zu wollen, schien sich dort drinnen zusammenzukrümmen, schien zum kugeligen und innersten Kern ihrer selbst zu werden.

Das Waldweib erreichte einen Schachten, ganz oben unter dem Gipfel des Rabenstein, sank dort auf die Knie, krümmte den keuchenden Leib wie schützend um das, was in ihrem Bauch jetzt wieder zu leben und sich zu bewegen schien. Wie mit Hammerschlägen prallte das Mondlicht jetzt auf Theres herunter; wie mit dumpfen Hieben trieb es das arme Weib jetzt ganz und rettungslos in seine Traumwelten hinein. Und dann erreichte der aus der alten, Jahrzehnte zurückliegenden Qual geborene Wahnsinn seinen Höhepunkt: Auf dem streng riechenden, dämpfigen Waldboden kauerte die arme Frau – und gebar.

In ihrem silbrigen Rausch gebar sie das Kind, das sie unten im Tal, neben dem Buchinger-Haus, gesehen hatte; weil sie damals nur ein Totes hatte gebären dürfen, gaukelte ihre kranke Phantasie ihr nun vor, daß sie etwas Lebendiges zur Welt brachte. Sie schrie, krümmte sich und zuckte in ihren eingebildeten Wehen, sie grub die Nägel in die dunkle Walderde, sie stieß mit den Fersen, sie keuchte rauh und roh ihr Leid und ihre wilde Hoffnung in die silberdunstige Nacht hinaus, und als die Scheingeburt durchgestanden war, als sie wieder zu Atem kam, als sie das Kind in ihre Arme ziehen und es anstelle des anderen, verlorenen wiegen wollte, erkannte Theres, daß sie den Säugling wiederum verloren hatte.

Leer krümmten sich ihre Finger, bekamen nichts zu greifen, nur kühle Nachtluft wehte und strich zwischen ihnen, leere Luft, die sie zu verhöhnen, zu verspotten schien. In ihrem Leib hallten noch immer die Phantomschmerzen der vermeintlichen Wehen, der vermeintlichen Geburt nach, doch aus der grenzenlosen Enttäuschung heraus hatte sich Theres von ihrem geschundenen Leib gelöst; jetzt rasten ihre Phantasien sozusagen körperlos unter dem silbergebadeten Himmel dahin. Die Welt drehte sich für Theres und stürzte; mit einem jähen Schlag kippte sie um – und dann sah das arme, verwirrte Weib auf einmal die neue Scheinrealität.

Auf der Waldlichtung lag nackt der Säugling, den sie soeben geboren hatte, lag da, krümmte sich, plärrte, begann zu wachsen. Wuchs im silbrigen Rauschen einer einzigen Mondstunde heran zur Größe eines Neun- oder Zehnjährigen, stand auf, lief über den Schachten, lief bis zum Rand der Lichtung vor, wo eine uralte, knorrige und vom Blitz zerspellte Eiche stand, blieb unter dem rissigen Stamm stehen, hob den Kopf, starrte hinauf ins wilde Geäst des Baumes, riß die hellen Augen auf, riß sie unendlich weit auf und ließ den Schrei aus der Kehle gellen.

Theres verstand den Buben gut, so gut! Sie wußte ja, warum es ihm in diesem entsetzlichen Augenblick das Herz zerriß, warum er wie ein krankes Tier schreien mußte. Denn die Eichenäste ragten nicht leer in den makabren, fahlen Himmel. Sie selbst, Theres, baumelte und pendelte unter einem Ast, der wie ein Skelettarm ausgestreckt war; ihre Glieder tanzten im Wind, um ihren Hals lag der Strick, der ihr das Leben abgewürgt hatte, aus dem aufgerissenen Mund kroch ihr die Zunge wie eine dunkelviolett gefärbte Schlange; der scheußliche Totenwurm bleckte gegen den Knaben hin.

Und neben ihr, der Theres, hing, baumelte, pendelte der andere: der Vater des Buben, der schöne Kerl in seiner bunten Dragoneruniform, auch er tot, auch er mit aufgerissenem Maul und bleckender Zungenschlange.

Im Baum, an ihren Stricken, hingen die Eltern des einsamen, des verlorenen, des hilflosen Kindes, und das Kind stand da und starrte und schrie und war alleingelassen in einer feindlichen Welt, die jetzt von allen Seiten fahle Schatten gegen ihn schoß.

Und die Schatten wucherten und quollen, blähten sich auf und irrlichterten, während Theres in ihrem Wahn jetzt wie wild unter der in Wahrheit leerästigen Eiche tanzte und sprang, heulte und sang, und in ihr Tanzen und Springen, Heulen und Singen hinein wucherten die Schatten weiter und veränderten mit ihrem Schleifen und Wetzen die fürchterlichen Bilder, die Theres in ihrem Mondwahn sah. Auf der Lichtung stand noch immer der Bub mit den hellen Augen und dem dunklen Haar, doch über ihm baumelten jetzt nicht mehr der Dragoner in seiner Uniform und das siebzehnjährige Mädchen in seinem Deggendorfer Bürgerkleid, sondern es waren zwei Zigeuner, zwei verfluchte Heiden aus den pendelnden Menschenfiguren geworden; zwei Ausgestoßene, zwei Verfemte in grellbunten Kleidern und mit erzbösen Gesichtern, mit schwarzen, lästerlichen Visagen, und der Mann hielt jetzt eine schwere, lederne Peitsche in der Hand und ließ sie, am Strick zuckend und tanzend, gegen den Bären hin schnalzen, der urplötzlich unten auf dem Schachten aufgetaucht war, den Buben umkreiste, den Buben umlauerte, nach dem Buben tatzte.

Ehe das Untier, das nach dem Tod des Bärentreiberpaares wild geworden war, jedoch dem Kind Schaden zufügen konnte, brach es geifernd auf der Lichtung zusammen, würgte sich in seiner Kettenschlinge zu Tode, verzuckte und verspie sein bestialisches Leben. Und das Ende der Kette, die dem Neun- oder Zehnjährigen des Lebens gerettet hatte, hing noch immer am Eichenstamm fest, auch dann noch, als der Kadaver des Braunbären sich auflöste, eins wurde mit der Walderde, auch dann noch, als die Bärentreiberin und der Bärentreiber an ihrem Ast langsam vergingen, als ihr Fleisch zu Boden tropfte und rann, als die Gebeine sich voneinander lösten, zurück zur Erde stürzten und sich ebenfalls auflösten. Zuletzt verrostete auch die Kette, nichts blieb auf dem Schachten als der Bub, der mit den hellen Augen und dem dunklen Schopf, und dann lief das Kind los, lief den Berg hinunter, lief auf das Buchinger-Anwesen zu und verschwand unter dem Schindeldach, und nur sein leiser, klagender Ruf blieb in den Ohren der Theres zurück: „Keine Mutter . . . kein Vater . . . allein."

Auch das silbrige Mondlicht verflüchtigte sich jetzt und verblaßte. Die Nacht wurde schwarz, samtig, behütend. Das Waldweib kauerte nun in einer Erdgrube, die ein gestürzter Baum aufgerissen hatte, kauerte, umschlang die Knie mit den dünnen Armen, verwunderte sich kurz über sich selbst, trieb dann aus der Mondsucht in den tiefen und traumlosen Erschöpfungsschlaf hinüber. Das Morgenlicht dann weckte die Theres wieder, sie kam hoch und ging fort, und in den neuen Tag hinein ging sie mit dem scheinbar unverbrüchlichen Wissen, daß sich am Rabenstein in der vergangenen Nacht eine große menschliche Tragödie zugetragen hatte. Aus den Phantasien der Theres war – zumindest für sie selbst – nackte Realität geworden.

Nach jener Nacht lief die Frau mehr als eine Woche lang einsam durch den Urwald. Erst dann wagte sie sich wieder zu den Menschen, tauchte verkommen und mit brennenden Augen auf einem Einödhof droben am Großen Falkenstein auf. Die Bauersleute nahmen die Kräuter an, die sie mitbrachte, dann versorgten sie die Waldhexe mit Brot und Bier. Der Alkohol löste ihr die Zunge, und sie begann abgerissen zu erzählen, was sie nunmehr für die nackte, reale Wahrheit hielt: „In Zwiesel drüben haben die Bärentreiberleut' zuerst noch getanzt mit ihrem Teufelsvieh. Dann sind sie weg. Auf Klautzenbach oder Rabenstein hinüber. Und sind verschwunden im wilden Wald." Die Theres keckerte, kicherte. „Die Zigeunernasch in ihrem bunten Rock und der heißen Sünd' darunter. Und ihr Galan. Soll früher bei den Dragonern gewesen sein. Und auch das Kindl, das sie bei sich hatten. Das Kindl, das arme, das unschuldige..."

Die Einödbauern lauschten gebannt, hin- und hergerissen zwischen ihren Zweifeln und ihrer Naivität. Nachprüfen konnten sie ohnehin nicht, was die Waldhexe ihnen da vormachte oder berichtete. Die Bauersleute kamen höchstens einmal im Jahr nach Zwiesel hinunter. „Am Rabenstein hat man sie dann gefunden", zischelte die Theres. „Am Eichenbaum haben sie gehangen! Die Zigeunerin und ihr Kerl. Stricke um die Hälse! Maustot! Und der Bub hat unter ihnen gegreint, und der Bär hat gefaucht und gelefzt. Hätt' ihn gefressen, den Buben, wenn nicht der Buchinger-Bauer von Rabenstein auf den Schachten gekommen wär'. Der hat die Toten abgeschnitten. Hat den Buben mitgenommen. Hat den Bären im Wald gelassen, wo er hingehört. Hat den elternlosen Buben hinunter in sein Häusl gebracht."

Die Waldbauern glotzten. Die Theres keckerte, leerte den Bierkrug, huschte nach draußen, verschwand im Heustadel. Nachdem sie ihre Geschichte losgebracht hatte, war ihr leichter als seit vielen Tagen. Traumlos schlief die Theres in dieser Nacht, ehe sie mit dem ersten Morgenlicht wieder in den Wäldern verschwand, die ihr seit mehr als drei Jahrzehnten zur Zuflucht, zum Schutz, zur Heimat geworden waren. Zur flüsternden, rauschenden Heimat, in der sie mit ihren Wahnträumen, ihren Phantasien, ihren Ängsten, ihrem Trauma leben konnte. Scheinbar spurlos verschwand sie wieder aus der Gegend um den Großen Falkenstein, um irgendwann später auf einem anderen Rodungsflecken im Wald aufzutauchen, wo sie ihre neue Geschichte wiederum zum Besten gab. Und auch die Einödbauern dort horchten mit offenen Mündern auf das, was sie zu stammeln hatte, horchten da und horchten dort, während die Theres noch jahrelang durch die Urwälder huschte, den Rabenstein freilich dabei jetzt in auffallender Weise mied.

So kam auch das Gerücht, welches das arme Weib in seinem Wahn in die Waldwelt gesetzt hatte, lange nicht nach Rabenstein selbst: Das Gerücht, daß die Buchingers einen Bärentreiberbuben im Wald gefunden und bei sich aufgenommen hätten, weil seine eigentlichen Eltern sich auf entsetzliche Weise vom Leben zum Tod gebracht hätten. Die Buchingers, auch der Hiasl selbst und seine Mutter ahnten nichts von der Legende, die sich nun allmählich herauszubilden begann, freilich erst nach vielen Jahren im Bayerischen Wald voll zum Tragen kommen sollte.[18]) Vorerst ging das Leben im Buchinger-Anwesen seinen Gang weiter. Schon am Tag nach dem heimlichen nächtlichen Auftauchen der Theres hatte sich Anna Maria Lang auf den Rückweg hinunter zum Donaugäu gemacht, während der knapp zehnjährige Matthäus vom alten Buchinger allmählich in seine neuen Pflichten eingewiesen wurde.

Schon eine Woche später – ungefähr zu der Zeit, als die Theres am Großen Falkenstein auftauchte – sagte der alte Buchinger freundlich zu seinem halbwüchsigen Knecht: „Gar nicht dumm stellst' dich an, Hiasl! Bist uns eine echte Hilf'!"

Der Bub lächelte. Auch ihm gefiel inzwischen das so ganz andere Leben im Wald. Und so erwiderte er: „Dann komm' ich auch im nächsten Sommer wieder zu euch!"

„Wirst immer bei uns willkommen sein", versetzte zufrieden der Waldbauer.

Der Rabenstein

Fünf Sommer waren, seit die Theres beim Buchinger-Anwesen kurz aufgetaucht und wieder verschwunden war, über das Waldgebirge und das Donaugäu hingegangen. Jetzt schrieb man bereits das Jahr 1768, und die Gegend um den Rabenstein war für den nunmehr fünfzehnjährigen Matthäus Lang längst zu einer Art zweiten Heimat geworden. Seit er zum ersten Mal ins Waldland heraufgekommen war, war er in jedem folgenden Frühsommer ins Buchinger-Häusl zurückgekehrt und war bis in den Herbst hinein geblieben; die Winter- und Frühjahrsmonate hatte Matthäus Lang dann ebenso regelmäßig wieder in Apoig verbracht. Der Bursche schien das regelmäßige Wechseln zwischen sanftem Tiefland und rauherem Waldgebirge zu genießen; nicht wirklich hier und auch niemals ganz dort zu sein, schien seinem ungewöhnlichen, manchmal wilden und ausufernden Charakter zu entsprechen. Er schien die Kontraste zu brauchen, das Schroffe, die jähen Szenenwechsel, und das Wandern zwischen Stromland und Waldgebirge kam ihm in dieser Hinsicht entgegen. Freilich wurde Matthäus Lang auf diese Weise noch mehr zum Einzelgänger und letztlich doch wieder zu einem Heimatlosen, denn weder an der Donau noch im Wald vermochte er, außerhalb seiner jeweiligen Familien, wirklich einzuwurzeln. Dies jedoch bedrückte ihn nicht; schon als Kind hatte er wenig andere menschliche Gesellschaft gebraucht, und in den vergangenen fünf Jahren hatte sich dieser Zug an ihm eher noch stärker ausgeprägt.

Fünf Jahre lang hatte Matthäus in Rabenstein die Gänse gehütet, hatte auf den Feldern und im Stall mitgearbeitet, hatte gelegentlich auch die Kindsmagd für den kleinen Jörg Buchinger gespielt, dem in der Tat – ganz wie sein Vater es 1763 gesagt hatte – keine Geschwister mehr geboren worden waren. Inzwischen zählte Jörg sechs Jahre und sah in Matthäus so etwas wie einen älteren Bruder, der freilich nicht ununterbrochen bei ihm sein konnte. Um so tiefer war jedoch die Beziehung des Buben zu dem Halbwüchsigen; daß der Hiasl nicht ständig anwesend war, machte ihn für den Jörg noch anziehender. Auf diese Weise wurde der Grundstock für eine Freundschaft gelegt, die dann ein ganzes Leben lang halten sollte.

Matthäus Lang war in jenen fünf Jahren nicht nur zu einem Familienmitglied auf dem Buchinger-Hof, sondern seelisch auch ruhiger geworden. Zwar konnte er nach wir vor von seltsamen inneren Spannungen beherrscht werden, doch die Erlebnisse, die er im Frühsommer 1763 gehabt hatte, hatten sich bisher nicht wiederholt. Als er damals, zusammen mit der Mutter, zum ersten Mal ins tiefe Waldgebirge gekommen war, als sie den Schwarzacher Wald durchquert, Weißenstein passiert und unter dem Kirchturm von Zwiesel gestanden hatten, da waren die flüchtigen Gesichte, die doppelbödigen Bilder, die halb angerissenen und nur halb ausgesprochenen Visionen nur so auf ihn eingestürmt. Vermutlich war damals die Angst vor dem Unbekannten daran schuld gewesen, daß irgend etwas die Gehirn- oder Seelentiefen des Neunjährigen aufgewühlt und zum Überlaufen gebracht hatte; daß jäh und unversehens etwas aus ihm herausgebrochen war. Doch schon am ersten Abend im Buchinger-Häusl, als der Hiasl gespürt hatte, daß man es hier gut mit ihm meinte, daß er jetzt zwar in der Fremde, aber trotzdem nicht heimatlos geworden war, hatte sich der innere Aufruhr wieder gelegt, war er wieder ein ganz normaler Bub gewesen, der – obwohl ganz kurz vorher noch hellsichtig – nichts, gar nichts gespürt hatte, als die Theres, das Waldweib, so flatterdunkel und tragisch ums Anwesen geschlichen war. Im Schwarzacher Wald, unterhalb von Weißenstein, dann in Zwiesel hatte ihn etwas Unbeschreibliches ganz kurz angesprungen und war ebenso blitzartig wieder verschwunden, um dann fünf volle Jahre überhaupt nicht mehr aufzutauchen, so daß Matthäus Lang inzwischen sogar jegliche Erinnerung an die damaligen wirren Vorfälle verloren hatte. Im Frühherbst 1768 jedoch sollte jäh und heftiger als je zuvor alles wieder hervorbrechen.

Die Buchingers und der Hiasl hatten die magere Ernte eingebracht. Einige Tage lang hatten sie den Roggen ausgedroschen und ihn mühsam in Säcke abgefüllt. Am nächsten Morgen wollte der alte Buchinger zusammen mit dem Hiasl zum Schloß fahren, um dort die Abgaben, die in Naturalien bezahlt werden mußten, abzuliefern. „Eine Schand' ist's, daß die Kißlings[19] uns dermaßen ausschinden!" jammerte der Buchinger. „Hocken auf dem Schloß im Fetten, und wir kleinen Bauern müssen den Luxus bezahlen!"

„Ist immer so gewesen und wird auch nie anders sein", warf die Buchingerin ein. „Und wenn sich ein Bauer gewehrt hat gegen den Raub, so wie's früher manchmal vorgekommen ist, dann haben sie ihn in den Hungerturm geworfen, und dort ist er dann verreckt."

Der fünfzehnjährige Matthäus horchte auf. Wie gebannt hing plötzlich sein Blick an den Lippen der Bäuerin. Doch er selbst sagte nichts, auch dann nicht, als die Buchingerin von einem Lehensbauern erzählte, einem aus ihrer eigenen Verwandtschaft, der vor mehr als 150 Jahren, noch vor der Zeit des Dreißigjährigen Krieges, in die Fänge der Herrschaft geraten und im Schloßverlies umgekommen war, weil er nicht zu zinsen vermocht hatte, worauf der Adelsherr Anspruch erhoben hatte. Auch als die Buchingerin geendet hatte, stellte der Fünfzehnjährige keine Frage, doch es stand gleichzeitig ein solches Interesse in seinen Augen, daß die Bäuerin weitererzählte, bis tief in die Nacht hinein, und die vielen anderen Greueltaten, die vom Rabensteiner Schloß ausgegangen waren, noch einmal ganz schauderhaft lebendig wurden.

Erst spät kam der Hiasl in dieser Nacht auf den Strohsack, und bis zum Morgen träumte er dann gehetzt und hart, wälzte sich auf seinem Lager und schwitzte, und als ihn die Buchingerin weckte, war er verwirrt und seine hellen Augen lagen tief und verschattet in ihren dunklen Höhlen.

Nach dem kargen Frühstück luden er und der Buchinger die Säcke mit dem Zinskorn auf den Karren, spannten, in Ermangelung eines Zugochsen, eine der Milchkühe davor und fuhren zum Schloß. Der Hiasl hatte das protzige Gemäuer während der vergangenen fünf Jahre viele hundert Male gesehen, doch an diesem Morgen betrachtete er es mit völlig anderen Augen. Die Mauern, die Türme, die Fenster schienen plötzlich ein bedrohliches Eigenleben gewonnen zu haben, schienen nicht mehr bloß Steine, Mörtel und Glas zu sein, sondern etwas, das aus dem Schweiß und manchmal auch dem Blut der Bauern gekommen war, etwas, hinter dem unendliches Leid stand und unendliche Not derer, die seit Jahrhunderten im Einzugsbereich dieses Molochs gelebt hatten. Auf dem Karrenbock erstarrte der Fünfzehnjährige; nicht mehr warmes Blut, sondern kaltes Eiswasser schien ihm durch die Adern zu fließen – und dann hatte er nach fünf Jahren der Ruhe, des normalen Lebens, urplötzlich wieder eine Vision.

Das Schloß schien sich in eine Masse aus Schleim aufzulösen, schien einen schleimigen Polypenschädel auszubilden und dazu schleimige Fangarme, schien über die Waldhänge und das Tal unten hinzuschnabeln, zu gieren, schien in seinen Schleimleib hineinschlingen, alles verschlingen zu wollen, was ihm in den Bereich der ekligen Fänge kam. Von den Berghängen herunter, aus dem Tal herauf strudelten die Bäume, die Ernten, die Menschen in die Polypenarme des Ungeheuers hinein, verzischten wie Kienfackeln im Schleim, wurden gleichzeitig von dem Geiermaul zerschnabelt, zerbissen, zerfetzt; zerstückelt und aufgesogen wurde das ganze Land, wurden die Menschen im Land, so weit das Auge reichte. Und dann brach die Vision, ebenso jäh, wie sie gekommen war, wieder ab.

„Was ist denn los, Bub? Was hast' denn?" fragte der Buchinger erschrocken. Kurz vor dem Zugang zum Schloß hatte er den Karren zum Stehen gebracht, als der Fünfzehnjährige neben ihm zu zittern begonnen hatte, so seltsam starr geworden war. „Ist dir nicht gut? Bist' krank?" setzte er ängstlich hinzu.

Matthäus Lang schreckte auf, kam wieder zu sich, blickte sich verwirrt um. Das Schloß stand grau und vertraut da, wie immer, seit der Hiasl es kannte. Unverändert lag der Waldpelz auf den Bergen, unverändert breitete sich unten das Tal. Friedlich rauchten wieder die Schlote der nahegelegenen Glashütte, die seit mehr als drei Jahrhunderten von den Rabensteiner Herren betrieben wurde.[20]) Über allem hing das freundliche Licht des Septembermorgens, nichts wirkte plötzlich mehr bedrohlich, furchteinflößend oder höllisch. „Ist schon gut, ich weiß auch nicht, was ich gehabt hab'", stammelte der Halbwüchsige. „Ist mir bloß auf einmal ein bissl schwindlig geworden." Der Hiasl sagte es zögernd, weil er selbst nicht so recht an seine Worte glaubte, auch wenn die Erinnerung an die Vision jetzt schon fast wieder völlig verschwunden war und mit jedem Atemzug weiter verging.

Der Buchinger atmete auf, trieb die Kuh wieder an. „In deinem Alter hat man das manchmal, Hiasl", murmelte er. „Wenn einer recht schnell wächst, kann's einem schon mal das Gestell zusammenhauen. Aber jetzt geht's wieder, gell?"

„Geht schon wieder", antwortete der Fünfzehnjährige. Beutelte sich ab und setzte hinzu: „War ja eh nichts..."

Der Bauernwagen rumpelte durch das Schloßportal in den Innenhof. Suchte sich seinen Platz in der Reihe der anderen Karren, die bereits dort drinnen standen. Die Bauern wirkten allesamt grantig, die Bediensteten der Adelsfamilie Kißling dagegen recht aufgeräumt. Der Verwalter riß sogar den einen oder anderen Witz, kam damit jedoch bei den Zinspflichtigen schlecht an. Die luden ihre Kornsäcke eher schweigend und mißmutig ab und schauten dann bedrückt zu, wie sie, Fuhre um Fuhre, in den Lagerräumen verschwanden. Als die Reihe an den Buchinger und den Hiasl kam, erschien oben auf der Freitreppe der Schloßherr selbst. Fett, protzig, mit aufgedunsener Wampe stand er da. Lauerte auf den Hof hinunter, hatte die Hände gierig nach vorne gekrallt. Seine Schweinsaugen huschten über die Waldler hin, die sich jetzt unwillkürlich geduckt hatten. Nur einer hielt dem fetten, dem gierigen, dem molochischen Blick stand: der fünfzehnjährige Matthäus Lang.

Die Augen des Kißling und die des Halbwüchsigen bohrten sich ineinander. Eine Spannung sprang auf zwischen dem auf der Schloßtreppe und dem unten zwischen den Bauernkarren. Etwas schien hin und her zu flirren, zu klirren, zu beißen. Der magere Bursche stand gegen den herausgefressenen Adligen und bot ihm ganz unverschämt Widerpart. Und zuletzt war es dann der Kißling, der den Blick senkte, ihn wie unter einem seltsamen Zwang abwenden mußte, sich halb umdrehte, dann doch noch in den Schloßhof hinunterbrüllte: „Macht's ein wenig schneller, Bagage!"

Die Waldbauern nahmen die Beleidigung hin, so wie ihre Vorfahren ähnliches seit Jahrhunderten hingenommen hatten: Sie duckten sich noch mehr und wuchteten dann die verbliebenen Kornsäcke noch eiliger von den Karren. Der Buchinger, der bereits abgeladen hatte, flüsterte dem Hiasl zu: „Die versteht's, die Fettsau! Uns Bauern schikanieren, damit er selbst immer reicher wird! Aber machen kannst' nix dagegen..."

Der Hiasl krampfte und ballte die Fäuste. Wollte etwas erwidern und brachte dennoch nichts heraus. Aber im Gehirn rumorte ihm das, was er hätte sagen mögen; fast – aber eben nur fast – lag es ihm auf der Zunge. Etwas Unerhörtes, etwas, das noch keiner im Wald gedacht hatte. Und dann packte ihn wieder der Schwindel, ein paar Lidschläge lang nur, ganz wie vorhin. Als der Fünfzehnjährige wieder klar denken konnte, hörte er den Buchinger sagen: „Ich geh' jetzt noch zum Verwalter und mach' mit ihm die Abrechnung. Dann fahren wir gleich zurück! Und froh bin ich, wenn wir hier wieder weg sind!"

Der Waldbauer stapfte davon, der Hiasl blieb, an den Karren gelehnt, zurück. Die Hand hatte er auf die warme Flanke der Kuh gelegt. Noch immer sah er die Augen des Kißling auf sich gerichtet, als stünde der andere immer noch oben auf der Freitreppe. Die Augen ließen ihn nicht los, sie verfolgten ihn, das Verhaßte schien ihn ansaugen, ihn aus der Zeit saugen zu wollen. Matthäus Lang konnte sich, obwohl er es wollte, nicht dagegen wehren.

Als der Buchinger zurückkehrte, redete ihn der Hiasl wie in Trance an: „Mußt allein heimfahren, Bauer! Ich kann jetzt nicht mitkommen! Muß auch allein sein! Muß dorthin, wohin's mich auf einmal so stark zieht . . ."

„Aber Bub . . .!" schnappte der Buchinger. „Ich versteh' dich nicht . . ."

„Ich versteh's auch nicht", sagte, ganz leise, der Fünfzehnjährige. „Du muß mich jetzt einfach lassen, Bauer! Ich komm' schon zurück, denk' dir nix! Seine Hand löste sich von der Flanke der Kuh, berührte leicht den Arm des Buchingers, dann ging der Hiasl mit seltsam weichen, wiegenden Schritten auf das Schloßtor zu. Die anderen Bauern machten ihm fast ängstlich Platz, als spürten sie, daß mit dem Burschen etwas nicht ganz geheuer war. Matthäus Lang kam ins Freie, und während er zum Wald hinaufstieg, der dunkel und pelzig über dem Schloß lastete, sah er noch immer die Augen des Kißling vor sich.

Jetzt, da er allein war, wurde das Saugen noch stärker. Und als er den Waldrand erreicht hatte, sank er in diese Phantomaugen hinein, raste hindurch, widerstandslos, wie durch einen Wasserfall, der ihn schneller und schneller mit sich riß, und aus dem einen Augenpaar, durch dessen wässrige Weiten der Seher nun schier körperlos trieb, wurden mehrere, wurden viele, wurde eine schier endlose, tunnelartige Reihe, welche in rasendem Fluß die Dimensionen von Raum und Zeit sprengte.

Zitternd stand der Fünfzehnjährige am Waldrand und wußte nicht mehr, wo er war, denn er war gleichzeitig an unendlich vielen anderen Orten, in unendlich vielen anderen Zeiten. Aus den wässrigen Augen des Kißling heraus rauschte die Zeit rückwärts, und mit den Augen rauschte das Schloß, rauschte das Waldgebirge, rauschte die Welt. Die Augen veränderten sich – und mit ihnen das Gebäude, das Land. Was beständig blieb, war allein der Wald.

Matthäus Lang sah die Zeit rasen. Schloß und Dorf veränderten sich, die Bauernhöfe, die Katen, wurden kleiner und armseliger, die Menschen wuselten geduckter und verängstigter durcheinander, die Felder wurden magerer, der Wald drängte gegen sie heran, der unveränderliche Wald, der aber jetzt, weit hinten in der Zeit, wieder mehr Raum gewonnen hatte. Das Schloß verwandelte sich zur Burg; wo der Kißling in seinen Pluderhosen und in seinem Samtrock gestanden hatte, standen nun andere, in Lederkollern, in Harnischen, in bodenlangen, seltsam schmal fließenden Gewändern; Ritter, Vögte, um deren Silhouetten die Zeit aus immer weiter entfernten Jahrhunderten heraus wummerte. Das Protzschloß war zum Wehrbau geworden, zur Fronfeste, zur Zwingburg, doch immer und immer karrten die Bauern ihre Abgaben heran, buckelten, krochen und zinsten, und die anderen mästeten sich, saugten, rafften, gierten.

Dann sah der Hiasl den Raum rasen, sah sich rasend schnell durch eine sich jäh verändernde Landschaft gerissen. Burg und Dorf lagen jetzt tief unten; dahinter aber, jetzt fast in Augenhöhe des Sehers, erhob sich der Gipfel des Rabenstein, und nun begriff der Hiasl auch, woher der Name kam, was ihn geprägt hatte.

Aus dem Gipfelwald heraus hatten sie die schändliche Lichtung geschlagen, hatten um Felstrümmer herum und auf steinigem Hang eisern geholzt. Aus dem niedergebrochenen Gewirr heraus ragte der Galgenbaum. Der Galgenbaum, um dessen Querbalken die Raben flatterten, krächzten und immer wieder unvermittelt bis hinunter zum steinernen Galgenfuß schwirrten. Und am Galgenbaum selbst die Gehenkten, diejenigen, die vom Mut oder auch der Armut getrieben gegen die Rabensteiner Herren aufgestanden waren. Zerfließendes, zerfallendes Fleisch, durch ein Jahrhundert nach dem anderen pendelnd. Menschenkörper, blitzschnell hochgerissen und unendlich langsam wieder abfaulend. Menschenknochen, wie Hagelschloßen durch die Zeit peitschend. Menschenschädel, kollernd, grinsend, vergehend. Rabenschnäbel, pickend, reißend, zerrend, Fleisch schlingend, Gebein zertrümmernd. Die Schreie der Aasvögel zuletzt so schrill, so grell, so giftig, daß der Fluß von Raum und Zeit jäh zersplitterte, abbrach. Dafür der Schrei des fünfzehnjährigen Matthäus Lang.

Sein Schrei, der über das Schloß und das Dorf des achtzehnten Jahrhunderts hingellte, die nach wie vor tief unten im Tal lagen. Ohne daß der Hiasl es wußte, irgendwie, war er auf den Gipfel des Rabenstein geraten, nicht nur mental, sondern auch körperlich. Jetzt stand er auf jenem Schachten, auf dem fünf Jahre zuvor die Theres, das Waldweib, eine schreckliche Nacht verbracht hatte. Davon wußte der Hiasl noch immer nichts, doch langsam begriff er, daß er emporgestiegen war, ohne von seinem Aufstieg etwas bemerkt zu haben; daß etwas in seinem Inneren ihn so mächtig und unwiderstehlich getrieben hatte, daß auch sein Körper nicht länger unten im Tal hatte bleiben können. Es hatte ihn förmlich emporgeschossen zu jenem Ort, den er zuletzt in seiner Vision gesehen hatte, zur ehemaligen Hinrichtungsstätte der uralten Degenberger Burg, und nun, da er langsam wieder zu sich kam, bemerkte der Fünfzehnjährige auch, daß sein Gesicht, seine Arme, seine Hände, seine Knie blutig gestriemt waren, von Zweigen und Ästen gepeitscht, daß er gestürzt, gegen Felsen und Bäume geprallt sein mußte, während es ihn nach oben gerissen hatte, immer weiter nach oben auf den schauerlichen Gipfel des Rabenstein, empor zur Schädelstätte.

Jetzt fühlte er sich erschöpft, unendlich erschöpft. Sein ganzer Körper war wie zerschlagen, sein Atem flatterte, seine Kehle war trocken, in den Augen brannte der Schweiß. Doch die Visionen, die gräßlichen Bilder, der Galgen, die Toten, waren verschwunden. So friedlich lag der Schachten unter dem pastellfarbenen Septemberhimmel da, so still, so bukolisch, daß die entsetzlichen Bilder in der Erinnerung des Fünfzehnjährigen beinahe ebenso schnell wieder verflachten und verwässerten, wie sie entstanden waren. Kein Grauen, kein Blut, kein wegschmelzendes Fleisch, kein Knochenrasseln mehr, sondern jetzt nur noch das Flüstern des Grases, das Rauschen des Baumlaubes, das Tschilpen der Vögel und lautlos das Ziehen der Wolken. Und unten im Tal das

Schloß wie ein Spielzeug, die Glashütte harmlos rauchbetupft, die Bauernhäuser ringsum nichts weiter als kleine, gemütliche Inseln der Geborgenheit.

Matthäus Langs Beine verloren ihre krampfhafte Spannung und gaben nach. Sein Körper sank in einen nachgiebigen Buschen Federgras hinein. Er kuschelte sich an die Erde wie früher an den Mutterleib; er roch, er trank den Duft des Bodens, der Gräser, der Kräuter. Er spürte das Windfächeln auf seiner Haut, fühlte das Streicheln auf seinen Kratzwunden, und dann begann das Windrauschen in den Wipfeln ihn zu lullen. Die Augen fielen ihm zu, und der Wind rauschte hoch oben weiter, lullte ihn weiter, und allmählich mischte sich in das Windrauschen ein anderes Geräusch: das Strömen und Ziehen des Bachwassers hinter der Apoiger Mühle, das er so oft in seiner Kindheit und auch später immer wieder gehört hatte, und das Rauschen des Windes und das ferne Strömen des Mühlenwassers wurden ihm eins, und nun fühlte er sich gelullt wie nie zuvor in seinem Leben.

Nach dem hallenden, molochischen, reißenden und kreißenden Element, dem übernatürlichen Schmettern und Kreischen von vorhin, war nun das Weiche, das Wiegende, das Sanfte, das Einschläfernde über ihn gekommen, das zweite Element, das in den unendlich weiten Gefilden von Raum und Zeit zählte, das kontrapunktische Element zu jenem ersten, das vom Galgenbaum bestimmt gewesen war, und nun begann – ganz wie zuvor das erste – jenes zweite Element mit der Seele und dem Gehirn des Fünfzehnjährigen zu spielen. In neue Bildwelten hinein driftete der nunmehr Halbschlafende ab, tief hinein in den ruhigen, stetigen Waldfluß. Und das Lullen, das Wald-, das Wasserlullen, nahm zu und schwoll an, bis es irgendwann an seine Grenzen stieß, bis es wiederum den gellenden Hall einer ganz anderen Innenwelt hervorlockte. Und nun strudelte der Halbschlafende in einen jaulenden Riß im Gefüge von Raum und Zeit hinein.

Er sah – und es war sein Drittes Auge, das sah – den Wald sich pelzen, so weit Menschenaugen reichten. Er sah die Flanken, die Schenkel, die Brüste, die Häupter der Erde bedeckt von duftigem Flaum, von Millionen und Abermillionen lebender, atmender, fühlender Pflanzen; er sah den Schoß der Erde gebären, scheinbar endlos und immer wieder hervorbringen und gebären, und die Kraft der Erdlenden schien unerschöpflich zu sein und schien auszureichen für die Ewigkeit.

Doch gleichzeitig schimmerten im Waldpelz Augen auf, Menschenaugen, noch einmal die Augen des Kißling. Gier sprang und loderte aus diesen Augen heraus; Menschengier, die sich jetzt wie ein Flächenbrand in den Waldpelz einfraß. Die Gieraugen glühten und leckten weiter, bildeten Kahlschläge und ausgeholzte Narben im Waldpelz; wohin ihr schimmernder Blick fiel, schossen Schlösser, Dörfer, Glashütten aus der einst unberührten Erdhaut, brachen wie Geschwüre aus dem Pelzleib und setzten sich an immer mehr Stellen im Waldpelz fest.

Zuerst duldete der Wald noch, was ihm da so unversehens im Behang nistete; einen rauschenden Flügelschlag der Zeit über schienen die Mencheninseln und die Natur ringsum in einer Art friedlicher Symbiose miteinander zu leben, schienen miteinander auskommen zu können. Doch unter den Dächern der Häuser, der Schlösser, der Glashütten gierte und schimmerte es weiter, und dann brach aus einer wirbelnden Kette von schamlosen Menschenaugen heraus die letzte Gier wie ein grellbunter, gallegrüner und goldlichternder Strom, und nun fraßen, schlangen und saugten die Myriaden von Augen maß- und hemmungslos alles in sich hinein, was ihnen in den blasphemischen Blick geriet.

Der Waldpelz begann zu stöhnen, zu wimmern, in seinem Kernholz aufzukreischen. Eichen-, Buchenstämme, über Jahrhunderte ruhig und sanft gewachsen, zerspellten splitternd. Lebenssaft spritzte und klagte an. Weitverzweigtes Wurzelwerk fuhr ruckend aus der Muttererde. Ausladende Äste peitschten wie im Fieber, ehe sie krachend stürzten und brachen. Skelettiert, nackt, geschlagen lag der Wald, nur noch totes Gebein jetzt, auf dem nackten, geschändeten Leib der mütterlichen Erde. Die Wurzeln, die Stämme, die Äste kreischten erneut auf, als sich stählerne Zahnreihen, endlose Reihen von unersättlichen Mäulern, in sie bissen. Zerstückelt, zerklobt, zerhackt wurde, was so langsam, so mählich und so schön gewachsen war, was sich einst in aller Ruhe so herrlich hatte ausbilden können. Jetzt starb es im Molochmaul, und die glaskalt glänzenden Menschenaugen hatten den Himmel ersetzt, das Sonnenlicht, die warme Liebe zum

Leben. Unter einem eiskalt gewordenen, erloschenen Himmel hing zuletzt nur noch ein einziges, ungeheuerliches Menschenauge und starrte leer auf sein Werk herab, auf das Menschenwerk: die Städte, die nun wie Schimmelbelag auf dem ehemaligen Waldland wucherten; die Glashütten, die keine Glashütten mehr waren, sondern rauchende, dreckspuckende Industriehallen; die Bauernhäuser, die alten, heimeligen Katen, die nun verschwanden, die einfach wegbarsten und ausufernden Steinklötzen Platz machten, Zwingburgen aus einem Stein, der nicht natürlich gewachsen, sondern von kralligen Menschenhänden in künstlichen Formen geschaffen worden war. Und all dies schob sich nun horizontweit über das ehemals so sanftpelzige Land hinweg, drückte alles, was atmete, unter sich, ließ kaum einen Baum stehen, nur da und dort noch einen kranken, ausgelaugten Waldfetzen.

Als der Forst, so weit das kaltgläserne Menschenauge reichte, vernichtet, abgestorben und vergiftet war, begann das molochische Auge unter dem verlorenen Himmel zu zucken, aufzuquellen und zu weinen. Eine erschütternde Erkenntnis trübte die ungeheuerliche Linse ein; eine Erkenntnis, die möglicherweise viel zu spät kam; eine Erkenntnis, die dennoch noch einmal Hoffnung im nun plötzlich milder leuchtenden Riesenauge aufleuchten ließ. Und das Glasauge zersplitterte und machte hinter seinem horizontweiten Splitterwerk erneut den wärmeren Himmel, den Sonnenhimmel sichtbar, doch die Wärme, die von dort oben nun wieder ausgehen wollte – keine göttliche, sondern einfach die natürliche Wärme –, prallte auf eine löchrig gewordene Erde, auf eine zutiefst verwundete; auf eine Erde, in der die Risse, die klaffenden Wunden bis ins innerste Mark reichten. Im Bettelkleid lag die Erde darnieder, und ihr Schrei, ihr stummer Schrei hallte, hallte und hallte ...

Er hallte hinein in den Halbschlaf des Fünfzehnjährigen, der noch immer auf dem Schachten hoch oben am Rabenstein lag, und der entsetzliche Schrei, der auf ihn eindrang, löste in seiner Kehle zuletzt ein Keuchen, ein Murmeln, ein Stammeln aus. Ruckartig richtete sich der Hiasl auf, starrte ins Tal hinunter, starrte über das Waldgebirge hinweg – und fand endlich verständliche Worte. „Dann schaut den Wald an!" keuchte er. „Er wird Löcher haben wie des Bettelmanns Rock ..."

Der Satz, nur ganz leise gesprochen, hing über der Lichtung. Hing da, und der Fünfzehnjährige horchte ihm erstaunt nach, als sei er gar nicht aus ihm selbst, sondern von ganz anderswoher gekommen. Matthäus Lang hatte das Gefühl, als hätte etwas anderes ihm die Worte in den Mund gelegt, als sei er selbst nur ein Werkzeug gewesen, ein Toninstrument, das eigentlich gar nicht wußte, was es tat. Verwirrt sprang der Bursche ganz auf die Beine, drängte weg, wollte fliehen vor dem Hallenden. Doch der Satz hing ihm nach, verfolgte ihn, ging ihm nicht mehr aus dem Schädel, auch dann nicht, als er wie gehetzt vom Rabensteiner Schachten floh, ins Tal hinunterkeuchte, dem Buchinger-Häusl zu, damit er sich dort hinein flüchten, die Tür zwischen sich und dem Unbegreiflichen zuschlagen konnte.

Wieder peitschten ihn die Zweige und Äste, als er den Berg verließ, auf dem etwas in ihm zur Reife gekommen war, etwas, das vielleicht die Aura dieses Ortes nötig gehabt hatte, um sich nach den rudimentären Anfängen in der Kindheit des Matthäus Lang nun ganz ausbilden zu können; vielleicht hatte es gerade den Galgenhügel, die Schädelstätte aus der uralten Zeit, im Verein mit dem unendlichen Frieden und der zauberischen Stille des Hochwaldes gebraucht, um aus dem Rachen des Hiasl den einen Satz zu locken, der gar nicht von ihm stammte und eben deswegen nicht wieder vergessen werden konnte. Der Satz hämmerte im Schädel des Fünfzehnjährigen, während er weiterrannte, während er stürzte, während er sich die Knie und die Ellenbogen erneut an den Felsschrunden und den borkigen Baumstämmen blutig schlug und blutig riß. Er hetzte am Schloß vorbei, hetzte das Tal entlang zum Dorfrand, wo das Anwesen stand, das ihm längst zur zweiten Heimat geworden war, und als er in die Stube taumelte, in der Abenddämmerung schon, als er die Augen der Buchingers auf sich gerichtet sah, die erschrockenen, verständnislosen Augen, da brach es wieder aus ihm heraus; wieder rief er den Satz: „Dann schaut den Wald an! Er wird Löcher haben wie des Bettelmanns Rock!"

Die Bauersleute starrten und schwiegen, auch der sechsjährige Jörg. Draußen hatte der Spitzl freudig gekläfft, als der Bursche auf den Hof gekommen war; jetzt brach er jäh ab, als hätte der Satz, der in die Stube hineingerufen worden war, ihn geängstigt. Der Hiasl selbst glotzte, nachdem es aus ihm gesprochen hatte, wie ein Blöder auf die Buchinger-Leute. Dann überwältigte ihn die Schwäche. Er schleppte sich noch bis zur Ofenbank, auf der er dann zusammenbrach. In seinem Erschöpfungsschlaf spürte er nicht mehr, wie sich die Buchingerin um ihn kümmerte, wie sie die tiefsten seiner Wunden und Schrammen versorgte. Jetzt schlief er traumlos und wie ein Stein. Wachte nicht auf, als der Arnikasud[21]) in sein verletztes Fleisch biß, erwachte auch nicht, als die Buchingers ihn nach oben in seine Kammer trugen. Er schlief bis tief in den nächsten Tag hinein, während die Bauersleute erschrocken rätselten, was mit ihm geschehen war.

Zuletzt, schon im Morgengrauen, als er und sein Weib immer noch nicht schlafen konnten, sagte der alte Buchinger: „Scheint, daß ihm der Wald den Kopf wirr gemacht hat. Vielleicht hätt' ich ihn aufhalten müssen, wie er gestern im Schloß so komisch geworden und auf einmal weggelaufen ist. Im Wald dann hat ihn vielleicht was geängstigt. Nicht ein jeder kann ihn vertragen, den Wald."

„Aber der Hiasl ist doch jetzt schon im fünften Sommer bei uns", erwiderte die Buchingerin. „Er sollt' den Wald doch kennen inzwischen."

„Er muß oben auf dem Rabenstein gewesen sein", sagte der Bauer. „Und den Schroffen hat er bis jetzt nicht gekannt. Auch heißt's, daß es dort oben nicht ganz geheuer ist..."

„Meinst', der Schaden wird ihm bleiben?" jammerte die Frau auf.

„Wir wollen's nicht hoffen", beschied sie der Buchinger. Dann raunzte er: „Was red'st überhaupt so dumm daher, Weib?!" Er drehte sich in der knarzenden Bettstatt um. Aber schlafen konnte er immer noch nicht. Und auch die Bäuerin lag wach und sinnierte, bis es dann Zeit zum Stallgang wurde und die täglichen Pflichten das Paar allmählich auf andere Gedanken brachten.

*

Als der Hiasl am nächsten Vormittag nach unten kam, schien er wieder ganz der Alte zu sein. Offenbar hatte ihm der lange Schlaf das Innenleben wieder zurechtgerückt. Er tat seine Arbeit wie in all den Jahren zuvor, und mehrere Tage lang passierte nichts Ungewöhnliches mehr. Über den Rabenstein und alles, was damit zusammenhing, redete keiner im Buchinger-Häusl mehr. Dann, ungefähr nach einer Woche, saßen die Bauern, der Hiasl und der Kleine gerade beim Mittagessen. Reihum fuhren die hölzernen Löffel in die Schüssel mit dem Kraut und der gestockten Milch. Dann blieb plötzlich die Hand des Fünfzehnjährigen mitten in der Bewegung hängen. Zuerst achtete keiner darauf, aber dann hörten die Buchingers den Hiasl wiederum den bewußten Satz sagen. Er brachte ihn heraus mit leeren Augen, schien dann irgendwie zusammenzuzucken, als hätte ihn eine unsichtbare Hand angerührt, dann führte er den Löffel zum Mund und aß weiter, als sei überhaupt nichts geschehen.

Die Buchingers waren zuerst ein wenig erschrocken. Doch immerhin war ihnen das seltsame Gerede des Hiasl jetzt nicht mehr ganz fremd gewesen, und so hielt auch ihre Verwirrung sich diesmal in Grenzen. Er spinnt halt, dachte der Bauer, und andere spinnen noch mehr. Mit dieser Erkenntnis aß auch er wieder weiter, und ebenso handelte sein Weib.

Von da an reagierten sie gar nicht mehr, wenn der Hiasl wieder einmal mit dem seltsamen Bild vom Wald daherkam, der angeblich einmal aussehen würde wie ein Bettlergewand. Sie gewöhnten sich an seinen Spruch, und als der Fünfzehnjährige im Spätherbst wieder hinunter zur Donau und nach Apoig wanderte, so wie jedes Jahr, da riß der alte Buchinger bloß noch einen Witz über die unverständliche Prophezeiung seines Verwandten und mahnte ihn, nicht auch noch in der elterlichen Mühle damit anzufangen.

Der Hiasl freilich verwirrte dann, den Winter und das Frühjahr über, auch die Apoiger mit seinem Spruch, schockte auch sie anfangs, bis sich dann auch die Müllersleute kopfschüttelnd daran gewöhnten. „Flausen hat er halt im Kopf", sagte der Vater einmal zu seiner Anna Maria. „So etwas kommt und geht und wird sich auch bei ihm wieder geben. Solang' er sich beim Mahlen brav anstellt, ist es mir sowieso gleich."

„Wenn er erst einmal ein Madl kennt, wird er schon auf andere Gedanken kommen", pflichtete ihm die Annamirl bei.

Der Hiasl selbst zerbrach sich den Kopf schon lange nicht mehr über das, was da manchmal wie ein nebelhafter Zwang über ihn kam. Er lebte ruhig ins Frühjahr 1769 hinein – und ahnte nicht, daß der nächste Anspruch aus der Anderwelt bereits auf ihn lauerte.

Steinschrei

Das steinerne Bild befand sich noch immer oben in Windberg. Die archaische Tafel, vermutlich von Kelten aus Schottland oder Irland gemeißelt, zeigte einen Krieger, der mit einem Schwert bewaffnet war und sich einem Wolf zum Kampf gestellt hatte.

Als Säugling, vierzehn Tage alt erst, hatte Matthäus Lang das seltsame Bildwerk vor nunmehr fünfzehneinhalb Jahren zum ersten Mal gesehen. Wie gebannt hatte sein Blick damals an dem roh ausgemeißelten Schwertmann und dem Untier gehangen. Zum ersten Mal hatte das Kind, noch ungetauft, an jenem Septembermorgen das Rauschen der Zeit verspürt. Dann hatte der Vater seinen Sohn über die Schwelle des Kirchenportals getragen, und die hellen Augen des Säuglings hatten sich jäh wieder geschlossen.

Jetzt, an einem Aprilmorgen des Jahres 1769, stand der Hiasl erneut vor dem Steinbild. Aus eher profanem Anlaß heraus war er nach Windberg hinaufgekarrt. Er hatte den Mönchen ein paar Säcke Weizenmehl aus der Apoiger Mühle gebracht. Matthäus hatte das Mehl beim Cellerar[22]) des Klosters abgeliefert, ohne Bezahlung dafür zu bekommen, denn der von den Apoigern ausgemahlene Weizen hatte eine der vielfältigen Lehensleistungen der Müllersleute an die Abtei dargestellt. Nun nutzte der fünfzehneinhalbjährige Bursche die Gelegenheit, sich ein wenig im Kloster umzusehen. Er war am Brunnen vorbeigeschlendert, hatte einen vorsichtigen Blick in die Kirche mit ihrem Rokokoprotz geworfen, und nun stand er auf einmal vor der archaischen Steintafel. Der Schwertkämpfer und der Wolf hatten ihn plötzlich unwiderstehlich angezogen.

Das Treiben der Klosterinsassen um ihn herum schien sich auf einmal zu verlangsamen. Irgendwie zäher und ruckartiger schienen sich die Zisterzienser, die Knechte, die Mägde, die Besucher zu bewegen. Kaum spürbar war es, und dennoch spürte der Bursche von der Apoiger Mühle es ganz genau. Allerdings hatte es ihn längst nicht so jäh getroffen wie damals am Rabenstein, im vergangenen Herbst. Als der Hiasl noch einen Schritt näher an das Steinbild herantrat, bemerkte er – nicht mit einem seiner fünf Sinne, sondern mit einem sechsten –, daß der Sog, die

Kraft, das Zeitwummern von der primitiven Plastik ausgingen. Der Stein schien sich zu einer Art Schrei zu öffnen, schien aufzuklaffen wie ein blaffendes, ungeheuerliches Maul. Jetzt erinnerte sich der Hiasl auch ganz genau daran, daß er dieses Bildwerk schon einmal gesehen hatte; damals als er seinem eigenen Ursprung noch ganz nahe gewesen war, nur wenige Tage nach seiner Geburt. Er sah sich selbst, wie er kurz vor seiner Taufe mit aufgerissenen Augen auf den Stein gestarrt hatte.

Eigenes Wissen war es – und dazu kam fremdes. Und aus diesem ineinanderströmenden Wissen heraus begann das blaffende, ungeheuerliche Steinmaul zu reden, nicht mit Worten, sondern in farbig tönenden Klangkaskaden, und die Kaskaden des Steins trafen jene Bereiche im Gehirn des Müllerssohnes, die bei anderen Menschen lebenslang stumm zu bleiben pflegten[23], und so vernahm der Hiasl die hallende Botschaft.

Er sah den Stein, wie er gebrochen wurde, zu Zeiten, da noch kein Kreuz blasphemisch über der natürlichen Welt aufgerichtet worden war. Heidnisch entstand der Stein, heidnisch, hell und hallend, und die Musik, die er in sich trug, beinhaltete noch nichts vom Christentum, schöpfte vielmehr aus keltischen Quellwassern, reichte so tief in den Schoß der Erde hinab und in das Geheimnis der Erde hinein, daß Christenwissen gegen diesen wolfszeitlichen Urschrei nichts weiter als Welpenkläffen war. Der Stein aber war aus dem Geäder der Welt gebrochen worden, als sie noch menschenjung gewesen war; der Stein stammte aus jenen Bereichen verschütteter Weisheit, in die das viel spätere Christentum nie gereicht hatte und bis zu seinem Untergang niemals reichen würde.

Er sah die Hände, die den Stein formten; Keltenhände, Pflanzenhände, und es meißelten mit weichem, nachgiebigem Werkzeug Frauen- und Männerhände gemeinsam. Zuletzt wurde der Stein geglättet und aufgerichtet und stand nun da unter warmem, vorchristlichem Himmel, stand schmucklos da und war sich selbst Schmuck genug, war zum Zeichen geworden einer klaren, einer hellsichtigen Zeit, und manchmal kamen die Menschen zu ihm und tanzten und sangen und blickten zuletzt still auf zum ewigen Lauf der Sterne.

Dann zuckten die Sterne schmerzhaft, und der Stein schrie. Es war das über die Welt hereingebrochen, was die kleineren Menschen späterer Jahrtausende als Zeitenwende bezeichnen sollten. Noch wucherte das giftige, das bewußtseinslähmende Pflanzenkorn nur winzig und sehr weit im Süden, doch es wucherte allmählich auf aus der Glutwüste Palästinas und reckte sich stachlig. Die irre gewordene Zeit schnalzte zwei Schlangenzungen nach Norden; römisch die eine, christlich die andere. Zuerst schien es, als würde die heiser bellende römische Zunge triumphieren können, doch dann verdorrte und verrostete das Eisenrasseln, und leiser, hinterhältiger und schleimtriefender kroch die andere Schlange heran, gab sich taubensanft und fuchslistig und begann schon nach wenigen weiteren Jahrhunderten die Welt, in welcher der uralte Stein stand, unnachgiebig zu würgen.

Er, der Bursche, der die Botschaft des Steins auch tausend Jahre nach dessen Sturz noch zu erkennen, zu hören und zu schmecken vermochte, sah nun, wie der uralte Stein fiel. Er sah die Knotenpunkte des nunmehr verfemten Wissens stürzen; er sah die nun mächtigen Christen den Stein wie einen Beutekadaver über die ihnen so mißliebige Erde schleifen. Er hörte, wie sie den Namen des damaligen Herrschers brüllten: Karl, und er sah durch die Zeitnebel hindurch, wie alles ausgerottet wurde, was nicht karolingisch und nicht christlich sein wollte; wie ein halber Kontinent in Blut und Intoleranz ersoff.

Der uralte Keltenstein verdreckte in jener Zeit. Er verdreckte im Sumpf, den das Christentum geschaffen hatte, doch dann wanderten noch einmal Kelten in das geschundene mitteleuropäische Land ein. Von Westen kamen sie, aus Irland und Schottland, und obzwar ebenfalls christlich verbogen, hatten sie – unbewußt – noch immer ein Quentchen jenes alten Wissens bewahrt, das die Erde einmal so sonnig gemacht hatte. Dieses Wissen glimmte noch immer tief in ihren Herzen, als sie nun – unbeholfener und unendlich ruppiger als ihre hellen Ahnen – den Stein erneut zu bearbeiten begannen. Wieder meißelten die Hände, jetzt freilich nur noch arme Männerhände, und sie meißelten primitiv aus dem Stein heraus den Schwertträger und den Wolf. Der Wolf stand ihnen, dem geifernden Christengesetz folgend, für das Böse, das Unheimliche, das Teuflische; für das, was sie nicht mehr verstanden und deswegen dämonisierten. Der Schwertmann sollte das Siegreiche, das Christliche, das vermeintlich Kraftvolle und Helle symbolisieren; Wolf und Mann standen, christlicher Mythologie gemäß, für den Drachen und den Erzengel. Der Sieg des Drachentöters hätte von den Iren oder Schotten abgebildet werden sollen, wenn es nach dem Willen der Steinmetzen gegangen wäre – doch der Stein spielte denen, die ihn zu metzeln versuchten, einen Streich.

Als das Bildwerk geschlagen war, standen sich der Wolf und der Mann nicht kriegerisch, sondern friedlich gegenüber. Zwar war das christliche Schwert sichtbar, doch fuhr es dem Wolf mitnichten ins Gekröse; auf dem Stein triumphierte der Zubiß der Kreuzträger nicht, auf dem Steinbild hatte sich die alte, fast verschollene Welt behaupten können. Die Hände der Steinmetzen waren ohnmächtig gewesen angesichts dessen, was in den tiefsten Tiefen ihrer Herzen noch immer lebte. Und weil die Hände dieser späten Kelten nicht ganz dem christlichen Geist, sondern immer noch dem von weither hallenden Schrei ihrer Herzen gehorcht hatten, hatte der Stein wiederum Leben gewonnen, war er mehr geworden, als seine Meißler beabsichtigt hatten, konnte er nun – ein Jahrtausend später – für den fünfzehneinhalbjährigen Matthäus Lang zum Steinschrei werden; zu einem Schrei, der aus unendlich fernen Zeiten jetzt wieder eine Botschaft zu ihm trug. Zwar hing der Stein nun schon seit Jahrhunderten über einem Kirchenportal, zwar war er Jahrhundert um Jahrhundert mit Weihrauchdünsten beschwengelt worden, zwar galt er den Zisterziensern von Windberg schon seit Jahrhunderten als heilig in ihrem verständnislosen Sinn; trotzdem hatte der Stein das bewahren können, was an ihm wesentlich war, und nun hatte er sein menschliches Pendant gefunden, nun war einer gekommen, dessen Gehirn auf die uralten Meißelspuren ansprach.

Matthäus Lang spürte das Rauschen. Das innere Sehvermögen, sein Drittes Auge, weitete sich ihm erneut. Zeit und Raum begannen unter dem Aufklingen, dem Aufbrüllen des Steinschreiens zu brodeln, zu kochen, sich wiederum in ihren Dimensionen zu verschieben. Eine Verbindungslinie stellte sich her zwischen dem Stein in Windberg und dem Galgenhügel weit drinnen im Wald. Wieder öffnete sich dem Hiasl von der Apoiger Mühle die Zukunft. Wieder sah er den Wald schrumpfen, bis nur noch kärgliche, kranke Flecken übrig waren, doch diesmal verharrte die Vision nicht in diesem momentanen Aggregatzustand, sondern sie brodelte weiter, ließ neue Bilder aufblitzen; Bilder, die so unglaublich und unverständlich waren, daß es den Burschen vor dem Steinbild jetzt schüttelte, daß er zu schwitzen und zu zittern begann und gleichzeitig stammelnd wiederzugeben versuchte, was er sah, sehen mußte . . .

Der Wald war zerschlissen und löchrig wie eines Bettelmanns Rock. Nackt und geschändet hing der ausgefaserte Pelz hoch oben über dem Donaustrom. Der Fluß selbst schwefelte ein. Bräunlich und gelb wurde er, während die Dörfer und kleinen Städte an seinen Ufern wie Krebsgeschwüre auswucherten, ihre Polypenarme immer weiter ins ausgesogene Land vorstreckten. Eisen beherrschte die Menschensiedlungen, rostiges, kreischendes Eisen; dazwischen lastete grauer, lebloser, künstlicher Stein, auch er von Eisensträngen durchädert.

Kirchenglocken raunzten noch immer darüber hin, wurden jetzt aber von mechanischen Schlagwerken und bissigen Zeitmessern regiert. Und aus dem Raunzen, dem Kreischen, dem Hämmern heraus brachen jetzt auf einmal die eisenflankigen Ungeheuer. Sie rasselten aus den Städten, rasselten auf eisernen Wegen dahin, rasselten, keuchten, heulten und kläfften in die Berge hinauf, sprangen die nackten, geschändeten Hügelflanken an, dampften und knurrten an den Restwäldern vorbei und vergifteten sie noch mehr, immer mehr, bis hin zur letzten, schwefelsauren Agonie.

„Durch den Wald werden eiserne Hunde bellen!" stammelte, ächzte der fünfzehneinhalbjährige Bursche, der jetzt unter dem Steinbild kauerte, als hätte er Leibgrimmen. Der Satz fuhr ihm aus dem Mund, ohne daß er es wußte. Und der andere, der jetzt neben ihm stand, hörte den Satz. Doch der Mühlhiasl wußte auch nicht, daß er nicht mehr allein war.

Die Vision hielt ihn fest, ließ ihn nicht aus ihren Krallen. Weiter rauschte und hallte es in seinem Schädel, noch immer war sein Drittes Auge weit aufgerissen, und er sah und hörte die eisernen Hunde bellen und fauchen, und er sah die Menschen in den Wald hinein vordringen, sich drängen, sich gegenseitig den Platz streitig machen, sah, wie sie sich gegenseitig ebenfalls wie die Hunde anbellten und anknurrten.

Aus dem, was vom Wald noch geblieben war, flüchtete in Panik das Wild. Hirsche brachen durchs Unterholz, Rehe jagten in zuckenden Sprüngen weg, Hasen suchten hakenschlagend das Weite, Rebhühner und Fasane zogen flatternd und schimpfend davon, Auerhähne verschwanden kollernd unterm fahlen Horizont, Adler stürzten ab und Bären trollten sich grollend. Wölfe scheuchten sich lefzend selbst, und sogar die Geier im gelben Gefieder sahen sich auf einmal heimatlos.

Entblößt hatte sich das Waldgebirge von Pflanzen und Getier; nur die Menschen wuselten jetzt noch dort oben, die Menschen in ihren Siedlungen aus totem, künstlichem Gestein, durch welche die eisernen Hunde keuchten. Und diese Menschen waren blind; sie sahen nicht, was sie angerichtet hatten, sie träumten nicht, sie reflektierten nicht, sie dachten nicht nach. Sie wollten nur immer noch weiter zerstören und vernichten, wollten sich das, was von der Erde, ihrem Bewuchs und ihrem Getier noch geblieben war, immer noch weiter unter die Fuchtel zwingen – bis hin zum Ende, bis hin zum allgemeinen Untergang. Grellgiftige Blüten hatte das Christentum in seiner allerletzten Phase ausgetrieben; das entsetzliche Bibelwort „Machet euch die Erde untertan!" hatte die Menschheit konsequenterweise zu einem Leben auf steriler, lebensfeindlicher Erde verdammt.

Doch die meisten Menschen begriffen es auch dann noch nicht, als das Ende bereits sicht- und greifbar zu werden begann. Unausrottbar schien der Morddrang der Christenwesen; selbst in der Agonie der Erde zogen sie noch immer ins Feld, um auf die letzten Reste von Leben Jagd zu machen. Wo ihre Vorfahren gepirscht hatten, um ihre Felder zu schützen, um das Raubwild kurz zu halten, um wenigstens ab und zu einmal Fleisch in den Kochtopf zu bekommen und so überleben zu können, hatten ihre späten Nachfahren die Jagd nun zum gräßlichen Gemetzel erniedrigt. Sie berauschten sich am Knall ihrer Schnellfeuergewehre, als es schon längst kaum noch ein Ziel gab, auf das sie feuern konnten; die Jäger der späten Zeit rudelten in den vernichteten Wald hinein und hetzten in hellen Rudeln den letzten Hasen, das letzte Stück Rehwild.

Der Seher zur Windberg sah sie durch den entlaubten Restwald schleichen, sah, wie zwei Schulter an Schulter weiter vordrangen, sah ihre Büchsen, die fremdartigen und so seltsam kleinkalibrigen Waffen, deren winzige Kugeln dennoch so mörderisch waren; er sah, wie zwei Jäger nur noch einen einzigen

Baumstock fanden, von dem aus sie lauern konnten; er sah, wie sie sich dort zusammendrängten, wie sie mit doppelter Feuerkraft schießwütig waren – obwohl es kein lebendes Ziel mehr für ihre maschinengewehrschnelle Schießwut gab.

Der Hiasl sah noch mehr: Er sah, wie die beiden Jäger, die beiden Menschen, in Ermangelung tierischer Beute sich gegenseitig zu belauern begannen, wie sie sich gegenseitig zum potentiellen Wild wurden, wie das Mißtrauen zwischen ihnen aufgrellte, der Neid, die Besitzgier. Sie neideten sich das Land, das sie zerstört hatten, und grenzten das Zerstörte mit hohen Stacheldrahtzäunen ein, grenzten ihre armseligen Parzellen gegeneinander ab. Sie hockten auf der toten Erde und gierten weiter um sich wie Raubwölfe; sie waren sich gegenseitig zu Wölfen geworden und brüllten und lefzten sich gegenseitig ihre Ideologien und falschen Weltanschauungen in die Wolfsfratzen.

Dann kehrte dem Hiasl das Bild der beiden Jäger auf dem einen Stock grell wieder, und wieder öffnete sich sein Mund, wieder stammelte, keuchte er es heraus: „Dann werden im Wald zwei auf einem Stock sitzen, wird einer dem anderen nicht trauen dürfen..."

Er keuchte es heraus, und als er sich auf diese Weise befreit hatte, verging die Vision. Die Realität seines eigenen Lebens, seiner eigenen Zeit kehrte zurück; er fand sich unter dem Steinbild am Kirchenportal wieder. Noch hallte der Steinschrei, den er gehört hatte, wider, doch allmählich wurde der Hall dünner und ferner und verklang zuletzt ganz. Bewegungslos hingen der Wolf und der Schwertmann in der Mauer; von der Zeit zerbissen und zerschliffen war das Bild, doch das andere hatte sich tief und für immer im Gehirn des Fünfzehneinhalbjährigen eingegraben und eingebrannt. Qualvoll und entsetzlich war das alles wieder gewesen, und den Lohn für seine Qual sollte der Mühlhiasl auf der Stelle bekommen.

Denn der, welcher die ganze Zeit schon neben ihm gestanden hatte, schnauzte ihn jetzt an: „Was faselst' von eisernen Hunden und Jägern, die zu zweit auf einem Stock sitzen?! Bist' vom Teufel besessen, Bürscherl?!"

Der Hiasl, noch immer an der Erde kauernd, schaute auf. Als er sah, wer es war, der ihn angesprochen hatte, rappelte er sich mühsam hoch. Der Abt von Windberg sah aus, als wollte er ihn im nächsten Moment schlagen. Was er mitangesehen, mitangehört hatte, schien ihn gereizt zu haben wie einen Stier.

Der Hiasl hingegen schüttelte bloß verwirrt den Kopf. Dann flüsterte er: „Laßt mich gehen, Herr! Fragt nicht nach!" Der Hiasl drückte sich an der Kirchenmauer entlang, wollte nur noch weg.

Doch da hatte ihn der Abt auch schon am Ärmel gepackt. „Teufelskunst treiben – und dann einfach abhauen wollen!" schnauzte er ihn an. „Aber das wird dir bei mir nicht gelingen! Und jetzt sagst' mir zuerst einmal, wer du überhaupt bist!"

Der Bursche fügte sich notgedrungen. „Bin der Hiasl von der Apoiger Mühle", erwiderte er, noch immer leicht zitternd.

„Der Matthäus Lang", schnaubte der Windberger. „Der Erstgeborene von der Heidenmühl'!" Er drückte den Arm des Burschen fester und fragte scharf: „Bist doch zu Windberg getauft, nicht wahr? Da, in der Kirche drinnen!"

„Bin ich", erwiderte der Mühlhiasl, und jetzt schwang so etwas wie Trotz in seiner Antwort mit. „Jeder ist getauft, das wißt Ihr doch, Herr Abt."

„Und warum treibst' dann Teufelswerk, draußen vor der Kirchentür?" schimpfte der Kleriker.

„War kein Teufelswerk", verwahrte sich der Hiasl. „Ich hab' bloß den alten Stein angeschaut und hab' mir nichts weiter dabei gedacht..."

„Nichts weiter gedacht!" belferte der Abt. „Nichts gedacht, aber so seltsame Sprüch' gerissen! Ich hab's genau gehört: Durch den Wald werden eiserne Hunde bellen. Und: Dann werden im Wald zwei auf einem Stock sitzen, wird einer dem anderen nicht trauen dürfen. – Was soll das heißen? Was hast' mit den eisernen Hunden gemeint? Und was mit den Jägern, die sich den einen elenden Stock nicht gönnen? – Ich bin selber ein Jäger! Hab' in meinem Leben weit und breit die größten Strecken zusammengebracht! Aber einen eisernen Hund hab' ich im Wald noch nie gesehen! Und zusammen mit einem anderen hab' ich auch noch auf keinem Stock gesessen! Wär' ja noch schöner..."

„Du kennst ja bloß den Wald, wie er heut' ist", brach es da aus dem Hiasl heraus. Er hatte es eigentlich gar nicht sagen und er hatte den Abt auch nicht duzen wollen. Beides war einfach über ihn gekommen. Jetzt fuhr er, gegen den verdatterten Kleriker hin, fort: „Aber ich hab' gesehen, was später sein wird. Wenn du nicht mehr lebst und ich auch nicht. Dann wird's die eisernen Hund' geben und auch die Jäger, die kein Wild mehr finden ..."

Die Ohrfeige des Abtes kam so schnell, daß der Mühlhiasl nicht mehr ausweichen konnte. Der derbe Schlag traf ihn voll ins Gesicht. Seine Wange begann zu brennen, als er zurücktaumelte und mühsam an der Kirchenwand Halt suchte. Und gleichzeitig blitzten seine Augen wild und hell auf. Haß sprühte aus ihnen, unbändiger Haß auf den Schläger. Und gleichzeitig stand jetzt unvermittelt absolute Furchtlosigkeit in den Augen des Burschen. „Schlagen kannst', aber mehr nicht!" herrschte nun er den Kleriker an. „Wirst's mir nicht rausprügeln können, was ich gesehen hab' und was ich weiß! Wird genauso kommen, wie ich's gesehen hab'! Bist bloß zu blöd, daß du mich begreifst. Die eisernen Hund' wird's geben, und die Jäger werden sich mit ihren Kugeln selber über den Haufen schießen!"

„Schweig!" schrie der Abt. „Kein Wort will ich mehr hören!"

„Jetzt mußt' mich anhören!" gab der Mühlhiasl zurück. Schon wieder rauschte es in seinem Schädel, schon wieder schien die Welt sich zu verändern, schienen die vertrauten Umrisse sich jäh zu verschieben. Der Abt von Windberg war plötzlich winzig klein, stand jetzt weit unter dem Mühlhiasl. Und auf den Scheitel des Zwerges hinunter schrie der Bursche: „Ich seh' noch andere Sachen! Häuser, wie heut' noch keines im Wald oder an der Donau steht, aber Kirchen sind's nicht! Wird immer weniger Kirchen geben und zuletzt gar keine mehr! Der Christenglaub'n wird so klein werden, daß man ihn in einen Hut hineinstopfen kann! Und solche wie dich wird's einmal auch nicht mehr geben! Denn ihr seid bloß ein Gespei in der Zeit. Weil: Die Welt war lang' vor euch da und wird noch lang' nach euch da sein! Das sollst' aus meinem Mund hören, Jäger du, Schläger du ..."

Die Vision brach ab; Raum und Zeit ruckten ins Jahr 1769 zurück. Der Abt von Windberg überragte den Fünfzehnjährigen wieder um zwei Köpfe; der Bursche stand wieder schmal und mager da, ängstlich gegen die Kirchenmauer gedrückt. Wieder schien der Kleriker zuschlagen zu wollen, doch diesmal schien er es einfach nicht mehr zu schaffen, schien einfach die Kraft dazu nicht mehr aufbringen zu können. Er zitterte und starrte auf den, der das Ungeheuerliche ausgesprochen hatte, und aus seinem Mundwinkel tropfte zäh ein dünner Speichelfaden.

Mehrmals setzte er zum Reden an, endlich brachte er ächzend heraus: „Das widerrufst' auf der Stell'... was du da gesagt hast! Sünden sollst' dich fürchten! Todsünden!"

Der Bursche schüttelte verwirrt den Kopf. „Ich ... ich selber hab' gar nichts gesagt", flüsterte er. Flüchtig kehrte noch einmal der Nachhall der Anderwelt zurück. „Was Fremdes hat's gesagt..."

„Der Teufel, he?! Der Gottseibeiuns! Der Garifankerl, was?!" Jetzt brüllte der Abt wieder. „Einen Exorzismus müßt' man durchführen mit dir! Den Schwarzen müßt' man dir aus deiner schwarzen Seel' heraustreiben und herausprügeln! Gute Lust hätt' ich..."

„Wär' vergebliche Müh'", gab der Mühlhiasl zurück, zitterte jetzt nicht mehr, sagte es vielmehr ganz entschieden. „Das, was manchmal in mir ist, das ist nix Schwarzes, das ist nix Böses! Das meinst du bloß, weil du's nicht besser weißt!" Mit diesen Worten drehte sich der Fünfzehnjährige um und ließ den Abt einfach stehen. Und der Kleriker mußte es hinnehmen, brachte wiederum keine Antwort heraus, weil er genau gespürt hatte, daß in der Tat etwas aus dem halbwüchsigen Apoiger gesprochen hatte, das stärker war als das, was er selbst als seinen Glauben und seine Religion bezeichnete. So blieb dem Windberger Abt nichts, als verwirrt und geschlagen dem Burschen nachzuschauen, und aus seinem Mundwinkel tröpfelte noch immer der Speichel, tröpfelte ihm heraus, ganz wie einem hilflosen Narren.

Später aber begann im Herzen des scheinbar Gedemütigten die Wut heißer und heißer zu brennen.

*

Das Mißtrauen und das Mißverständnis zwischen den Müllerischen und den Geschorenen oben im Kloster hatten schon immer bestanden, schon generationenlang. Die einen hatten die Welt stets nach ihrem angeblich alleinseligmachenden Glauben formen und biegen wollen, die anderen hatten sich niemals wirklich formen, sich niemals verbiegen lassen. Die einen waren eifernde Christen gewesen, die anderen heimliche Heiden, doch eher unbewußt, eher instinktiv. Immer schon hatte es gewisse Spannungen gegeben, doch niemals zuvor waren diese Spannungen in unerträglichem Maße ausgeufert. Da man aufeinander angewiesen war, war man – recht und schlecht – auch miteinander ausgekommen. Die Mönche konnten ohne das Mehl nicht leben und die Müller nicht ohne ihr Lehen. So war es Generation um Generation gegangen; die Müllerischen hatten, obwohl sie die Mönche nicht mochten, die Herrschaft der Geschorenen stets akzeptiert, hatten sich etwas anderes gar nicht vorstellen können. Selbst in ihren klammheimlich heidnischen Herzen hatten sie niemals wirklich am Fortbestehen des Klosters bis in alle Ewigkeit gezweifelt. Niemals hatte einer aus Apoig einen der Geschorenen fundamental angegriffen – doch nunmehr war es geschehen. Der fünfzehnjährige Matthäus Lang hatte es geschafft. Er hatte – und es war dabei etwas Prophetisches in seinen unglaublich hellen Augen gewesen – die angeblich ewige „Mutter Kirche" als ein bloßes Gespei in der Zeit bezeichnet.

Das konnte der Windberger Abt nicht verkraften. Das war eine Kampfansage gewesen, die er unmöglich hinnehmen konnte. In den Tagen und Nächten nach seiner Auseinandersetzung mit dem Mühlhiasl wurde seine Wut größer und größer. Zuletzt wünschte er dem Burschen – wenn er zu sich selbst schonungslos ehrlich war – nichts anderes mehr als den Scheiterhaufen. Möglicherweise hätte er ein Inquisitionsverfahren gegen den Müllerssohn angestrengt, hätte ihn auf diese Weise gebrochen und vernichtet, wenn er noch die Zeit dazu gehabt hätte. Doch er sollte sie nicht mehr haben.

Immer wieder trieb es ihn in den folgenden Wochen zum Kirchenportal, dorthin, wo der Seher, der in den Augen des Priors vom Teufel Besessene, gestanden hatte. Immer wieder, ob er wollte oder nicht, trieb es ihn unter das steinerne Bild. Dabei nahm er den Wolf und den Schwertträger im Grunde gar nicht wahr. Er suchte vielmehr nichts weiter als den Ort, wo die vermeintliche Blasphemie des mageren Burschen noch immer in der Luft zu hängen schien. Daß der Steinschrei die Weissagung im Gehirn des Mühlhiasl ausgelöst hatte, ahnte der Abt in seiner dumpfen Seele nicht. Doch dann, ganz zuletzt, erreichte der Steinschrei auch ihn.

An einem dämpfig-schwülen Hochsommertag hatte es den Prior zum letzten Mal zum Kirchenportal getrieben. Wieder stand er da, starrte, gab seinem Haß auf den Mühlhiasl Nahrung. Und dann schien es auf einmal im Mauerwerk, das um den Wolf und den Schwertträger herum aufgemörtelt war, aufzubrodeln und aufzuglühen, eine schmetternde Hitzewelle schien aus den Quadern zu brechen, und dann schmetterte der Schlag vernichtend ins Herz und ins Gehirn des Abtes hinein. Als er schon auf der Erde lag, als er glühschädig verzuckte, begriff er, daß er dem Apoiger Unrecht getan hatte, daß im Prinzip er selbst es gewesen war, der blasphemisch gedacht, gehandelt und gehaßt hatte. Denn der Apoiger hatte die Wahrheit gesagt, nichts als die Wahrheit, und er, der Prior, hatte sie, ganz nach der Art seines Standes, ums Verrecken nicht annehmen wollen. Doch jetzt, in sein Auszucken hinein, hämmerte ihm der uralte Stein die Wahrheit ins Gehirn, und die Vision des Apoigers und die Todesvision des Abtes wurden eins.

Noch am selben Tag starb der Kleriker an den Folgen des Schlaganfalls, und während die Mönche an seinem Sterbebett lamentierten, nahm er sein Wissen und auch seinen Haß, den er trotz allem bis zuletzt nicht hatte überwinden können, mit ins Grab. Als sie ihn beisetzten, ahnte keiner der anderen Geschorenen, was im Gehirn des Priors während seiner letzten Lebensspanne vorgegangen war, und so kam der Haß auf den Apoiger mit ihm unter die Erde. Die offene Auseinandersetzung zwischen dem Mühlhiasl und dem Kloster kam dadurch, zumindest im Jahr 1769, noch nicht zum Ausbruch. Ein neuer Abt wurde gewählt, und der ahnte nichts von dem, was sich zu Beginn des Sommers an der Kirchenmauer zwischen dem Apoiger und seinem Vorgänger zugetragen hatte. Dem Hiasl waren deswegen noch einige friedliche Jahre im Schatten des Klosters vergönnt. Vorerst hatte sich nichts weiter zugetragen als so etwas wie ein Wetterleuchten am Horizont. Das Gewitter selbst hatte sich noch einmal vergrummelt. Erst später, viel später, sollte es auf den Mühlhiasl und auch auf das Kloster niederfahren, sollte den einen aus der Lebensbahn fegen und das andere bis auf die Grundmauern zerschlagen. Doch jetzt, im Sommer 1769, dachte noch niemand an so etwas, auch der Mühlhiasl nicht, und höchstens der uralte, heidnische Bildstein barg das Vorauswissen bereits in sich.

Die Rotjankerl

In seine siebziger Jahre hatte sich das achtzehnte Jahrhundert gedreht. In Apoig hatte das Mühlenpochen den Fluß der Zeit stetig und unauffällig begleitet. Der Hiasl, einmal in Hunderdorf unten, dann wieder oben in Rabenstein, wurde allmählich vom Burschen zum jungen Mann. In jenen Jahren, in denen ihm der Bart wuchs, in denen er nach den Weibern zu spechten begann, brodelte und zuckte es seltsam in Bayern.

Um das Jahr 1770 herum sah es hoffnungsvoll aus für das Land. Die Aufklärung hatte, freilich nur rudimentär, auch im Süden Deutschlands Fuß zu fassen vermocht. Johann Adam Freiherr von Ickstatt, Johann Georg Weishaupt, Johann Georg Lori und Joseph Eucharius Obermayer hießen die Männer, die nun auch an Donau, Inn und Isar die jahrhundertalte katholische Vermufftheit aufzubrechen versuchten. Sie alle waren Schüler des großen Christian Wolff[24]. Frauennamen freilich suchte man an den Hochschulen, in den Diskussionszirkeln jener Zeit noch vergeblich; vor weiblichem Verstand schreckten selbst die Aufklärer noch heftig zurück. Christliches, patriarchalisches Denken ließ sich auch vom neuen Lüftchen noch lange nicht hinwegfegen.

Immerhin wurde am 21. Juli 1773 der Jesuitenorden verboten – von Papst Clemens XIV. höchstpersönlich. In Bayern mußten zweihundertachtunddreißig Patres, einhundertneunundvierzig Laienbrüder und um die hundert Novizen klosterflüchtig werden. Gegenströmungen waren jedoch durchaus spürbar. 1772 wurde die Wallfahrtskirche „Vierzehnheiligen" eingeweiht und der Devotionalienfrömmigkeit und der Dumpfheit dadurch wieder vehement Vorschub geleistet; zu einem Aufstand der Frommen gegen die zumindest partiell aufgeklärte Regierung kam es zwei Jahre später in Markt Schwaben. Dort hatte der Kurfürst das Mysterienspiel zur vermeintlichen Ehre des Johannes Nepomuk verbieten wollen; nicht ohne Grund, denn das Religionsspektakel pflegte zuzeiten mächtig auszuufern. Die Bürgerschaft jedoch rebellierte gegen das Verbot; ganz im Geiste einer intoleranten Religion kam es zum bewaffneten Aufstand gegen die Regierung. Hart schlug der Kurfürst zurück.

Er hatte auch hart zugeschlagen am sechsten September 1771, nachdem man im Oberbayerischen den Räuber- und Wildschützenhauptmann Matthias Klostermayer nach langer Hetzjagd hatte festsetzen können. Am genannten Tag war der Bayerische Hiasl[25] in Dillingen an der Donau hingerichtet worden.

Tätig wurde der Henker im Jahr 1775 auch in Kempten. Trotz Jesuitenverbots, trotz Aufklärung vermochte die Religion dort noch einmal mächtig zu triumphieren. Noch einmal hatten sich die Priester eine unschuldige Frau gekrallt, hatten sie, eigenen, tiefchristlichen Obsessionen folgend, als Hexe angeklagt, hatten sie zuletzt vom Henker verbrennen lassen; hatten damit noch einmal fundamentalchristlichen Wahn aufkeckern lassen dürfen. Es war die letzte „Hexen"-Verbrennung, die in Bayern stattfand; freilich nicht die einzige dieser Generation, denn noch 1740 und 1750 waren auch in der Straubinger Gegend unschuldige Frauen auf grauenhafteste Weise der christlichen Nächstenliebe zum Opfer gefallen.[26]

Die Zeit sandte ihre grellen Schlaglichter also hierhin und dahin. Im gleichen Jahr, in dem in Kempten die letzte Hexenverbrennung der bayerischen Geschichte stattfand, erlebte München die Uraufführung von Wolfgang Amadeus Mozarts Opera buffa „Die Gärtnerin aus Liebe". Das hauptstädtische Publikum tobte begeistert. Durchaus begeistert zeigte sich das Volk aber auch über ein Gedicht, das 1777 in München veröffentlicht wurde. Der Hofkriegsrathssecretarius Andreas Zaupser hatte die erstaunliche „Ode auf die Inquisition" verfaßt.[27] Landauf, landab heulten die Kirchenmänner im Verein mit den Strenggläubigen auf; trotzdem erlebte das Gedicht drei Auflagen und wurde unter den Aufgeklärten frenetisch gefeiert. Später freilich, im Jahr 1780, als der neue Kurfürst Karl Theodor an die Macht gekommen war, sollte die Ode verboten werden, sollte der tapfere Hofkriegsrathssecretarius den üblen Lohn für sein dann plötzlich wieder als gotteslästerlich geltendes Werk ernten. Doch auch im Jahr 1777 wurde der Effekt des so mutigen Gedichts bald von anderen Ereignissen überschattet: Im Dezember verstarb der so erstaunlich tolerante Kurfürst Maximilian III.

Joseph, und flugs bereitete sich ein weiterer Erbfolgekrieg vor, der als Bayerischer in die Geschichte eingehen sollte.[28])

*

Die Jahre bis hin zum Vorabend des Bayerischen Erbfolgekrieges hatte Matthäus Lang eher ruhig hingebracht. Als der Kurfürst starb, stand der Müllerssohn aus Apoig in seinem vierundzwanzigsten Lebensjahr. Den vorangegangenen Sommer und Herbst hatte er wie üblich nicht im Vorwald, sondern bei den Buchingers in Rabenstein bei Zwiesel verbracht. Der einzige Sohn dort, der Jörg, zählte inzwischen vierzehn Jahre.

Die beiden, zwischen denen eine gute Freundschaft gewachsen war, hatten im Sommer und Herbst 1777 zusammen im Stall und auf den kargen Feldern gearbeitet, hatten die nun allmählich alternden Buchingers entlastet, so gut sie gekonnt hatten. Da jedoch der Jörg zu einem Mordskerl geworden war, hatte es für den Hiasl in diesem Waldhalbjahr auch einiges an freier Zeit gegeben. Er hatte begriffen, daß man seine Hilfe auf dem Buchinger-Anwesen nun wohl bald nicht mehr brauchen würde. Er hatte es sich auf so manch einsamem Waldgang selbst gesagt, und einmal, es war wieder oben auf dem Rabenstein gewesen, hatte der Hiasl mehr als sonst an seine eigene Zukunft zu denken begonnen.

Unversehens war er dann aus dem Spekulieren über sein persönliches Schicksal ins Allgemeine hinüber- oder ausgeglitten, und auf einmal in diesem Sommer 1777, war – nachdem er es lange nicht mehr vernommen gehabt hatte – wieder das Rauschen in seinem Schädel gewesen. Zu einer eigentlichen Vision war es nicht gekommen, damals auf dem Schachten unterm Gipfel, auf dem einst der Galgen gestanden hatte; es war mehr wie die Ankündigung von etwas gewesen, das irgendwann später folgen sollte. Das Rauschen war gekommen und wieder gegangen, doch etwas hatte noch immer nachgehallt, auch dann noch, als der Hiasl ein wenig verängstigt wieder zu Tal gestiegen war. Und immer wieder war dann so etwas wie eine Ahnung, etwas ganz Flüchtiges aufgeflackert, den ganzen Sommer und den ganzen Herbst hindurch, und es war auch dann nicht ganz vergangen, als der Hiasl zuletzt über Zwiesel wieder hinaus in den Vorwald gewandert war. Ja, als er in Zwiesel über die Brükke gelaufen war, da hatte es ihn richtig geschüttelt, und er hatte geglaubt, die Vision beinahe greifen zu können, aber dann war sie ihm doch wieder entschwunden, und er war – noch einmal unangefochten – zurück nach Hunderdorf und auf die Apoiger Mühle gekommen.

Jetzt, am vorletzten Tag des Jahres 1777[29]), stand der Hiasl im Mahlgang. Die Mühle pochte, hämmerte und rüttelte; feiner Mehlstaub hing wie ein Nebelschleier in der Luft. Als die Mutter, die Annamirl kam, die nach dem Tod der beiden alten Apoiger nun selbst Müllerin geworden war, und ihm einen Trunk Most brachte, da merkte sie bereits, daß mit ihrem nunmehr erwachsenen Sohn etwas nicht stimmte. So seltsam geistesabwesend, so seltsam starr im Gesicht war er auf einmal wieder, so, wie sie ihn schon viele Male gesehen hatte, wenn das Unverständliche in ihm war, wenn er seine dunklen Sprüche zu murmeln begann. Die Sprüche vom Wald, der löchrig sein würde wie eines Bettelmanns Rock, von den eisernen Hunden, welche einmal die Donau herauf und durch den Wald bellen würden, von den Jägern, die zu zweit auf einem Stock sitzen würden, von anderen, teils lächerlichen, teils grauenerregenden Dingen mehr. Die Müllerin und auch ihr Gatte, ebenso die Geschwister des Hiasl, hatten sich daran gewöhnt, trotzdem war es ihnen immer wieder von neuem unheimlich. Und so reichte die Annamirl ihrem Ältesten den Krug jetzt eher ängstlich und sagte dabei leise: „Trink! Es wird dir guttun! Und denk daran, daß die Kornfuhr' für das Kloster heute noch fertig werden muß!"

Der Hiasl nahm den Krug ganz geistesabwesend an, tat einen Schluck, gab ihn dann seiner Mutter zurück. Sie bemerkte, daß seine Hand dabei leicht zitterte. „Hast' was?" erkundigte sie sich mitfühlend. „Sag's, wenn ich dir helfen kann!"

Doch der Hiasl schüttelte bloß den Kopf. „Geh nur wieder zurück in die Kuchl", forderte er die Mutter auf. „Hab' nix, bin bloß ein bissl müd'."

Die Annamirl verschwand ohne ein weiteres Wort. Der Hiasl hob den nächsten Sack, begann ihn in den Mahltrichter hinein zu entleeren. Dumpf und monoton pochte das Werk, gedämpft drang von draußen das Wasserrauschen herein – und dann, auf einmal, wurde das Pochen zu einem Dröhnen und das Wasserrauschen zum Wassertoben, und gleichzeitig war die Vision da, sprang den Vierundzwanzigjährigen so wütend und kräftig an, wie er es schon seit Jahren nicht mehr erlebt hatte. Die Bilder in seinem Schädel begannen zu hallen und zu quellen; es riß ihn fort, weit weg von der Mühle, weit hinaus ins bayerische Land, ins Oberland hinauf – und dann sah er plötzlich die Münchner Residenz vor sich.

Er sah die Protzbauten, die Kutschen, die so seltsam gekleideten Menschen auf den Straßen; er sah die Dezemberwolken über die Hauptstadt hin rasen, er sah die Fenster, die wie tausend erschrocken aufgerissene Augen waren; zuletzt sah er den Palast des Kurfürsten. Mental jagte er hinein, brach lautlos und zugleich unter kreischender Begleitmusik durch die Fassade der Residenz, wischte durch Säle, Gänge und Kabinette, wischte weiter, wischte direkt hinein ins Sterbezimmer. Er sah den Kurfürsten, den er nie im Leben erblickt hatte, auf seinem Sterbebett liegen, sah, wie sich die Hofschranzen, die Kleriker, die Minister, die Familie um ihn ballten, sich drängten, wie sie sich schoben und stießen; er wischte weiter heran, so daß all das Drumherum zurückwich, und dann sah er nur noch das Antlitz des Sterbenden vor sich; ein mächtiges Antlitz, horizontweit wie eine Landschaft, und über dieses Antlitz hinweg senste der Schnitter, der Tod.

Der Mühlhiasl sah, wie die Gesichtslandschaften im Zusammenbruch sich verwüsteten, wie das Blut wich, wie die Leere kam; er sah, wie die Augen sich sternenweit noch einmal bäumten und dann brachen, wie die Seen, die sie einst gewesen waren, erblindeten; er sah inwendig ein Gehirn zusammensacken, und er sah, wie dieses Gehirn im Zusammenbruch noch einmal etwas aus sich sandte, aus sich preßte; er sah das Einsetzen der Verwesung, sah einen Menschen sterben – und sah gleichzeitig, wie das, was so flüchtig aus dem mürbe zusammenfallenden Gehirn gequollen war, sich ballte, sich verdichtete und Leuchtkraft gewann, wie es sternenwärts schoß, wie die geistige Essenz eines Lebens aufgefangen und aufgenommen wurde von einem viel größeren, universelleren Sein, das aus der Summe allen Lebens – menschlichen, tierischen und pflanzlichen Lebens – bestand, aus der Summe alles Kosmischen und scheinbar Unbelebten dazu; er sah, wie die geistige Essenz eines einzelnen Wesens einging in die kosmische Existenz, in jene Spirale ohne Anfang und ohne

Ende, in jenes Etwas, das nie geschaffen worden war, weil es Werden und Vergehen, Geburt und Tod, Zeit des Anbeginns und Zeit des Aufhörens nicht kannte, weil es ewig im eigenen Kreisen, im eigenen Pulsieren ruhte. Im größeren Rahmen, im unendlich Großen wurde der Lebenskreis des einzelnen vollendet und geborgen; es geschah in einem Augenblick und in einer Ewigkeit gleichzeitig, und als es geschehen war, entspannte und verklärte sich das diesseitige Antlitz des Toten und wurde sanft und schön und war frei von allem, was das Erdenleben ihm eingeschrundet hatte, und ruhte im Frieden; einem Frieden freilich, von dem die Kleriker, die anderen, die um das Sterbebett des bayerischen Kurfürsten standen, nichts wußten und nichts ahnten.

Dem Seher hatte sich die Perspektive seiner Sicht wiederum verschoben. Jetzt, nachdem das Antlitz friedlich geworden war, erblickte er wieder den ganzen Raum. Der Leib des Kurfürsten war nur noch eine leere Schale; in den Gesichtern der Umstehenden jedoch brach sich das Leben, das Hinterhältige und Gemeine im menschlichen Leben, jetzt jäh Bahn. Der Hiasl erkannte die Gier, den Neid, die Mordlust, den Dünkel, die Feigheit, die Herzlosigkeit, die Raffgier und noch vieles andere auf den Gesichtern der Adligen, der Minister, der Priester, der Familienangehörigen des Toten. Obwohl sie betroffen schwiegen, hörte er sie plötzlich keckern, jaulen, belfern, raunzen, grölen. Wie ein Rudel wildgewordener Hetzhunde schienen sie sich um den Kadaver des Kurfürsten zu balgen, zu raufen und zu streiten, blut- und machtgierig schienen sie zu schnappen, zu reißen und zu zerren, und das Toben der Meute wurde zum infernalischen Tohuwabohu, und dann jagte die Meute aus der Residenz, jagte durch München, jagte ins Land hinaus – und über ihr wischte der Seher unterm brodelnden Firmament dahin und beobachtete sie weiter.

Er sah, wie sie sich um das Erbe des toten Kurfürsten rauften, die Wittelsbacher, die Habsburger und die Hohenzollern; er sah, wie sie gierig und ohnmächtig in den Krieg hineinstrudelten, wie der Krieg sich in Bayern festfraß, wie er seine grellen Mordblüten trieb. Er sah die Armeen aufmarschieren und sich ineinander verbeißen; dunkel kam ihm ein anderer Krieg in den Sinn, der von 1741; er sah, über eine mentale Brücke zur eigenen Mutter hin, den eigenen Onkel verrecken; dann stülpte sich das Bild um ins Jahr 1778, ins erst bevorstehende Jahr hinein, und er sah plötzlich das Rabensteiner Land und den Markt Zwiesel vor sich, seine zweite Heimat.

Arglos waren die Menschen im Wald. Der Krieg, der zwischen Bayern, Österreich und Preußen ausgebrochen war, hatte sie bisher noch verschont, hatte sich vorerst noch um das Waldgebirge herumgezogen. Arglos erledigten die Bauern ihre Handelschaften auf dem Marktplatz von Zwiesel, arglos redeten sie miteinander, arglos saßen sie im Wirtshaus beisammen. Nichts, so schien es, trübte ihren Frieden, doch dann begann das friedliche Bild, das der Mühlhiasl visionär sah, sich wiederum umzustülpen, und vor seinem Dritten Auge tauchte die Brücke auf, die etwas außerhalb des Ortes über den Regenfluß führte. Für einen Augenblick noch strömte das dunkle Wasser friedlich unter dem Strebewerk und unter den Steinbögen durch, aber dann war, wie ins Bild geschleudert, das viele Blutrot da.

Der Waldrand nach Norden hin, die Regenwiesen dort färbten sich schlagartig grellrot ein. Das Uniformtuch der österreichischen Panduren schien das Land auf einmal zu überschwemmen. Auf ihren schnellen, rassigen Gäulen preschten sie heran, und im Reitwind flatterten und blähten sich die blutroten Dalmatiken[30]. Und die kroatischen Reiter erreichten die Brücke, stauten sich kurz vor ihr, strudelten dann hinüber und brachen in den eben noch so friedlichen Markt ein. Blutrotes Uniformtuch scheuchte die Bauern, die Bürger, die Händler, die Weiber und Kinder dazu; dazwischen blitzten Säbel, knallten Musketen- und Pistolenschüsse, gellten die heiseren Schreie der krawottischen[31] Mordteufel. Als die ersten Wunden aufplatzten auf den Leibern und in den Gesichtern der Zwieseler, ruckte der Hiasl entsetzt aus seiner Vision heraus, floh das Grauen mental und fand sich unversehens in der Apoiger Mühle wieder, und er hörte sich selbst rufen: „Über den Hühnerkobel, über den Falkenstein und über den Rachel werden sie kommen und rote Jankerl anhaben! In einem Wirtshaus in Zwiesel werden viele Leut' beisammen sein, und draußen werden die Soldaten über die Brück'n reiten!"[32]

Er brach ab, keuchte, blickte sich verstört um. Und bemerkte, daß er nicht mehr allein in der Mühle stand, daß die Mutter zurückgekommen war, und bei ihr war jetzt auch der Vater. Ein hastiger Blick nach draußen sagte dem Hiasl, daß viel Zeit vergangen sein mußte. Die Sonne stand jetzt bereits tief über dem Mühlbach im Westen. Für Stunden hatte der Hiasl den Stand in der eigenen Zeit verloren.

Jetzt war die Annamirl bei ihm, packte ihn an beiden Oberarmen, schüttelte ihn, fragte ängstlich und atemlos: „Bist' wieder bei dir, Bub? Kannst' mich jetzt wieder hören?"

Langsam nickte der Hiasl. Dann, wie unter einem Zwang, wiederholte er, was er zuvor gesagt hatte: „Über den Hühnerkobel, über den Falkenstein und über den Rachel ..."

„Was red'st denn da?!" fuhr ihn nun der Vater an. „Rotjankerl, Brücken, Reiter! Bist' denn jetzt ganz und gar verrückt geworden? Stehst stundenlang in der Mühl', sollst das Korn ausmahlen, aber stehst bloß da, achezt[33]) und schreist und hast die Augen aufgerissen, als hätt' dir einer eins mit dem Prügel vors Hirn gehauen." Der alte Matthias Lang schnaufte tief durch und setzte dann etwas ruhiger hinzu: „Wir sind's ja eh von dir gewohnt, daß du immer, jahraus, jahrein, deine Märlein herausposaunst, aber was du dir heut' geleistet hast, das geht auf keine Kuhhaut mehr! Daß es dich gleich stundenlang gepackt hat und beutelt – und man nix anderes mehr hört als Blut und Soldaten und Krieg und Meuchelmord ..."

„Hab's nicht erfunden, wird so sein", erwiderte, immer noch ganz geistesabwesend, der Mühlhiasl. „Hab's ganz genau gesehen! Weiß auch nicht, warum. Über die Zwieseler Brück'n werden sie kommen, bald schon ..."

„Depp, dummer!" schimpfte der alte Lang.

„Nein, ein Depp ist er nicht!" fiel die Annamirl ein, und dunkel war jetzt die Erinnerung an ihre eigene Kindheit wieder da, die Erinnerung an jene Nacht, als der Blutende an ihr Bett gekommen war. „Der Hiasl ist halt nicht wie andere Leut'", murmelte sie, „und man darf ihm nicht bös' sein deswegen ..."

„Aber er wird doch immer spinnerter und spinnerter", unterbrach sie ihr Gatte. „Jetzt hat er wieder den halben Arbeitstag vertan, weil er träumen und spintisier'n muß! Auf die Gant[34]) könnt' die Mühl einmal kommen mit einem wie ihm ..."

Er verstummte erschrocken, denn jetzt hatte der Hiasl schon wieder diesen starren Blick bekommen. Die Annamirl begann zu heulen, der Vater wollte erst recht wütend auffahren. Doch da sagte der Mühlhiasl erneut etwas: „Über Nacht wird es geschehen, daß die Rotjankerl kommen. Aber über die Donau kommen sie nicht..."

Kaum war der letzte Satz gefallen, war der Hiasl auf einmal wieder ganz der Alte, der vierundzwanzigjährige, eher unscheinbare Sohn der Müllersleute von Apoig. Das Starre, das Fremde, das Seherische – das alles war mit einem Schlag aus seinem mageren Antlitz gewichen; seine Augen, die eben noch wie Gletscherfeuer geglüht hatten, wirkten jetzt wieder ganz harmlos, schienen sich nicht mehr an das erinnern zu können, was einige Lidschläge zuvor noch in ihnen gewesen war. Ja, es stand jetzt sogar etwas wie Freude in ihnen: Die Vision, die er gehabt hatte, war dem Mühlhiasl zuletzt nicht ganz zerstörerisch ausgeklungen; zuletzt hatte die Vision etwas Hoffnungsvolles gezeigt. „Wir herunten an der Donau brauchen nichts fürchten", sagte der Hiasl leise, lächelte die Mutter und den Vater an, nahm dann den nächsten Kornsack auf und ließ dessen Inhalt langsam in den Mahltrichter rieseln. Er arbeitete weiter, als hätte er seine Arbeit überhaupt nicht unterbrochen, und eine solche Ruhe und ein solcher Friede gingen von seinem Tun aus, daß nun auch die Eltern davon berührt wurden. Die Annamirl hörte mit dem Flennen auf, der Vater schluckte hinunter, was ihm auf der Zunge gelegen hatte – und ganz unversehens ging das Leben in der Apoiger Mühle damit wieder seinen gewohnten Gang.

Der Hiasl hatte eben wieder einmal seinen Spinnerten gehabt – das war alles, was die alten Müllersleute über den Vorfall jetzt noch dachten. Die Annamirl zog sich in ihre Küche zurück; Matthias Lang ging wortlos seinem Sohn zur Hand. Und die Prophezeiung des Hiasl senkte sich in einen Zwischenbereich, in eine Nische der Erinnerung hinein, ganz so wie all die anderen Dinge auch, die er in den vergangenen Jahren von sich gegeben hatte. Vielleicht hätten die Apoiger sogar völlig auf sie vergessen, wenn nicht zuletzt alles so eingetroffen wäre, wie der Mühlhiasl es vorausgesagt hatte.

*

Während des Jahreswechsel von 1777 auf 1778 freilich geschah noch nicht viel. Außer daß der Hiasl, wenn er mit Menschen zusammenkam, die in der Mühle zu tun hatten, dann und wann dunkel daherzureden begann: Von den Rotjankerln, vom Wirtshaus in Zwiesel, von der Brücke. Die Leute hörten es, manche lachten, andere konnten es nicht wieder vergessen. Letztere gaben die seltsamen Reden des Mühlhiasl weiter, und so wanderten sie – innerhalb weniger Wochen – zuerst durch den Hunderdorfer und Windberger Vorwald und dann weiter in den Hochwald, ins Waldgebirge selbst hinein. Zuletzt wurden sie auf diese Weise auch bis Zwiesel getragen, und dort kamen sie dann gerade noch rechtzeitig an...

Als im Lauf des Jahres 1778 die österreichischen Panduren tatsächlich von Böhmen aus über das niederbayerische Land hereinbrachen, als der Bayerische Erbfolgekrieg mit einer blutigen Besetzung der umstrittenen Ländereien nördlich der Donau kulminierte, waren zumindest einige Menschen im Wald drinnen vorgewarnt. Diejenigen aus Zwiesel, die über die verworrenen Gesichte des Mühlhiasl gelacht hatten, die im Markt geblieben waren, mußten es nun ausbaden. Sie sahen die Rotjankerl in ihren barbarischen Dalmatiken in der Tat über die Brücke reiten und in den Markt einbrechen, sie sahen die Säbel der Panduren blitzen und hörten ihre Schüsse knallen; sie sahen Raub, Mord und Vergewaltigung mit an. Die anderen, welche die Prophezeiungen ernster genommen hatten, die den Hiasl aus dem Kirchensprengel Steinberg – den Stoaberger, wie er jetzt im Waldgebirge manchmal auch genannt wurde – nicht verlacht hatten, profitierten nun davon. Manche von ihnen konnten sich tatsächlich rechtzeitig zur Donau hinunter retten, als die Panduren kamen, und dort blieben sie dann verschont, ganz genau so, wie der Stoaberger es gesagt hatte.

Trotzdem richtete der Erbfolgekrieg unendliches Leid an, verwüsteten die Österreicher, die Preußen und auch die Bayern selbst das Land schlimm, ehe es im Mai 1779 endlich zum Friedensschluß kam. Einmal mehr hatten die Großen ihr entsetzliches Spiel mit Menschenleben und Menschenleid getrieben; zuletzt waren ein paar Länder- und Zollgrenzen verändert worden. Die Großen durften sich weiter mästen, die Kleinen Bezahlung für ihren Schmerz und ihr Leid nicht verlangen. Verändert hatte sich letztlich gar nichts; es hätte sich nur dann etwas zum Guten verändern können, wenn die Menschen in Bayern, in Böhmen, in

Österreich, in Preußen mutig jenen Weg eingeschlagen hätten, den zehn Jahre nach dem Friedensschluß die Menschen in Paris, in Frankreich wagen sollten, als sie Adel und Klerus endlich dorthin schleppten, wohin sie von Rechts wegen auch gehörten: auf die Guillotine.

In Bayern dagegen sollten die unerträglichen Zustände noch lange beim Alten bleiben, und doch hatte sich auch in einem Teil Bayerns nunmehr etwas verändert; in einem kleinen Landstrich freilich nur, an der Donau und im Bayerischen Wald, wo man jetzt mehr und mehr auf einen zu horchen begann, der zwar kein Revolutionär war, aber doch ein Stachler und Stichler im Geiste, ein Prophet eben, der die Menschen jetzt immer mehr verunsicherte und sie Quentchen um Quentchen hellhöriger machte. Denn nachdem er den Einfall der Panduren so trefflich vorhergesagt hatte, war der Mühlhiasl von Apoig, wie er unten im Donaugäu hieß, oder der Stoaberger, wie sie ihn weiter drinnen im Wald nannten, auf einmal kein Unbekannter mehr. Und wenn er von nun an zischelnd und stockend redete, dann hörten die Menschen auf ihn und trugen das, was er gesagt hatte, weiter.

Die Kunde von den eisernen Hunden und den beiden Jägern auf einem Stock ging durch das Land, auch die Kunde vom Wald, der einmal absterben und aussehen würde wie eines Bettelmanns Rock. Manch anderes kam hinzu, wenn der Hiasl im Winter und im Frühjahr in der Apoiger Mühle in Visionen verfiel, oder wenn er sich – in den ersten Sommern nach dem Friedensschluß – wieder in Rabenstein oder auf den dortigen Schachten aufhielt. Manchmal kamen die Menschen stundenweit gelaufen, um ihn zu hören, hockten dann in seiner Nähe im Buchinger-Häusl in Rabenstein oder in der Mühle am Ortsrand von Hunderdorf, nahmen an, was aus ihm herausbrach, und gingen wieder, um dann anderswo – in ihren eigenen Hütten, in den Wirtshäusern, auf den krummen Straßen und Wegen – über das zu reden, was sie gehört hatten.

So gingen die teilweise hellen und teilweise dunklen Prophezeiungen des Hiasl bald immer häufiger von Mund zu Mund, und daß sich bald auch Legenden um den Propheten bildeten, war nur natürlich. Erfundenes, Märchenhaftes, Irrationales begann sich um seine ganz reale Gestalt zu ranken; meist kam es von solchen, die ihn persönlich nie gesehen hatten. Vor allem bildete sich – allerdings nicht in Rabenstein und auch nicht in Hunderdorf – die eine Legende aus, die schon vor vielen Jahren rudimentär entstanden war, weil ein geistig verwirrtes Weib, die Theres, den neunjährigen Hiasl einmal hinter dem Buchinger-Häusl belauscht hatte. Damals war, auf dem einen oder anderen Einödhof, zum ersten Mal das Gerücht von den Bärentreibersleuten in die Welt gesetzt worden, und jetzt wucherte diese wirre Legende bei denen, die den Hiasl nie gesehen hatten, mächtig aus. Zum Findelkind wurde er, zum Zigeunerbalg, von dem man nur mit Schaudern zu reden wagte, zum Halbnatürlichen und da und dort bald auch schon zum Übernatürlichen. Die Menschen, die für seine natürliche Hellsehergabe keine natürliche Erklärung zu finden vermochten, suchten vermeintliche Erklärungen im Irrationalen, suchten Wunder und Geister, wo es in Wahrheit überhaupt keine gab. In einem im Prinzip religiösen Sinn wurde die reale Person des Hiasl, wurden seine Herkunft und sein Leben verfälscht. Noch jedem Hellseher, noch jedem Deuter, noch jedem Menschheitslehrer war es im Lauf der langen menschlichen Geschichte so oder so ähnlich ergangen. Jetzt geschah es auch dem eher unscheinbaren Hiasl aus Apoig.

Doch zu ihm selbst drangen die Gerüchte, die Legenden, die Märlein nicht. Um ihn selbst schlugen sie so etwas wie einen ängstlichen Bogen. Angesicht zu Angesicht mit ihm selbst hätten sie sich nicht halten, hätten sie nicht gedeihen und wuchern können. So konnte das Leben des Hiasl noch jahrelang mehr oder weniger in den altvertrauten Bahnen verlaufen, so konnte er noch eine Weile der Müllers- und Bauernknecht bleiben, der er immer gewesen war. So tat er weiter seine Arbeit, und wenn er seine seltsamen Sätze sagte, tat er es eher unspektakulär und wie nebenhin. Die Jahre vergingen, und dann kam die Zeit, in der ihm die Anderwelt für lange Zeit unwirklich wurde, weil auch der Hiasl ein Mann war und sich jetzt heftig nach einem Weib zu sehnen begann.

Barbara

Auch in seinem dreißigsten Lebensjahr wirkte er noch mager, schmal, unscheinbar und immer ein wenig scheu. Das dunkle Haar wucherte ihm um die hohe Stirn, lockte sich nur an den Schläfen ein wenig, fiel ansonsten glatt und schlicht bis hinunter auf die Schlüsselbeingruben. Die Nase stand ihm habichtsartig und wie ewig witternd im Antlitz; über der Wurzel und zwischen die buschigen Augenbrauen hinein hatte sich mit den Jahren eine steile Falte ausgebildet, eine Schrunde, die sein ganzes Gesicht prägte, die sich beinahe kleinfingerbreit eingraben konnte, wenn der Hiasl nachdachte oder einen seiner hellsichtigen Momente hatte. Unverändert waren allein seine Augen geblieben. Noch immer schimmerten sie eishell, gletscherhell, und wenn der Hiasl diesen Blick voll auf einen anderen Menschen richtete, was allerdings nicht oft geschah, dann pflegte der andere unwillkürlich zurückzuzucken vor der Grellheit dieses Blickes, und keinen hatte es jemals gegeben, der ihn länger als ein paar Lidschläge lang zu erdulden vermocht hatte.

In seinem dreißigsten Lebensjahr jedoch traf der Hiasl auf eine, die es ertragen konnte. Und das Zusammentreffen ereignete sich seltsamerweise im Kloster Windberg droben, unter dem uralten Steinbild. Wieder schien der Stein aus heidnischen Zeiten herauf aufzuschreien, als das Mädchen und der Mann sich unvermittelt gegenübertraten.

Es hatte den Hiasl an diesem Tag einfach so zum Kloster gezogen, obwohl er es sonst eher verächtlich mied und nur auf den Berg kam, wenn er dort als Sohn und nunmehr Großknecht des Apoiger Müllers etwas Berufliches zu erledigen hatte. An diesem Morgen jedoch hatte ihn ein Gefühl, etwas nicht näher zu Beschreibendes, hergetrieben, und nun stand er unter dem Steinbild und horchte in das Kircheninnere hinein, von wo gedämpfte Orgelmusik zu hören war. Wenig später traten die Taufgäste aus der Kirche; unter ihnen, weit hinten in der Gruppe, befand sich das Mädchen. Sie mochte achtzehn oder neunzehn Jahre alt sein, schlank und eher klein, und ihr Haar, das am Hinterkopf zu einem Knoten geflochten war, schimmerte und glühte tizianrot.

Dieses Schimmern und Glühen war es, das den Hiasl zuerst aufmerksam werden ließ, dann sah er ihre Augen. Unter Brauen, die wie Sichelbögen, wie Mondbögen geschwungen waren, glänzten sie dunkel, moordunkel, und es lag etwas in ihnen, etwas so Warmes und Samtiges, wie der Hiasl es noch bei keinem Menschen zuvor gesehen hatte. Der Zug der Taufgänger trieb an dem Apoiger vorbei; mit dem Zug kam das Mädchen heran, das den Schritt ein wenig verhalten hatte und nun als Allerletzte ging. Doch nicht nur deswegen kam es dem Hiasl ganz natürlich vor, daß sie dann bei ihm stehenblieb.

So trafen und erkannten sich die beiden unter dem Steinbild. Standen zunächst stumm da, und es war noch viel Zögern um sie, doch dann waren für ihn nur noch ihre Augen da – und für sie nur noch die seinen, und das Gletscherhelle verschmolz mit dem Moorwarmen, ihre Blicke tauchten ineinander; Augenlandschaften wurden auf wundersame Weise zu Seelenlandschaften. Und das Mädchen senkte die Lider lange nicht, hielt den Blick des Mühlhiasl lächelnd aus, nahm ihn in sich auf, ließ ihn forschen und tastete selbst weich und moorbraun.

Der Steinschrei hing und hallte über ihnen stumm. Der Klosterhof war jetzt leer, die Taufgänger längst drüben im Wirtshaus verschwunden. Nur der uralte Brunnen rieselte sein Lied, und in das Rieseln hinein sagte endlich der dreißigjährige Mann: „Kennen tu' ich dich, schon tausend Jahr'. Aber deinen Namen weiß ich nicht..."

„Barbara", erwiderte das Mädchen. „Von Racklberg bin ich, und meine Leut' schreiben sich Lorenz[35]). Und du bist der Mühlhiasl von Apoig."

„Barbara", wiederholte der Dreißigjährige leise, schien den Namen sorgsam abzuschmecken. Dann lächelte er und fragte: „Aber woher weißt du, wer ich bin?"

„Weil ich deine Augen gesehen hab'", erklärte das Mädchen. „Die Leut' reden überall davon, daß es auf der Apoiger Mühl' einen gibt, dessen Augen man nicht ertragen könnt'. Weil kein Mensch solche Augen hätt'. Daran hab' ich dich erkannt. Aber es ist nicht wahr, daß man deinen Blick nicht aushalten könnt'. Ich... ich halt' ihn gern aus." Sie trat noch einen Schritt auf ihn zu. „Für mich ist er nicht kalt. Mir macht er warm..."

„Die Leut' reden viel – auch wenn's nix davon verstehen", entgegnete der Hiasl lächelnd. „Du bist anders als sie ..."

Das Mädchen nickte. „Ja, ich bin anders. Sie sagen von mir, ich wär' eine Hex'..."

„Deswegen?" Unendlich sanft hatte der Hiasl eine tizianfarbene Haarsträhne, die sich gelöst hatte und über ihrer Stirn spielte, berührt, hatte sie ganz zart gestreichelt.

Barbara hatte es ruhig geschehen lassen. „Ja", sagte sie jetzt, „weil ich eine Rothaarete bin."

„Eine Schönhaarete bist'", entgegnete der Dreißigjährige, „und die Leut' sind dumm."

„Eine Schönhaarete bin ich für dich", sagte das Mädchen ganz versonnen und stand auf einmal noch ein wenig näher bei ihm. Der Hiasl spürte ihre Körperwärme, roch den Duft ihrer Haut. Barbara lächelte, und aus dem Lächeln heraus sagte sie: „Und so jung bin ich noch ..."

Der Hiasl verstand, was sie damit meinte. „Mir bist' nicht zu jung – wenn ich für dich nicht zu alt bin", erwiderte er leise.

Barbara schüttelte den Kopf. Der Dreißigjährige fühlte sich plötzlich unendlich stark, unendlich glücklich. „Was heißt schon jung – und was heißt alt", sagte er, nahm den Arm des Mädchens und deutete hinauf zu dem steinernen Bildwerk. „Schau, das ist tausend oder noch mehr Jahr' alt, und der Stein selbst ist so alt wie die Welt. Und trotzdem ist er immer noch da ..."

„Auf ewig?" fragte das Mädchen.

„Auf ewig", bestätigte der Mühlhiasl.

Sie sahen sich an, schauten sich wiederum lange und stumm in die Augen – und dann liefen sie auf einmal, liefen Hand in Hand davon, liefen aus dem Klosterhof und ein Stück den Berg hinauf, bis zu jener Stelle, wo der Hohlweg zur Oberen Klostermühle abzweigte. Sie liefen Hand in Hand, als wären sie schon seit ihren Kindertagen so miteinander gelaufen; nichts Fremdes war jetzt mehr zwischen ihnen.

Der Hohlweg wand sich in eine Talkerbe hinein, unterhalb des Pfades rauschte der Mühlbach, die alten Bäume wölbten sich darüber hin wie ein Bogengang aus Laub. Es war ein verzaubertes Stückchen Erde; in den letzten Jahren, seit hier ein Onkel von ihm müllerte, war der Hiasl oft hiergewesen. Einen schöneren Platz hätte er sich für Barbara und sich selbst in dieser Stunde nicht vorstellen können. Als sie allmählich atemlos wurden, tauchte zwischen den Buchen und Eichen das Mühlengebäude selbst auf. Das riesige hölzerne Rad stand an diesem Tag still, Stille hing auch über den spiegelnden Fenstern des Wohnhauses. Wie verzaubert, wie im Traumschlaf lag die Mühle da. Der Hiasl erinnerte sich daran, daß die Verwandten heute nach Straubing hinübergefahren waren. Das bedeutete, daß der Platz ihm und Barbara ganz allein gehörte.

Sie küßten sich zum ersten Mal am Rand des Mühlteiches oberhalb des Wasserrades. Ihre Körperschatten verschmolzen und zitterten auf der spiegelnden, ganz leicht gekräuselten Fläche nach. Zögerlich und scheu waren sie noch, aber dann kam das Vertrauen über sie, die unendliche Ruhe, die Geborgenheit, und sie kamen näher zueinander, immer näher. Der Mann schmeckte das Leben, das zitternde, warme Leben auf den Lippen des Mädchens; Barbara spürte, wie ihr Körper unter seinen Händen weich und nachgiebig und offen wurde, offen für alles, was sie bisher nicht gekannt, nur ersehnt hatte. Lange küßten und streichelten sie sich, dann gingen sie langsam weiter, gingen in schweigendem Einverständnis auf das Wohnhaus zu.

Die Tür war verschlossen. Der Hiasl hätte den Schlüssel wahrscheinlich finden können. Irgendwo mußte er liegen, das wußte er. Doch er wollte den Zauber nicht durch eine solch profane Suche zerstören. Er führte Barbara weiter, zum Stall hinüber, der auf der anderen Seite des Hohlweges stand. Drei Kühe drängten sich unter dem wuchtigen böhmischen Gewölbe, daneben, im anderen Raum, duftete das Heu.

Der Mann brauchte das Mädchen nicht zu drängen, nicht zu überreden. Barbara ließ sich fallen, einfach in die weiche, warme Heuwolke hineinfallen. Sie breitete die Arme aus und fing den Hiasl darin auf. Dann fanden sie sich im Spiel, im herrlichen, heidnischen Spiel ganz. Im federnden Heu entdeckten und ertasteten sie sich; im federnden Heu begannen ihre Körper federleicht zu schweben, zu gleiten und zu schwingen. Und während ihre Körper sich wiegten, schauten sie sich die ganze Zeit in die Augen; in die Augen, in denen nichts war als Hingabe und Liebe, bis dann Moor und Gletscher zum warmen Strom wurden, zum gemeinsamen Lebensstrom, der die Erde und den Kosmos überschwemmte und die beiden Körper, die beiden Seelen mit sich forttrug und entrückte.

Später dann, als das Paar sich aneinander gesättigt hatte, als sie wieder Atem gefunden hatten, sagte die Barbara zärtlich und lachend zugleich: „Jetzt werden mich die Taufleut' wahrscheinlich schon suchen. Und werden wieder behaupten, daß ich eine Hex' bin, weil ich vom Kloster weg einfach verschwunden bin."

„Dann bring' ich dich halt jetzt zurück, Hexlein", erwiderte der Hiasl lächelnd. „Ins Wirtshaus geh' ich mit dir, damit alle sehen, daß wir zusammengehören, du und ich."

Das Mädchen strahlte ihn verliebt an und wiederholte: „Du und ich..."

Sie schlenderten den Hohlweg hinauf. Der späte Nachmittag begann bereits schattig zu werden. Auf halber Strecke kam ihnen der Klostermüller mit seinem Weib entgegen; auch der Johann, der nun vierundzwanzigjährige Bruder des Hiasl, saß auf dem Pferdekarren. Da die Ehe des Oberen Klostermüllers kinderlos geblieben war, arbeitete der Hans seit gut einem Jahr als Knecht bei seinem Onkel, später einmal sollte er sein Nachfolger werden, denn das Apoiger Anwesen sollte der Hiasl übernehmen. Als der Hiasl und die Barbara vor dem Pferdekarren stehenblieben, etwas verlegen und doch unendlich glücklich, schnauzte der Hans sie sofort an: „Seid's narrisch worden?! Droben im Kloster, nach der Tauf', haben die Verwandten von der da" – er deutete auf Barbara – „gesehen, daß ihr zwei beieinander gestanden habt. Und dann seid's auf einmal verschwunden gewesen, als hätt' euch der Teufel geholt! Jetzt suchen sie das Mädel schon überall und plärren herum, daß du's in die Schand' gebracht hätt'st, du Falott, du..."

Normalerweise hätte der Hiasl seinem Bruder die Beleidigungen nicht übelgenommen; der Hans hatte eben ein vorlautes Mundwerk und hatte vor dem Hiasl, auch wenn der manchmal seine schauerlichen Gesichte hatte, noch nie sonderlichen Respekt gezeigt. Gerade deswegen mochte der Hiasl den Jüngeren. Doch jetzt, weil es um die Barbara ging, fuhr er bissig auf ihn los.

„Ist nichts Schandbares geschehen zwischen mir und dem Madl!" herrschte er den Bruder an. „Weil es in der Lieb' keine Schand' gibt! Also halt dich ein bissl zurück, sonst fängst' dir ein paar Maulschellen ein!"

"Die Maulschellen wirst eher du kriegen – von ihrem Vater!" schnauzte der Hans zurück. "Trau dich nur hinauf mit ihr auf den Klosterberg, dann wirst's schon merken!"

"Genau das hab' ich vor", schrie der Hiasl zurück. "Daß ich mit ihr ins Wirtshaus geh'. Damit alle Leut' sehen, daß ich sie lieb hab'. Und wenn der Vater glaubt..."

"Nicht, Hiasl!" fiel ihm das Mädchen, ängstlich jetzt, ins Wort.

Der Apoiger schluckte brav hinunter, was ihm auf der Zunge gelegen hatte.

"Auf jeden Fall solltet ihr euch schleunen", sagte der Klostermüller, der den Fall eher nachsichtig zu beurteilen schien, denn ein verräterisches Grinsen saß ihm in den Mundwinkeln. "Eh' sie noch die Gendarmen holen, weil sie glauben, das Madl sei geraubt worden." Er wandte sich Barbara zu. Grinste noch mehr und setzte hinzu: "Verstehen kann ich den Hiasl aber schon..."

"Bist halt genau so ein Falott wie er!" mischte sich die Müllerin ein, doch auch sie meinte es nicht ganz ernst.

"Haut schon endlich ab!" schrie dagegen der Hans.

Der Hiasl wollte sofort wieder auf ihn los, aber die Barbara nahm seine Hand und zog ihn – nach einem dankbaren Blick auf die Müllersleute – weiter. Gehorsam folgte ihr der Dreißigjährige und wunderte sich über sich selbst. Als der Pferdekarren außer Sicht gekommen war, sagte er, obwohl er es gar nicht so meinte, zu dem Mädchen mit dem tizianroten Haar: "Vielleicht, daß wir sie wirklich ein bissl überstürzt angefangen haben, unsere Liebschaft...?"

"Das sagst' doch jetzt bloß, glauben tust' es selbst nicht", erwiderte Barbara, und es war überhaupt kein Zweifel in ihrer klaren Stimme.

Der Hiasl schwieg. Gerade jetzt wollte er noch mehr von ihr hören.

Und die Barbara machte ihm das Geschenk. "Wir haben uns lieb gehabt, vom ersten Augenblick an", erklärte sie. "Vorhin hast du es selbst zu deinem Bruder gesagt. Und wahr ist's auch. Du weißt es – und ich weiß es. Und darum haben wir es tun dürfen, auch wenn die Moralapostel und die Pfaffen anders darüber denken. Für uns zählt doch bloß, daß wir eins geworden sind."

"Wir sind eins, gell?!" sagte der Mühlhiasl.

„Küß mich", antwortete Barbara.

Und er tat es, und er spürte, wie recht sie hatte, und deswegen würde er jetzt auch die Kraft haben, sich der aufgebrachten Meute droben im Kloster zu stellen.

Die Taufgänger waren in der Tat recht wütend, als der Hiasl und die Barbara ihnen unter die Augen kamen. Außerdem waren sie alle mitsammen reichlich angetrunken, der Taufpater und die anderen anwesenden Mönche nicht ausgenommen. Der alte Lorenz, den Pater im Gefolge, fuhr denn auch sofort auf seine Tochter und den Hiasl los und begann mächtig zu wettern: „Du Galgenstrick, du krawottischer! Hast' nichts Besseres zu tun, als unschuldige Kinder zu verschleppen?!"

„Sünden sollst' dich fürchten!" bellte der Zisterzienser. „Eine Todsünd' hast auf dich geladen, du Bock!" Er drohte dem Mühlhiasl mit der Faust, fuhr dann zu Barbara herum und schrie sie noch ärger an: „Und du, du Hurenmatz, dich soll doch gleich der Leibhaftige holen! Weibervolk, verdammtes! Von Anfang an ist die Sünd' in euch gewesen, schon mit der Eva hat's angefangen, und seitdem umlauert ihr die Mannsbilder wie die Schlangenviecher..."

Der Hiasl stellte sich schützend zwischen Barbara, den geifernden Mönch und den erzürnten Vater. Und dann, ehe die beiden Sittenwächter handgreiflich werden konnten, hatte er eine Eingebung, diesmal freilich nicht hellseherischer, sondern eher diesseitiger Art. Er erinnerte sich nämlich an ein Ereignis, das er erst wenige Wochen zuvor beobachtet hatte, als er eine Fuhre Mehl zu den Iglbergers hinauf nach Grub gebracht hatte. Jetzt wandte er sich mit einem spöttischen Aufblitzen in den hellen Augen an den keifenden Pater: „Solltest' nicht so bösartig über die Weiber reden, Hochwürden!" Er spuckte das letzte Wort verächtlich aus. „Denn wie eine Schlang' hat sich von denen noch keine aufgeführt. Eher bist du neulich selber ein solches Viech gewesen, wie du nämlich die Kerscher-Wittib vor ihrem Häusl außerhalb von Grub dermaßen umschlängelt und umschlungen hast, daß sie dich mit Ohrfeigen wieder katholisch hat machen müssen..."

Der Pater wich mit einem wehen Aufraunzen zurück. Feuerrot war auf einmal sein feister Schädel geworden. In seinem Rücken brandete, zaghaft noch, Gelächter auf. Der alte Lorenz, der Vater Barbaras, schien seinen Grimm vergessen zu haben, blickte jetzt bloß noch neugierig drein. „Ja", sagte der Mühlhiasl, „wie ein Gickerl auf die Henn' bist auf sie los! Gar nicht mehr auslassen hast' sie wollen. Gewalt hätt'st ihr angetan, wenn sie sich nicht gar so tapfer gegen dich gewehrt hätt'. – War ein Pech für dich, Hochwürden, daß ich in dem Moment grad vorbeigekommen bin und alles gesehen hab'. Du hast mich freilich nicht bemerkt, in deiner Rage, du Moralapostel du, du scheinheiliger. Und weil du so einer bist, solltest' jetzt auch dein Maul halten, denn ich hab' der Barbara keine Gewalt anzutun versucht!"

„Der Pater! Wie ein Gickerl auf die Henn' . . .", keckerte im Hintergrund ein altes Bäuerlein los. „Wie ein Gickerl auf die Henn', hähähä . . ."

Die Taufpatin kreischte entzückt auf.

„Ihr versündigt euch!" gellte einer der Zisterzienser.

Da hielt auch der alte Lorenz nicht mehr an sich. „Von uns ist keiner ein Sünder!" schrie er. „Wir Bauernleut' nicht, und auch der Mühlhiasl nicht – und schon gar nicht meine Barbara! Die Saubär'n seid ihr selber. Erst sich aufführen wie ein Gickerl oder ein Bock – und dann meine Barbara ins Gered' bringen! Das könnt' euch so passen, ihr Fettärsch'!" Er packte den Taufpater an der Kutte. „Weißt du überhaupt, daß die Kerscher-Wittib von Grub aus meiner Verwandtschaft ist, du Hund?!" herrschte er ihn an. „Wär' auch auf der Tauf' heut', wenn sie sich nicht den Magen verdorben hätt'! Wahrscheinlich an deiner Zudringlichkeit, du Gickerlbock! Geh her, daß ich dich windelweich hau', du Weiberschänder du, du ganz hundsgemeiner!"

Ehe es jedoch zu der angekündigten Gewalttat kommen konnte, riß sich der Kleriker los und rannte mit flatternder Kutte dem Kloster zu. Seine Gefährten folgten ihm nicht weniger schnell und aus vollen Kehlen schimpfend und lamentierend. Die Bauern brachen in ein ungeheuerliches Gelächter aus. Von dem heimlichen Verschwinden des Hiasl und der Barbara, das ja eigentlich alles ausgelöst hatte, war überhaupt nicht mehr die Rede. Der Mühlhiasl, der auf so wunderschöne Weise die Untat des Mönches aufgebracht hatte, war plötzlich der Held des Tages. „Ein Mordskerl bist'!" lobte ihn der alte Lorenz und geleitete ihn höchstpersönlich in die Wirtsstube. Dort sorgte er dafür, daß der Hiasl schön nahe bei der Barbara zu sitzen kam. Und für den

Rest des Tages stand nicht mehr der Täufling im Mittelpunkt, sondern der Müllerssohn aus Apoig – und heute schien der Hiasl die allgemeine Aufmerksamkeit und Zuwendung sogar zu genießen, zeigte sich gar nicht so schroff, menschenscheu und knurrig wie sonst zumeist, sondern war auf einmal umgänglich geworden; er wirkte aufgeräumt und sogar lustig, weil er, nicht nur körperlich nahe, das Mädchen spürte.

Erst spät in der Nacht wanderten und fuhren die Taufgäste in ihre verschiedenen Dörfer und Einöden zurück. Die Racklberger waren mit dem Gäuwagen gekommen, doch der Hiasl und die Barbara saßen, als die Alten heimfuhren, nicht auf dem Bock. Hand in Hand ging das Paar unter dem Mondschein dahin, Racklberg zu, und Barbaras Vater hatte es augenzwinkernd zugelassen. Viel hatten sich das Mädchen und der dreißigjährige Mann zu sagen, und erst als es schon hell über der Einöde wurde, schlüpfte Barbara ins Haus, und der Mühlhiasl machte sich auf den Heimweg. Als er zurück nach Apoig ging, stundenweit, da spürte er wieder das Summen und Sirren in seinem Kopf, doch diesmal hatte es nichts Beängstigendes und nichts Unerklärliches in sich, sondern aus dem Summen und Sirren heraus formte sich wieder und wieder ein Mädchenname: Barbara.

Von da an trafen sich der Hiasl und die Braunäugige aus Racklberg oft, wurden immer vertrauter und inniger miteinander. In der Stube des Lorenz-Bauern saßen sie beisammen, manchmal auch unten in der Apoiger Mühle, immer wieder auch verbrachten sie Stunden im Wald. Nur um das Windberger Kloster schlugen sie dann aus guten Gründen einen Bogen; die Mönche dort waren seit der Tauffeier noch schlechter auf den Mühlhiasl zu sprechen als zuvor. Aber ab und zu kehrten die beiden Verliebten in der Oberen Mühle ein, was der Bruder des Hiasl, der Johann, allerdings nicht sehr gerne zu sehen schien. Anders als der Erstgeborene war der Hans: obrigkeitshöriger, katholischer, engstirniger. Doch machen konnte er gegen die Besuche nichts, weil das alte Müllerpaar die Barbara inzwischen sehr ins Herz geschlossen hatte.

„Der Hiasl ist ruhiger und umgänglicher geworden, seit er dich kennt", sagte der Müller einmal zu der Racklbergerin. „Und deswegen freu' ich mich immer, wenn ich euch zusammen seh'!"

Und die Müllerin fügte hinzu: „Ein Weiberts hat er halt gebraucht, und in dir, Bärbl, hat er, scheint's, endlich die Richtige gefunden."

„Das sagst', obwohl wir überhaupt nicht verheiratet sind?" fragte schelmisch die Barbara.

„Ob verheiratet oder nicht – Hauptsach', mit der Lieb' stimmt's", erwiderte großherzig und resolut die Müllerin.

Der Hiasl nickte dazu, und der Alte meinte: „Außerdem wird's ja irgendwann sowieso dazu kommen."

Die Barbara blickte versonnen, der Hiasl jedoch sagte wegwerfend: „Was die Leut' bloß immer mit dem Pfaffensegen am Hut haben! Die Manner und Weiber sind zusammen gewesen, eh' daß es die Kirchen gegeben hat, und werden noch immer zusammen sein, wenn es sie lang' nicht mehr gibt. Nichts als ein Gespei in der Welt sind sie, die Pfaffen, und die Bärbl und ich brauchen keinen von denen!"

„Ein Sündenbeutel bist' und bleibst'!" schnauzte da der Johann. „Und einmal wirst' deine Straf' dafür schon kriegen!"

Doch der Mühlhiasl lachte nur und zog die Barbara von der Ofenbank hoch, dann führte er sie hinaus und über den Hof zum Stallbau mit dem böhmischen Gewölbe, wo der Hiasl inzwischen ein heimeliges und warmes Liebesnest eingerichtet hatte. Dort drinnen, neben dem duftenden Heuberg, liebten sich die beiden dann, und es war nicht schlechter als beim allerersten Mal. In Ordnung war die Welt für den Hiasl und die Barbara, wenn sie sich nur in den Armen halten, wenn sie nur miteinander reden oder auch miteinander schweigen konnten. Und die einen, wie die Müllersleute hier oder auch unten in Apoig, ebenso die Racklberger, verstanden sie, und andere, wie der Johann oder die mißgünstigen Windberger Mönche, neideten es ihnen. Zumindest dem Mühlhiasl aber waren die gelegentlichen Anfeindungen egal. Was die Barbara anging, folgte er einfach seiner Natur und wußte deswegen, daß alles, was er tat, richtig und gut war.

Das Jahr 1783 kam zu seinem Ende und drehte sich ins 1784er hinein. Die Monate gingen in stetem Gleichmaß dahin. Das Frühjahr kam, dann der Sommer, und in einer Juninacht mußte sich der Mühlhiasl von seiner Geliebten verabschieden. Wieder einmal brauchten ihn die Buchingers drinnen im Wald, in Rabenstein. „So sehr ich das Waldgebirg' lieb', so schwer fällt's mir doch, daß ich jetzt weggehen muß", sagte der Hiasl im Morgengrauen in Barbaras so nahes Gesicht hinein. „Es ist mir, als würd' etwas zerreißen!"

Die junge Frau empfand ähnlich, zeigte sich aber tapfer. „Sie sind halt auf dich angewiesen, die Buchinger-Leut'", flüsterte sie. „Und deswegen mußt' auch gehen. Außerdem ist's bis zum Herbst ja nicht gar so lang' hin . . ."

„Am liebsten tät' ich dich trotzdem mitnehmen", versetzte der Mann.

„Wenn wir heiraten würden, dann ging's", antwortete leise das Mädchen. „Aber monatelang unverheiratet im Buchinger-Häusl – das würden sie nicht zulassen, der Pfarrer und der Schloßherr in Rabenstein drinnen! Hier, bei uns daheim, ist's etwas anderes. Da nehmen sie's hin, weil du nach außen hin immer noch auf Apoig wohnst und ich in Racklberg. Da drücken sie ein Aug' zu, wenn wir uns im Wald treffen oder in der Oberen Mühl'. Hier geht's auch, weil du den Windbergern die Schneid abgekauft hast. Aber in Rabenstein drinnen wär's anders. Wenn wir da unseren Frieden haben wollten, müßten wir vorher schon vor den Altar treten!"

Doch auf diesem Ohr hörte der Mühlhiasl ganz schlecht. Nicht, weil er die Bärbl nicht zum Eheweib haben wollte, sondern weil er einfach die Pfaffen nicht ausstehen konnte und auch nicht vor ihnen zu Kreuze kriechen wollte. Immerhin sagte er: „Einmal heiraten wir schon, und ich stell' mich dann kreuzbrav vor den Tabernakel hin. Aber ich tu's dann bloß wegen dir! Nicht weil ich glaub', daß es schöner wär' zwischen uns, bloß weil wir eingesegnet sind!"

„Das weiß ich doch – und schöner könnt's auch wirklich nicht mehr werden", gab die Barbara zu.

„Ist vielleicht eh das letzte Mal, daß ich nach Rabenstein hinein geh'", sagte der Hiasl nachdenklich. „Der Jörg wird jetzt auch schon zweiundzwanzig Jahr' alt und wird bestimmt nicht so lang' wie ich warten, bis er sich ein Weib sucht. Und wenn der junge Buchinger erst einmal verheiratet ist, dann brauchen sie mich auch nicht länger auf dem Waldbauernhof. Dann kann ich das ganze Jahr über auf der Apoiger Mühl' bleiben und kann in Ruhe abwarten, bis der Vater sie mir einmal übergibt. Und dann werden auch wir zwei . . ."

Ganz plötzlich hatte er gestockt, als hätte er mitten im Satz die Sprache verloren. Und sein Blick ging auf einmal richtungslos in die Ferne, wie dann immer, wenn es ihm im Schädel zu rädern begann.

„Was hast' denn?" fragte die Barbara erschrocken. „Ist dir nicht gut?!"

Nur mühsam schien der Hiasl aus seiner Erstarrung zurückzufinden. Aber er schaffte es; das Rauschen von Raum und Zeit, das er so jäh und schmerzlich gespürt hatte, flachte ab und verklang wieder. „Nix ist, nix hab' ich", murmelte er und zog das Mädchen noch einmal in seine Arme. Doch er umschlang sie nicht lustvoll, sondern barg sich eher an ihr. Das, was er diesmal nicht gesehen, sondern nur ganz neblig und konturlos gespürt hatte, hallte und wetzte noch immer in seinem Innern nach. Der Schrecken, die Angst waren noch immer da, aber allmählich baute die Wärme von Barbaras Brust einen Wall dagegen auf. „Es ist schon gut", murmelte der Mühlhiasl. „Bin bloß ein bissl übernächtigt. Wir haben halt die ganze Nacht nicht geschlafen. Du bist doch auch müd', gell?"

„Dann schlafen wir halt jetzt noch ein wenig", erwiderte die Braunäugige erleichtert. Sie zog ihn ganz fest an sich, umarmte und schützte ihn und sog ihn ein in den besänftigenden Rhythmus ihres Atems. Und die Angst verging dem Hiasl und auch die vage und neblige Erinnerung an das, was ihm so jäh in der Seele aufgeblitzt war, und er schlief ein und schlief fest, bis die Sonne schräg durch das kleine Fenster des Stallbaues bei der Oberen Klostermühle hereinfiel.

Gestärkt wachte er wieder auf, und eine Stunde später, während Barbara nach Racklberg zurückging, wanderte der Mühlhiasl schon in Richtung auf den Schwarzacher Wald davon. Von seinen Leuten in Apoig hatte er sich schon am Vortag verabschiedet, und jetzt wartete wieder der Rabenstein auf ihn.

Neunerlei Holz

In diesem Rabensteiner Sommer und Herbst des Jahres 1784 schnitzelte der Mühlhiasl viel. Er tat es, weil er durch die Trennung von Barbara unruhiger denn je geworden war. Kaum war er im Häusl unter dem Schloß eingetroffen, hatte es auch schon begonnen. Noch am ersten Abend, während er notgedrungen von daheim erzählen mußte, war ihm ein Klotz Ahornholz in die Finger gekommen. Zunächst ganz absichtslos hatte er zum Stilett gegriffen, hatte geredet und dabei Span um Span abgehoben, und in den nächsten Tagen dann, wenn die sonstige Arbeit ihm einmal Zeit gelassen hatte, hatte er weitergemacht. Zuletzt war so etwas wie ein unterarmlanges, schön geschwungenes Schemelbein entstanden, ein nutzloses Ding eigentlich, doch der alte Buchinger hatte lange darauf gestarrt und schließlich gesagt: „Früher einmal hat man im Wald Stühl' aus neunerlei Holz gemacht. Freilich haben's die Pfaffen nicht gern gesehen, aber manche Leut' haben nicht davon lassen wollen. Wenn dann einer einen solchen Stuhl fertig gehabt hat, dann hat er ihn zur Christmett'n mit in die Kirch'n genommen. Hat sich draufgehockt, ärschlings zum Altar, und hat abgewartet. Und man sagt, daß so einer dann einen Blick in die Zukunft hat tun können..."

Die Buchingerin hatte genickt, ein wenig verschreckt. Der Jörg hatte gelacht und gemeint: „Neunerlei Holz braucht der Hiasl nicht für seine Kunst! Bei dir geht's auch ohne Schammerl[36], gell?"

Der Mühlhiasl hatte bloß verwirrt den Kopf geschüttelt, hatte sein Schnitzwerk dann in eine Ecke gestellt und tagelang nicht mehr beachtet. Aber eine Woche später dann, als er zum ersten Mal wieder auf den Rabenstein hinaufgestiegen war, hatte er einen vom Blitz abgeschlagenen Buchenast gefunden, hatte ihn mitgenommen und hatte oben auf dem vertrauten Schachten wiederum das Stilett in die Hand genommen. Im Lauf der nächsten Tage war ein zweites, seltsam geschwungenes Schemelbein entstanden, und seitdem schnitzelte der Hiasl nun schon wochen- und monatelang an immer neuen Holzstücken herum: an Linden-, Tannen- und Fichtenkloben, an einer Wildkirschenwurzel, am Holz von einem Birnbaum, an einem roten Lärchenast, zuletzt an einem steinharten Eichenklotz. Und er wußte selbst nicht genau, warum er es tat, aber er mußte es tun, weil ihn in diesem Sommer und Herbst die Unruhe so arg trieb. Wenn er ehrlich zu sich selbst war, dann hielt ihn in diesem Jahr eigentlich nichts in Rabenstein, dann sehnte er sich die ganze Zeit nur in den Vorwald hinaus, zurück zur Barbara. So waren die seltsamen Hölzer entstanden, und der Mühlhiasl hatte es nicht übers Herz gebracht, eines davon wegzuwerfen oder zu verbrennen; er hatte sie vielmehr eines nach dem anderen in den Stall getragen und dort sorgsam in einer leeren Futterkrippe verwahrt.

Als dann die Arbeit auf dem Buchinger-Anwesen weniger wurde, als das Laub sich eingefärbt hatte und die Tage sich jäh verkürzten, bereitete sich der Hiasl allmählich auf den Rückmarsch nach Apoig vor. Ab und zu dachte er noch an seine Schnitzwerke aus neunerlei Holz, mit denen er nach wie vor eigentlich gar nichts anzufangen wußte. Je näher der Tag kam, an dem er gehen wollte, um so wertloser erschienen sie ihm. Und dann, ganz plötzlich, vergaß er sie ganz, denn es ereignete sich etwas, das ihn den Winter über an den Buchinger-Hof fesseln sollte.

Er, der Jörg und der alte Bauer hatten Fronholz geschlagen, hoch oben am Rabenstein. Hatten damit einer uralten Pflicht genügt, die den Häuslleuten und den Landwirten vorschrieb, jedes Jahr so und so viel Ster Holz ohne Entgelt zu fällen, zu zerkleinern und im Herrenhaus der Kißlings abzuliefern. Schon als der erste Baum gestürzt war, hatte den Hiasl ein ungutes Gefühl befallen. „Der Kißling soll uns heut' am Arsch lecken!" hatte er in seiner manchmal drastischen Art zu seinen beiden Gefährten gesagt. „Sonst gibt's am End' noch ein Unglück . . ."

„Der straft uns ab, wenn wir das Holz nicht rechtzeitig bringen", hatte der Jörg erwidert.

Der alte Buchinger hatte eher ängstlich auf den Hiasl geschaut, schien gar nicht übel Lust gehabt zu haben, die Warnung ernst zu nehmen. Doch dann hatte er an den Kißling und seine harte Hand gedacht und hatte geschwiegen. Auch der Hiasl hatte nichts mehr gesagt, hatte nur die Lippen so seltsam zusammengepreßt, und zuletzt hatten sie weitergearbeitet.

Jetzt war der Zugschlitten beladen und sollte zu Tal gebracht werden.

„Der Jörg und ich gehen vorne", sagte der alte Buchinger. „Du, Hiasl, hängst dich hinten an und ziehst den Bremsbaum herunter, wenn es notwendig wird."

Die beiden Rabensteiner spannten sich ins Geschirr. Langsam rutschte und ruckte der mit klafterlangen Kloben beladene Schlitten an. Der Mühlhiasl ging hinterher, tapsig und mit abwesenden Augen, fast wie im Traum. In seinem Gehirn wollten Bilder aufbrechen und kamen doch nicht hervor; nur ab und zu ein grelles Blitzen und wieder das Rauschen waren da. Zwischendurch sah der Hiasl ganz deutlich die Barbara – wie sie sich weiter und weiter von ihm entfernte.

Den ersten Steilhang hinunter ging alles gut. Dann erreichten sie das vereiste Bachbett, das weiter unten in eine scharfe Kehre mündete. Die Schlittenkufen knirschten immer schneller über den verkrusteten Schnee, der in diesem Jahr schon früh gefallen war, schleuderten ab und zu dumpf riechendes, schon angemodertes Laub beiseite. Die Rabensteiner zogen jetzt nicht mehr, sondern bremsten. Hinten versuchte der Hiasl, den schweren Schlitten zurückzuhalten, so gut er konnte. Trotzdem kam die Kehre viel zu schnell näher. Plötzlich sah der Mühlhiasl ganz deutlich vor sich, was geschehen würde. Er schrie noch, riß den Bremsbaum herunter, damit der Stamm sich quer in die Wegränder einspreizen konnte, aber es war schon zu spät.

Das sperrige Holztrumm griff nicht mehr; der Schlitten war bereits außer Kontrolle geraten. Jetzt schleuderte er in die Kehre hinein, drehte sich, kippte. Dünn und wie mit entsetzlicher Verzögerung schlugen die Schreie von Jörg und dem alten Buchinger an das Ohr des Mühlhiasl. Dann sah er, wie die beiden taumelten, wie sie stürzten, wie sich die klafterlangen Holzscheiter vom Schlitten lösten, wie sie über die beiden Menschengestalten hinpolterten, hinschmetterten. Er sah genau das, was er schon zuvor gesehen hatte, als der Schlitten auszubrechen begonnen hatte, und er sah, noch ehe es wirklich passierte auch das Ende. Er sah sich selbst, wie er sich verzweifelt bemühte, den Alten und seinen Sohn von der tödlichen Last zu befreien, die ihnen das Leben abzudrücken drohte ...

Zeit und Raum wirbelten, scheinbar endlos. In der einen Dimension war der Schlitten umgestürzt und hatte die beiden Waldarbeiter unter seinem Trümmerwerk und den herabgepolterten Scheitern begraben, in der anderen Dimension – in derjenigen, die nur der Mühlhiasl sehen konnte – raste das Gefährt jetzt weiter, immer weiter: ins Tal hinunter, durch den Rabensteiner Schloßhof, dann durch das Dorf. Und raste noch immer weiter, nach Klautzenbach hinüber und zuletzt bis Zwiesel.

Als der Schlitten in die dortige Kirche hineindröhnte, schmetternd vor dem Altaraufbau zum Stehen kam, da war er plötzlich aus neunerlei Holz gedrechselt und zusammengesetzt, und einer, den der Mühlhiasl nicht erkennen konnte, stand auf ihm und reckte seine dürren Arme gegen die vielen anderen hin: Die Kirchgänger, den Pfarrer, die Adelsfamilie. Und der eine, der ohne Antlitz, schrie seine Wut in die bleichen Gesichter der anderen hinein, und schrie und schrie – bis der Schlitten aus neunerlei Holz wie von einem unsichtbaren Hieb getroffen wieder aus der Zwieseler Kirche rasselte und in den Wald zurückkehrte. Dann lag er zertrümmert wieder am Rabensteiner Hang, hoch oben im vereisten Bachbett – und der Mühlhiasl befand sich plötzlich wieder in der anderen Realität, befand sich wieder dort, wo der Jörg und der alte Buchinger ächzten, bettelten und bluteten.

Der Mühlhiasl tat, was er zuvor schon in seiner Vision gesehen hatte: Er befreite die Opfer des Unglücks von den schneeüberkrusteten Holzscheitern, die auf ihren verkrümmten Körpern lasteten; er zog den Jörg und den Alten zur Seite, bettete sie, so gut er konnte, an den harschigen Wegrain, wusch ihnen das Blut und den Dreck aus den Gesichtern, redete gleichzeitig beruhigend auf sie ein und untersuchte ihre Gliedmaßen. Die andere Vision war völlig verschwunden und vergessen; jetzt zählte nur noch das, was der Mühlhiasl für seine Gefährten tun konnte.

Es stellte sich heraus, daß der alte Buchinger mindestens zwei Rippen gebrochen hatte, der Jörg das Bein. Dazu hatten sie beide Dutzende von Schrammen und Platzwunden davongetragen. „Das Holz müssen wir heroben auf dem Berg lassen", sagte der Hiasl und räumte bereits weg, was noch verkantet und sperrig auf dem zusammengebrochenen Schlitten lag.

Der alte Buchinger stöhnte: „Aber der Kißling! Er hat doch ... ein Anrecht drauf!"

„Der hat auf einen Scheißdreck ein Recht!" erwiderte der Mühlhiasl grob. „Wenn's auf der anderen Seit'n um Menschenleben geht!"

„Schleun dich!" keuchte der Jörg. Der zersplitterte Schienbeinknochen stand ihm gräßlich weiß und rot aus dem zerrissenen Hosenbein.

Der Hiasl warf den letzten Holzkloben beiseite. Dann richtete er den Schlitten selbst wieder auf, verkeilte und verspannte die Streben neu. Als er fertig war, schleppte er zuerst den Alten zu dem nun wieder brauchbaren Gefährt. Er zog den Buchinger hinauf und mußte die Zähne zusammenbeißen, als der Bauer vor Schmerzen wie ein Kind wimmerte. Noch schlimmer war es beim Jörg. Als der Hiasl ihn oben hatte und niederlegte, knirschte der gebrochene Knochen entsetzlich. Die Natur zeigte sich aber gnädig: Der junge Buchinger fiel in Ohnmacht.

Das schwerste Stück Arbeit lag noch vor dem Mühlhiasl. Ganz auf sich allein gestellt, mußte er den Schlitten nun zu Tal bringen. Er löste die Kette des Bremsbaumes, der ihm jetzt ohnehin nichts mehr nützen würde. Dann nahm er vorne zwischen den Kufen genau jenen Platz ein, der kurz zuvor den beiden anderen zum Verhängnis geworden war. Mit aller Kraft stemmte er sich gegen die nach oben geschwungenen Hörner. Die Kufen begannen zu knirschen, zu gleiten. Mächtiger und immer mächtiger drückte das unkampete[37]) Gefährt talwärts. Der Hiasl hing zwischen den Hornschnäbeln wie ein aufgespießtes Insekt, verlor immer wieder den Boden unter den Füßen, gewann ihn aber immer wieder zurück, und so rannte, bremste, keuchte und arbeitete er sich dem Talboden entgegen, ständig selbst in Gefahr, die Gesundheit oder gar das Leben zu verlieren.

Später hätte er nicht mehr sagen können, wie er es eigentlich geschafft hatte. Aber zuletzt stand der Schlitten vor dem Buchinger-Anwesen, und der Hiasl, der sich jetzt kaum noch auf den Beinen halten konnte, schrie mit seiner letzten Lungenkraft nach der Bäuerin. Mit wachsbleichem Gesicht kam die alte Buchingerin ins Freie, warf sich über den Gatten, den noch immer ohnmächtigen Sohn. „Schnell! Wir müssen sie ins Warme bringen!" ächzte der Hiasl. Er raffte sich noch einmal auf, griff zusammen mit der Bäuerin zu. Und dann, als sie den Buchinger halb unten hatten, waren die Nachbarn da, fackelten nicht lange und griffen ebenfalls zu. Wenig später lagen der Jörg und sein Vater in ihren Betten, und der Hiasl kauerte zitternd neben der Ofenhöhle unten in der Stube; kauerte dort wie ein verschrecktes

Waldtier und konnte lange, sehr lange, nicht mehr warm werden, denn jetzt hatten der Schock und die Todesangst auch ihn mächtig im Griff.

Später kam der Bader von Klautzenbach herüber, verband den Brustkorb des Alten und richtete das Bein des Jörg wieder ein, nachdem er die Wunde zuvor mit Arnikasud ausgewaschen hatte. Die Schreie des Jörg, der jetzt wieder bei sich war und die Tortur ohne Betäubungsmittel aushalten mußte, gellten bis in die Stube herunter, bis in die Ofenecke hinein. Sie brachten den Hiasl so weit wieder zu sich, daß er nun auch nach oben gehen und nach seinen beiden Gefährten sehen konnte.

Der Bader, die Nachbarn, die um die beiden Betten standen, musterten ihn scheu. Unheimlich schien es ihnen zu sein, daß ein so magerer Kerl wie der Stoaberger den Schlitten mit der schweren Last zweier Männer ganz allein ins Tal hatte bringen können. In den Augen des einen oder der anderen stand der Verdacht zu lesen, daß dies eigentlich gar nicht mit rechten Dingen zugegangen sein konnte. Daß der Hiasl ohnehin ein Sonderling, ein Unbegreiflicher war, verstärkte jetzt die Scheu vor ihm noch. Und dann sprach einer der Kleinbauern es aus: „Dir muß der Teuf'l g'holfen haben mit dem Schlitten und den beiden Mannern . . ."

Der Stoaberger erwiderte nichts darauf, nur ein schmerzlicher Zug verkrampfte ihm den Mund.

„Was mit Teufelshilf' geschehen ist, kann eh nicht gut ausgehen!" murmelte ein Weib. „Sterben müssen der alte und der junge Buchinger doch noch! Braucht sie euch bloß anzuschauen . . ."

Die alte Buchingerin heulte auf. Der Bader zog eingeschüchtert den Schädel ein. Die Gestalt des Hiasl jedoch straffte sich plötzlich, seine Augen waren auf einmal ganz groß und unglaublich hell, und er herrschte die Rabensteiner Vettel an: „Der Jörg wird nicht sterben und der Vater auch nicht! Der eine wird zwei Monat' liegen, der andere bloß zwei Wochen. Im Auswärts[38]) werdens' alle zwei wieder herumrennen wie die Geißen." Seine Stimme wurde leiser, an die alte Buchingerin gewandt, sagte er: „Bis dahin werd' ich in Rabenstein bleiben müssen."

Dann, ganz unvermittelt, ruckten seine gletscherhellen Augen wieder herum und richteten sich so jäh auf die andere Rabensteinerin, auf die Unglücksprophetin, daß diese unwillkürlich ein paar Schritte zurückwich. „Hier im Häusl wird keiner sterben", fauchte der Hiasl die Frau an, „aber in deinem Häusl schon einer. Im Auswärts wird bei euch der Birnbaum vom Blitz getroffen werden und deinen Bruder erschlagen!"

Das Weib kreischte auf und verließ fluchtartig die Stube. Murmelnd, böse Blicke auf den Stoaberger werfend, folgten ihr die anderen. Auch der Bader suchte das Weite. Der Hiasl und die Buchingerin blieben allein bei den Verletzten zurück.

„Warum hast' das jetzt sagen müssen?!" klagte die Bäuerin.

Der Hiasl beutelte sich wie im Fieber, wirkte jetzt wieder klein, unscheinbar und harmlos. „Warum?" murmelte er. „Weil ich's halt gesehen hab'. War keine Lüg'. Wird genau so kommen, wirst's erleben!"

Die Buchingerin schniefte. „Kannst halt nix dafür", sagte sie leise. „Verzeih', daß ich gefragt hab'! Dabei hätt' ich mich lieber bei dir bedanken sollen! Du bist es gewesen, der den Jörg und den Alten gerettet hat. Ein anderer als du hätt's vielleicht nicht geschafft. Und zum Dank werfen sie dir vor, daß d' dir vom Teufel hätt'st helfen lassen..."

„Gibt keinen Teufel, gibt keinen Herrgott – gibt bloß die schlechten und die guten Menschen", erwiderte der Hiasl. „Aber das verstehens' nicht, die Hanswursten. Sind blöd und werden noch lang' blöd bleiben. Noch hundert Jahr', noch zweihundert Jahr', dann erst wird's vielleicht ein bissl besser werden mit ihnen. Aber dann werden wir nicht mehr da sein, Buchingerin. Du nicht und ich nicht, und auch nicht dein Alter und nicht der Jörg – und unsere Welt auch nicht mehr."

Schon wieder schaute die Buchingerin ganz erschrocken drein. Doch dann fiel ihr Blick auf den Jörg und ihren Ehegatten, und sie sah, daß die beiden ganz friedlich eingeschlafen waren. Es war einfach so, auch wenn sie es wiederum nicht begreifen konnte.

Aber in den hellen Augen des Hiasl stand plötzlich ein unendlich sanftes Lächeln. „Siehst', es geht ihnen schon besser", sagte er. „Jetzt können wir sie allein lassen. Wir zwei können hinunter in die Stub'n gehen. Können uns jetzt ausruhen."

Später, als der Hiasl gegessen und Bier getrunken hatte, fragte die Buchingerin: „Und was wird jetzt mit den Holzscheitern droben am Rabenstein?""

„Die kann sich der Kißling selber holen, wenn er mag", versetzte der Hiasl. „Ich bring' sie ihm auf jeden Fall nicht ins Schloß!"

„Dann wird er uns den Büttel auf den Hals schicken, weil wir unsere Pflicht nicht erfüllt haben", jammerte die Buchingerin.

Doch der Hiasl schüttelte bloß wegwerfend den Kopf. „Nix wird er machen", erklärte er. „Weil er sich nicht traut. Weil er weiß, daß die Bauern rebellisch werden könnten, wo eh schon zwei von ihnen verunglückt sind. Deswegen bleibt der Buchinger-Hof in diesem Jahr frei von der Fronlast."

„Wer's glauben könnt'!" sagte die Buchingerin zweifelnd.

„Kannst es schon glauben", bekräftigte der Hiasl.

*

In der Tat kam es dann so. Der Kißling auf Schloß Rabenstein versuchte zwar, sein vermeintliches Recht bei den Bauern im Dorf durchzusetzen, indem er von ihnen verlangte, daß sie die Fron, die auf dem Buchinger-Anwesen lag, nun anstelle der Verletzten erfüllen sollten. Doch als die Bauern daraufhin wütend zu raunzen begannen und meinten, der eine Unfall sei wirklich schon genug, da schickte der Kißling ein paar von seinen eigenen Knechten auf den Rabenstein hinauf und ließ die noch immer dort oben verstreute Schlittenlast von ihnen bergen und ins Schloß schaffen. Wäre der Stoaberger nicht mit im Spiel gewesen, so hätte sich der Adlige vielleicht nicht so nachgiebig gezeigt. Doch der Ruf des Hiasl reichte längst auch schon hinein in das Kabinett des Kißling; auch dem Schloßherrn war der Sonderling unheimlich, und vielleicht fürchtete er ihn sogar insgeheim. Die Rabensteiner Bauern und auch der Stoaberger selbst hatten den Nutzen davon, und der Hiasl hätte eigentlich ganz zufrieden sein können. Dies um so mehr, als der alte Buchinger tatsächlich nach vierzehn Tagen schon wieder auf den Beinen war und auch das gebrochene Bein des Jörg problemlos heilte. Doch als die Spätherbsttage im Dezember nun immer kürzer wurden, wurde der Hiasl selbst immer unlustiger und rastloser – und schuld daran war seine Sehnsucht nach dem Vorwald, beziehungsweise nach der Barbara, nach der er sich den ganzen Sommer und Herbst über so gesehnt hatte, und auf die er nun noch weitere Monate verzichten mußte. Denn er hatte versprochen, daß er in Rabenstein bleiben und in der Notlage dort weiter seine Arbeit als Knecht tun würde, und vor diesem Versprechen konnte er sich nicht drücken, auch wenn es ihm darüber schier die Luft abschnürte.

Bis weit in den Dezember hinein litt er klaglos. Aber es brannte und kochte in ihm, und oft lag er jetzt in den stockdunklen Nächten lange wach. Manchmal kam es ihm vor, als sei die junge Frau bei ihm; er glaubte dann, ihren heißen Körper zu spüren, wie er sich an den seinen preßte, und dann schrie und gellte es förmlich in ihm nach ihren Brüsten, ihren Schenkeln, ihrem Schoß. Wenn er dann auffuhr und merkte, daß sie nicht da war, daß er allein in seiner unendlichen Sehnsucht gebrütet hatte, dann konnte es leicht geschehen, daß er einmal mehr aus der unerträglichen in die geheimnisvolle Dimension der Anderwelt floh. Dann war wieder das Rauschen und Pochen in seinem Schädel da, das Sausen, Sirren und Sumsen, das Hallen, das Tosen – und in manchen Nächten trieben ihn jetzt die Gesichte weit, unendlich weit fort. Wieder war er dann auf dem Rabenstein, auf dem früheren Galgenberg, und wieder sah er dann das Fleisch der Gehenkten in der Zeit zerfließen, sah die Gebeine zu Boden sinken und hörte die Knöchelchen klappern, und dann mochte es sein, daß er noch weiter wegrauschte, daß er über Myriaden von Galgenbergen und Galgenbäumen hinwegschoß, daß er sie aufgereiht sah wie eine endlose Kette menschlicher Bosheit und menschlicher Herzlosigkeit, und die Kette des Grauens und des Leidens reichte dann zuletzt über Kontinente und über Meere hinweg und schlang sich wie ein Würgestrick um das gesamte stöhnende Antlitz der Erde.

Und am Kettenstrick hingen die Armen, die Unterdrückten, die Gutherzigen, die Dummen, die Hilflosen, die Schwachen, die Barmherzigen, die Aufrechten, die Rebellen, die Ohnmächtigen – während unter ihnen, auf Bergen von Totenschädeln und klapperndem Totengebein, die anderen jauchzten und tanzten: die Mächtigen und Herzlosen, die Adligen, die Büttel, die Fürsten, Könige und Barone, die Kißlings und all die anderen auf den Schlössern, dazu die Kirchenmänner, die Päpste, die Kardinäle, die Bischöfe, die Prälaten, die Äbte, die Pfaffen und die Mönche, die unter ihren Tiaren, Glatzen und Käppchen nicht besser waren als die anderen unter ihren Kronen und Helmen, und die einen hatten sich mit den anderen verbündet und verschworen; sie spielten ihr Todesspiel, ihr Mörderspiel Hand in Hand; sie würgten und drosselten und stachen und schnappten und bissen und rissen fort und fort, mordeten und tobten im Namen ihres Gottesgnadentums oder ihres Gottes, je nachdem, doch in ihren Himmeln schwebten und baumelten und tanzten lediglich die Leichen ihrer Opfer; ansonsten waren ihre Himmel leer, und über den bleckenden Schädeln ihrer Opfer gab es nichts mehr als hallende, herzlose Leere, nichts weiter mehr als das eiskalte Schweigen des Kosmos.

Der Seher erblickte diese Kälte und Leere in diesem Dezember oft in seinen schauerlichen Wahrträumen, doch ebensooft schlug ihm die grenzenlos hallende Dimension dann wieder um, und der Mühlhiasl raste mental dann in eine ganz andere Weltenmöglichkeit hinein. Dann stürzten und brachen die Kettenstrikke, dann wurde, mit einem einzigen Wischer, das Unterste zuoberst gekehrt, dann verzichteten und verpufften die adligen und klerikalen Mördergestalten, dann floß das Fleisch der Unterdrückten auf die Gebeine der Geschändeten und Ermordeten zurück, dann bildete sich eine ganze Menschheit Glied um Glied neu aus, und über der Erde, von Kontinent zu Kontinent und von Meer zu Meer, brach ein Licht auf und blühten Blumen auf, und über die Erde gingen nun auf einmal angstfrei die Kleinen, und sie taten nichts im Namen von Göttern und Götzen, sie trugen weder Kronen noch Helme noch Tiaren, sie hatten nichts als ihre arglosen Augen, und wenn sie dann diese Augen zum Himmel richteten, hinein in den Kosmos, der zuvor – unter der Herrschaft der anderen – nur hallende, herzlose Leere gekannt hatte, dann veränderte sich dieser eben noch sterile Kosmos und füllte sich an mit Wärme und Leben, begann zu singen und zu klingen – und wurde eins mit der Menschheit, und die Menschheit wurde eins mit ihm, und alles war eine Seele: der gleichwertige Geist aller Lebewesen und aller Welten.

Oft sah der Hiasl auf diese Weise den Kosmos sich verändern, sich hin zum Erträumten wandeln, und wenn er dies sah, wußte er – für einen Schlag seines Herzens lang – auch, woher seine Träume, seine Visionen, sein Wissen ihm kamen, denn dann war er eins mit jener Dimension, die von den Mächtigen und den Pfaffen in ihrer Kleingeistigkeit niemals gedacht und damit auch nicht erlebt werden konnte. Und während das Jahr 1784 sich nun allmählich seiner Mittwinternacht näherte, wurde der Seher vom Rabenstein immer unruhiger und rastloser, und am Tag vor der längsten Nacht des Jahres stand er, ohne daß er es eigentlich beabsichtigt hatte, vor jenem leeren Futtertrog im Rinderstall, in dem er Monate zuvor seine Schnitzwerke abgelegt hatte, jene seltsamen Schnitzwerke aus neunerlei Holz – und jetzt begannen seine Hände sie wie von selbst zusammenzufügen.

Ein Schemel entstand, nicht wie von einem biederen Handwerker gemacht, sondern von einem Träumer, einem Künstler, einem mit irrlichternder Phantasie. Nur widerwillig schienen sich die Stücke aus Ahorn-, Buchen-, Linden- und Tannenholz, von Fichte, Wildkirsche, Birne, Lärche und Eiche zusammenfinden zu wollen – und fanden sich zuletzt doch. Sperrig und widerborstig ragte das eine Stück, weich wie ein Traumbild bog sich ein anderes; Sprödes kam zum Nachgiebigen und Starkes zum Schwachen; Spannung schien da zu knistern und Harmonie dort zu schwingen; selbst von seiner Farbe her war kein Holz wie das andere; neunfach facettiert in Gestalt, Maserung und Lichtbrechung stand das heidnische Trumm zuletzt im glühenden Licht der Stallaterne da.

Einen halben Tag und eine halbe Nacht hatte der Mühlhiasl, der Stoaberger, an seinem Schemel aus neunerlei Holz gebosselt, jetzt, als die Nacht genau halb zwischen Abend und Morgen hing, trug er ihn hinauf auf seine Kammer – und plötzlich wurde ihm klar, daß er nicht wußte, was er eigentlich mit ihm anfangen sollte. So kroch der Hiasl ganz einfach auf seinen Strohsack, zog die Rupfendecke über sich und schlief ein. Doch im Schemelholz knackte und knisterte es leise bis hinein in den spät anbrechenden Morgen.

Das Schemelholz knackte und knisterte auch in den folgenden Nächten, in denen der Hiasl wie ein Toter im Bett daneben schlief. Er schlief in diesen Nächten endlich wieder traumlos; fast war es, als saugte das neunerlei Holz die Traumbilder, die ihn in den Wochen zuvor so hart bedrängt hatten, weg von ihm, als saugte das neunerlei Holz all dies in sich selbst hinein. Und das Knacken und Knistern schien lauter zu werden, Nacht für Nacht. Tagsüber tat der Hiasl seine Arbeit wie immer, doch er tat sie noch stummer und in sich gekehrter als sonst. Ein Teil seines Wesens schien auch im Tageslicht von steinschwerem Schlaf befallen zu sein. Als dann aber der Mettentag kam, entstand aus dem seelischen Steinschlaf des Hiasl manische Aktivität. Immer gehetzter rannte er an diesem Tag, dem vierundzwanzigsten Dezember des Jahres 1784, im Haus und auf dem Hofplatz herum, und mit der einbrechenden Dunkelheit war er dann plötzlich verschwunden.

Die Buchingers hatten es bemerkt, zerbrachen sich aber nicht weiter die Köpfe deswegen. Der Hiasl hatte schon immer seine Launen und Mucken gehabt, schon als Kind. Und in der Mettennacht pflegte es auch andere als ihn umzutreiben. Kaum einer war ganz normal in jener Nacht und in den Nächten, die ihr vorangingen oder ihr folgten; die Christen nicht und auch die nicht, die in ihren Herzen heidnisch geblieben waren. Viele Menschen wurden um die Zeit der Wintersonnenwende durcheinandergewühlt: Unbewußt reagierten sie auf das Umschwingen, auf die sich jetzt anbahnende Erneuerung der Natur; sie spürten, daß das Jahr seinen tiefsten und dunkelsten Punkt durchlaufen hatte, daß das Licht von jetzt an wieder wachsen wollte, und genau das – nichts anderes – ging nicht spurlos an ihnen vorüber. Deswegen zerbrach sich auf dem Buchinger-Hof jetzt auch keiner den Kopf darüber, wohin der Hiasl gegangen war und was er in der Mettennacht treiben würde. Die alte Buchingerin hatte einen Wachsstock aufgestellt und murmelte im flackernden Kerzenlicht ihre katholischen Litaneien, ihr Gatte trank fröhlich Bier und der Jörg massierte, Stunde um Stunde, seinen Haxen, dessen Schienbein zwar wieder zusammengewachsen war, der aber noch immer kaum belastet werden durfte. Später in der Nacht dann schob sich draußen auf dem Gehweg manchmal ein Schatten vorbei und verschwand wieder. Es waren Bauern und Häusler aus Rabenstein, die zur Mette nach Zwiesel hinüber unterwegs waren.

Unterwegs, seit vielen Stunden, war auch der Hiasl. Als er das Haus so plötzlich verlassen hatte, war er zunächst ein Stück auf den Rabenstein hinaufgelaufen, und dort, auf halbem Weg zwischen dem Schloß und der uralten Galgenstätte, hatte er nicht nur bemerkt, daß er den Schemel aus neunerlei Holz mit sich trug, sondern er hatte plötzlich auch das Ziehen und Zerren gespürt, das von dem vielfachen Holz ausging, das mentale Ziehen und Zerren, das dem einer Wünschelrute ähnelte, das ihm vom Holz her ins Gehirn zuckte und dann zurück in die Hände – und das ihn dann weitergezerrt hatte, in einen weiten Bogen hinein und dann wieder vom Berg herunter, in eine ganz andere Richtung als zuvor.

Der Hiasl hatte den Rabenstein an seinem Fuß umgangen, nach wie vor den Schemel aus neunerlei Holz in der klammen Hand, und dann war er plötzlich drüben in Klautzenbach gewesen. Dort, im Schutz des Waldrandes, hatte er verharrt und gewittert wie ein Wildtier, hatte scheu und verwirrt hinüber nach den Häusern gespäht. Und dann hatte das neunerlei Holz erneut zu zucken und zu zerren begonnen und hatte ihn weitergetrieben – und jetzt sah der Hiasl die Lichter des Zwieseler Marktfleckens vor sich. Er hielt den Schemel wie einen Schild vor die Brust und lief weiter, nunmehr direkt ins Herz der großen Waldsiedlung hinein.

Als die Kirche mit ihrem Backsteinturm vor ihm aufragte, sah er hoch oben im Nachthimmel, im Wolkenziehen Waldbäume rauschen, Birken mit schaumheller Rinde, doch das Sehen währte diesmal nur einen Lidschlag lang, und der Hiasl vergaß es sofort wieder. Er beutelte sich nur kurz ab, als hätte ihn etwas Unangenehmes gestreift, und dann lief er im Turmschatten weiter, während das neunerlei Holz in seinen Fäusten jetzt ärger zuckte und zerrte denn je. Und es zerrte ihn mitten in das monotone Menschengemurmel hinein, das dumpf aus dem Kircheninneren drang.

Das Mettenamt war in vollem Gang. In seinen protzigen Sakralgewändern stand vorne am Altar der Pfarrer von Zwiesel, zwei Kapläne konzelebrierten ihm. Ministranten umzirkelten im Halbkreis die Kleriker, die keinen Blick für das murmelnde, betende, streng riechende Volk hatten, das hinter ihnen in den Bänken kniete.[39] So sah keiner der Kleriker und auch keiner der Ministranten den Mühlhiasl, den Stoaberger, als er sich nun mit seinem Schemel aus neunerlei Holz durch die Reihen der Waldmenschen drängte, als er sich immer weiter nach vorne schob, bis er genau die Mitte des Kirchenschiffes erreicht hatte. Auch von den Beterinnen und Betern blickte kaum jemand auf, nahm zuerst kaum einer Notiz; in ihren Augen, so sie ihn überhaupt wahrnahmen, war der Hiasl lediglich ein Zuspätgekommener, der im Wirtshaus oder anderswo den Beginn der Christmette versäumt hatte.

Doch dann wurden die ersten unruhig. Denn der Stoaberger – jetzt wurde er auch von der einen oder dem anderen erkannt – setzte plötzlich seinen seltsamen Schemel hart auf das Steinpflaster des Mittelganges, dann ließ er sich, nach einem spöttischen Blick auf die geruhsam weiterzelebrierenden Kleriker, auf dem gleichzeitig regellos und harmonisch zusammengefügten Gebilde nieder. Doch er setzte sich nicht etwa so hin, daß er den Altar im Auge hatte, sondern er wandte dem barockprotzigen Holz- und Gipsbau samt den dort tätigen Pfaffen auf höchst wegwerfende Weise die Kehrseite zu. Und da saß er nun, die Beine in den abgewetzten Lederhosen'spitz hochgewinkelt, die Ellenbogen an den Leib gezogen und das wilde, hagere Gesicht verschattet unter dem abgegriffenen Hutfilz. Und aus dem Hutschatten heraus starrte er auf das Kirchenvolk, auf die Gläubigen, auf die Christen, und sein Blick, den keiner überhaupt klar und deutlich wahrnehmen konnte, schien trotzdem drohend und über die Maßen gefährlich zu sein.

Ein paar Männer, unter ihnen der Büttel von Zwiesel, wollten sich aus den Bänken schieben, wollten auf den, der da so offensichtlich und unverschämt die sakrale Handlung störte, losgehen. Doch mitten in der Bewegung, halb noch in den Kirchenbänken hängend, halb schon aus ihnen draußen, erstarrten sie, zögerten und wichen dann wie verschreckt zurück. Denn über dem Schemel aus neunerlei Holz hatten sich die mageren, hornigen Hände des Hiasl wie von selbst zu Fäusten geballt, hingen nun schwer in der weihrauchgeschwängerten Luft und schienen die anderen zu lähmen.

Das Kirchenvolk wagte, egal ob Frauen oder Männer, keinen Mucks mehr. Nur die Kleriker und die Ministranten vorne im Presbyterium hatten noch immer nichts bemerkt. Dünn bellte das Latein des einen gegen die hallende Altarfront an. Doch keiner im Kirchenschiff schaute mehr auf ihn, alle starrten sie jetzt wie gebannt auf den Stoaberger. Und der starrte zurück, sah das Meer ihrer Gesichter, spürte das neunerlei Holz unter sich knistern, knarzen und sprotzeln, und dann verschwammen ihm die Gesichter der Kirchgänger von Zwiesel vor den Augen; auf seinen Menschenaugen wurde der Hiasl blind, aber dafür öffnete sich ihm jäh sein Drittes Auge.

Die unerträgliche Spannung, die neunfach im Holz lag und jetzt aus dem Holz schlug, hatte es ihm aufgerissen, hatte ihn einmal mehr über Menschenmaß hinaus sehend gemacht. Nacht um Nacht hatte das neunerlei Holz etwas aus ihm herausgesaugt, jetzt strömte all das in den Seher vom Rabenstein zurück. Es strömte in ihn zurück, was ihn seit Wochen und Monaten gequält hatte, doch es strömte noch mehr in ihn hinein: Alles, was die Bäume je gesehen und erlebt hatten, ehe der Hiasl je ein Teil von ihnen genommen und zum Schemel geschnitzt und geformt hatte, und hinzu kam all das, was in jenen Bäumen gewesen war, die vor den anderen auf der Erde gestanden hatten. Die Bäume, das neunerlei Holz, das aus ihnen entstanden war, sprengten die Dimensionen von Raum und Zeit, ließen den Raum für den Seher grelldunkel und endlos werden, ließen die Zeit einmal mehr kippen, wirbelten Vergangenheit, Gegenwart und Zukunft dermaßen durcheinander, daß kein Ende und kein Anfang mehr waren, daß die ewige Spirale sich bilden konnte, daß der ewige Kreislauf sich enthüllte.

Stärker und stärker wurde die Spannung im neunerlei Holz und im Seher, und zuletzt formte sich diese Spannung zu Worten aus, zu hastig und wie bellend hervorgestoßenen Satzfetzen und Sätzen, und der Stoaberger keuchte sie in das ihm jetzt nicht sichtbare Meer der bleichen Menschengesichter hinein, rotzte das Unerhörte aus sich heraus, während jetzt auch die Kleriker in seinem Rücken erschrocken herumfuhren, während sie glotzten und einmal mehr nicht begriffen, was in Wahrheit geschah.

„Die Kleinen werden groß und die Großen klein!" bellte der Stoaberger, und sein Drittes Auge sah noch einmal den Schlitten im Rabensteiner Wald umstürzen, sah noch einmal den Jörg und den Buchinger bluten, die beiden Fronknechte, aber gleichzeitig sah der Stoaberger jetzt auch das Rabensteiner Schloß stürzen und auseinanderfallen, und er sah den Kißling, wie der Wald und die Steintrümmer ihn zerschmetterten; er sah, wie der Kißling verging und die kleinen Fronknechte, jetzt groß, über die Stelle hinschritten, wo der Adlige im Baummoder und im Steingrus bereits gänzlich verschwunden war. Und er sah das Bild ausufern, weltweit, und er sah, wie weltweit die Kleinen über die

Großen kamen. Und dann sah er plötzlich die andere Seite, sah die Welt sich erneut umwälzen; er sah die Kleinen wiederum von einem Großen beherrscht, von einem, der selbst klein gewesen und von den anderen zu einem Großen gemacht worden war, und nun war er als Großer ebenso arg wie die anderen Großen vor ihm, und er ließ das Land wiederum in Trümmerschutt und Blutsumpf stürzen.

„Dann wird sich's zeigen, daß der Bettelmann auf dem Roß nicht zu derreiten ist!" bellte der Stoaberger – und sah die Mörderschnauze des Bettlers und Großen vor sich: eine heulende Schnauze, eine trommelnde Schnauze, über der ein Bärtchen wie ein Fliegenschiß klebte.

Gleichzeitig brach in die Vision des Stoabergers etwas anderes ein. Es war die Stimme des Zwieseler Pfarrers: „Bist' vom Teufel besessen, du Hundskerl?! Was hast' zu suchen im heiligen Gottesdienst?! Raus mit dir auf der Stell' aus der Kirch', du Saubär, eh' ich dir den Schädel einschlag'!"

In der Tat hatte der Kleriker die Monstranz, mit der er eben die Wandlung hatte zelebrieren wollen, fahren lassen und griff jetzt nach dem Ständer der schweren Osterkerze, die neben dem Altar aufgebaut war. Doch der Stoaberger drehte sich auf seinem Schemel aus neunerlei Holz noch nicht einmal zu dem tobenden Pfaffen um – und brachte ihn dennoch ebenso zum Schweigen und zum Zittern wie zuvor den Zwieseler Büttel und dessen Mitläufer.

„Die Kleinen werden groß und die Großen klein", keuchte er noch einmal heraus, „und auch die Pfaffheit wird's merken! Haben auch die Pfaffen immer und überall zu den Großen gehört. Aber bald wird der Glaub'n so klein werden, daß man ihn unter einen Hut hinein bringt! So klein werden wird er, daß man ihn mit einem Geißelschnalzen vertreiben kann!" Jetzt drehte er sich halb um, den Klerikern entgegen, die ihn wie den Leibhaftigen ihrer verworrenen Theologie anstarrten. „Sieben geistliche Herren" – er spuckte ihnen die beiden letzten Wörter förmlich hin – „werden in Zwiesel eine Mess' lesen, und bloß sieben Leut' werden's anhören!"

Der Pfarrherr kreischte ängstlich auf, aber der Stoaberger war noch immer nicht fertig. „Der Glaub'n wird so klein werden, daß man ihn unter einen Hut hinein bringt", wiederholte er. Und zischelte weiter: „Den Herrgott werden s' von der Wand reißen und im Kasten einsperren. Kommt aber eine Zeit, da werden sie ihn wieder hervorholen, aber es wird zu spät sein, weil die Sach' ihren Lauf nimmt..."

Er brach ab. Er sah die Kreuze stürzen, die geschnitzten und bemalten Götter- und Heiligenbilder, die Kirchen dazu. Er sah die endlosen Rotten der Pfaffen, wie es sie jetzt noch gab, dann sah er, wie diese schwarzen und braunen Rotten, die Pfarrerkleider und die Mönchskutten, sich ausdünnten, wie einer um den anderen hinfiel und nicht mehr aufstand, wie die Dörfer und bald auch die Märkte und Städte ohne Pfaffheit lebten, wie selbst die Kirchtürme verschwanden und nicht länger den Himmel und die ewigen Wolken, die dort oben zogen, zernadelten. Dann sogen diese Wolkenlandschaften das Dritte Auge des Sehers in sich ein, sogen seine Visionen auf, und mit einem wehen Seufzer fand sich der Stoaberger auf seinem Schemel aus neunerlei Holz mitten im Kirchenschiff wieder.

Jetzt sah er auch das entsetzte Gesichtermeer um sich herum wieder, die Visagen, die sich jeden Augenblick auf ihn stürzen konnten, jetzt, da der Bann gebrochen war, und er sah, aus dem Augenwinkel heraus, wie sich die drei Kleriker, dazu die Ministranten, gegen ihn heranschoben. Haß, Wut und sogar Mordgier sah er in den Pfaffenaugen, auch in den Augen vieler anderer, in anderen jedoch auch Erstaunen, Wissen und Ahnen. Doch das eine war zupackend und das andere nur zaghaft; wenn sie jetzt über ihn hergefallen wären, dann wäre sein Leben keinen Schuß Pulver mehr wert gewesen.

Aber es kam nicht dazu. Als hätte es ihn überhaupt nie gegeben, war der Stoaberger plötzlich, scheinbar innerhalb der Zeit eines einzigen Lidschlages, aus der Kirche verschwunden. War hinausgewischt, so leichtfüßig, wie er sonst im Wald lief, und auch der Schemel aus neunerlei Holz stand nicht mehr da, auch den hatte der Stoaberger mitgenommen. Und nun, ehe die Kirchgänger und die Kleriker überhaupt Worte fanden, war der Hellseher draußen in der Nacht verschwunden, hatte sich schlucken lassen von der Nacht, die seine eigentliche Heimat war. Und obwohl sie ihn später suchten, auch im Rabensteiner Häusl drüben, fanden die Zwieseler den Stoaberger nicht mehr.

Er hatte sich in den Wald verdrückt, lebte – der Winterkälte nicht achtend – mehrere Nächte und Tage im Dickicht, in ausgehöhlten Baumstämmen und in winzigen Granithöhlen; er überlebte dort, weil er schon immer eins mit der Natur gewesen war, weil er sie kannte und nicht fürchtete. Erst als die Rauhnächte vorüber waren, als der Aufruhr in Zwiesel sich gelegt hatte und wieder der Alltag eingekehrt war, schlich sich der Hiasl nach Rabenstein zurück. Tauchte ebenso unvermittelt dort wieder auf, wie er verschwunden war, und nahm wortlos seinen Platz als Knecht wieder ein. Den Schemel aus neunerlei Holz freilich hatte er jetzt nicht mehr bei sich. Den hatte er, einem inneren Befehl gehorchend, irgendwo in der Waldwildnis wieder auseinandergenommen, hatte die einzelnen Stücke dann der Muttererde zurückgegeben.

Die Buchingers, die selbstverständlich von dem erfahren hatten, was sich in der Mettennacht in der Zwieseler Kirche zugetragen hatte, kannten den Hiasl inzwischen gut genug, um ihn nicht darauf anzusprechen. Sie ließen ihn in Ruhe, und der Hiasl tat seine Arbeit bis ins Frühjahr hinein und fragte nicht danach, was die anderen Menschen im Umkreis von Rabenstein und Zwiesel ihm nachsagten. Er fragte nicht nach dem, was sie über ihn zu tuscheln und zu lästern wußten, und es interessierte ihn auch nicht, was die eine oder der andere vielleicht an Lobendem über ihn äußerten. Es berührte ihn nicht, daß sein ungewöhnlicher Ruf sich jetzt noch weiter festigte, daß er dadurch noch berühmter und gleichzeitig noch mehr zum Außenseiter wurde.

Er tat seine Arbeit, und im späten März, als der Jörg keine Nachwirkungen des Beinbruchs mehr spürte, verabschiedete er sich von den Buchinger-Leuten. „Jetzt werden wir uns viele Jahre nicht mehr sehen", sagte er zuletzt, den einen Fuß schon über der Türschwelle.

Die Waldbauern nahmen es hin. Es war nichts zwischen ihnen und dem Stoaberger abgesprochen worden; jedes Jahr bisher, seit er neun gewesen war, war er gekommen, gegangen und wiedergekommen, doch von nun an würde es eben nicht mehr so sein. Viele Jahre würden über das Waldgebirge hinstreichen, und den Stoaberger würde man lange nicht mehr in der Gegend um den Rabenstein sehen. Unverrückbar fest stand dieses Wissen für die Buchingers, denn der Hiasl hatte nicht mit seiner normalen

Stimme zu ihnen gesprochen, sondern mit der anderen, der zischelnden, der bellenden, und deswegen gab es auch nichts mehr dagegen zu sagen.

Das alte Paar und der Jörg blickten ihm lediglich lange nach, als der Stoaberger in Richtung auf Klautzenbach hinüber verschwand.

Später, während der Hiasl bereits den Schwarzacher Wald durchquerte, zog über Rabenstein unvermittelt und jäh eines der seltenen Frühjahrsgewitter auf. Zwischen dem Buchinger-Häusl und dem Schloß arbeitete einer in seinem Baumgarten, hatte die Erde unter einem Birnbaum gelockert und schaufelte Dung in die Furche. So vertieft war er in seine Arbeit, daß er das schnell aufziehende Gewitter überhaupt nicht bemerkte. Er sah auch nicht, wie der Blitz aus der Wolke zuckte und blickte erst auf, als der Feuerstrahl reißend und krachend zuerst in die Krone und dann in den Stamm des Birnbaumes fuhr.

Doch da war es bereits zu spät für den Bruder der Frau, die sich im Spätherbst, als die beiden Buchinger-Männer das Unglück im Wald gehabt hatten, mit dem Stoaberger angelegt hatte. Der Blitzschlag schmetterte den Baumstamm auseinander und schleuderte ihn über den Rabensteiner Bauern, und der Mann wurde so unglücklich am Schädel getroffen, daß er gerade noch einen heftigen und pfeifenden Atemzug lang lebte.

Wenig später fand ihn seine Schwester und erinnerte sich aufheulend daran, was der Stoaberger ihr im vergangenen Herbst vorausgesagt hatte. Damals war sie lediglich wütend auf ihn gewesen – jetzt wußte sie es besser.

Während die Kunde von dem Unglück und der Prophezeiung sich in Windeseile in der Zwieseler Gegend verbreitete, erreichte der Stoaberger – oder Mühlhiasl, wie er in seiner eigentlichen Heimat im Vorwald jetzt wieder hieß – die Mühle von Apoig. Er ahnte nichts von dem Blitzschlag und erinnerte sich auch nicht mehr an das, was er vor Monaten der Rabensteiner Bäuerin gesagt hatte. Er konnte jetzt nur noch an Barbara denken, die er mehr als ein halbes Jahr nicht mehr gesehen und nicht mehr gespürt hatte.

Die Sehnsucht nach ihr war jetzt so übermächtig geworden, daß es ihn nicht länger als eine Stunde bei den Eltern in der Mühle hielt. Noch in der gleichen Nacht lief er weiter nach

Racklberg. Als die Barbara ihm ihr Kammerfenster öffnete, als er endlich wieder bei ihr lag, da wurde aus dem verschrobenen Waldmenschen, der er einen ganzen Herbst und einen ganzen Winter lang gewesen war, schlagartig wieder ein ganz normaler Mann.

Schon nach wenigen Tagen nahmen die Dunkeläugige und ihr herumtreiberischer Liebhaber ihr altes Leben wieder auf. Die Barbara arbeitete ein wenig in Racklberg, der Hiasl ein wenig in Apoig, doch wann immer es ihnen möglich war, trafen sie sich jetzt wieder in der Oberen Klostermühle von Windberg. Und sie liebten sich und schliefen neben dem duftenden Heuhaufen im Stallbau, und die Erinnerungen an den Rabensteiner Wald trieben dem Hiasl allmählich weiter und weiter weg.

Bruderzwist

Eher ruhig verging das Jahr 1785 für den Mühlhiasl und seine Dunkeläugige. Da er am Rabenstein drinnen jetzt nicht mehr gebraucht wurde, sah es ganz so aus, als würde der Hiasl zu Beginn seines vierten Lebensjahrzehnts nun langsam seßhaft werden, als seien seine herumtreiberischen Zeiten allmählich vorbei. Nur selten noch suchten ihn in diesem Jahr seine Gesichte heim, und wenn es doch einmal geschah, dann witterte im Grunde lediglich etwas nach, was sich in den Jahren vorher viel greller und deutlicher gezeigt hatte. Neue Prophezeiungen rauschten dem Mühlhiasl jetzt nicht mehr durch den Schädel; nur manchmal wiederholte er murmelnd – und wie erstaunt über sich selbst – die alten.

Daran änderte sich auch im Jahr 1786 nichts; in jenem Jahr, in dem Johann Wolfgang von Goethe durch Bayern reiste. Von Böhmen, von Karlsbad her, kam der Dichter in den ersten Septembertagen nach Waldsassen, kutschierte dann über Tirschenreuth und Weiden weiter nach Regensburg. Dort logierte er im „Gasthaus zum Weißen Lamm" unmittelbar an der Donau, während ein Stück weiter stromabwärts und ebenfalls noch nahe der Donau die Hunderdorfer und die Windberger Mühle pochten. Goethe hielt sich nur kurz in Regensburg auf; schon am sechsten September dieses Jahres 1786 reiste er weiter nach München. In der Oberen Klostermühle, wo der Hiasl sich an diesem Tag aufhielt, ahnte man nichts von dem gesellschaftlichen Ereignis in Regensburg. Der Hiasl half seinem Bruder Johann ein paar Stunden im Mahlgang, dann kam von Racklberg herüber die Barbara, und die beiden verschwanden im sich allmählich herbstlich einfärbenden Wald. Der Hans, inzwischen siebenundzwanzig Jahre alt, starrte ihnen nach. In seinen Augen lag Mißgunst, doch auch das war nichts Besonderes; die „wilde Ehe" zwischen dem Hiasl und der Bärbl stieß ihm schon seit Jahren immer wieder auf, doch machen konnte er nichts dagegen, solange die Alten auf der Oberen Klostermühle, der Onkel und die Tante, es duldeten. An diesem Tag jedoch hatte der Hans eine Idee, und wenn sie zunächst auch bloß vage und verschwommen in seinem Schädel keimte, so ließ er sie doch nicht wieder fallen, weil er ahnte, daß ihm damit möglicherweise ein Mittel gegen die vermeintliche Unkeuschheit seines Bruders und der Barbara in die Hand gegeben worden war.

Johann Lang, ein viel dumpferer und schwerfälligerer Denker als sein leichtlebiger und hellseherischer Bruder, benötigte eineinhalb Jahre, damit die Idee, die ihm im Herbst 1786 zunächst noch vage gekommen war, ausreifen konnte. Im Frühjahr 1788 war es dann jedoch soweit. Hunderte Male hatte der Hans sich während der vergangenen Monate vorgesagt, was er dem Hiasl vorzuhalten gedachte, und nun, an einem launischen Apriltag, sprach er es endlich aus.

Die beiden ungleichen Brüder hielten sich allein in der Stube der Oberen Klostermühle auf. Die Alten waren zu einer Beerdigung gefahren, Barbara wurde an diesem Tag in Racklberg drüben gebraucht. Draußen jagten gleichzeitig Dunkelheit und Licht über den scheckigen Himmel. Und unvermittelt, wenn auch eineinhalb Jahre lang vorbereitet, brach es aus dem Hans heraus: „Weil du so ein Sündenbeut'l bist, bringst' mich eines Tages noch um mein Erbe!"

Der Hiasl, sonst gar nicht begriffsstutzig, verstand nicht gleich. Er hatte gerade wieder einmal an seine Dunkeläugige gedacht. Deswegen brummte er jetzt bloß: „Red' keinen Blödsinn daher! Eine Sünd' gibt's eh nicht, wenn sich zwei Menschen lieb haben, und erben tust' so oder so. Der Onkel und die Tant' hier auf der Oberen Mühl' haben keine Kinder und haben dir deswegen das Anwesen schon lang' versprochen."

„Und trotzdem geht mir die Mühl' durch die Lappen – wegen dir!" beharrte der Hans, wobei jetzt ein gefährlicher Unterton in seiner Stimme mitschwang. „Weil die Mönch' dir Apoig nicht lassen werden – und dann werd' zuletzt ich's sein, der wo den Schaden hat . . ."

„Jetzt mußt' mir aber schon erklären, was du damit eigentlich meinst!" sagte nun auch der Hiasl mit lauterer Stimme als bisher.

Der Hans rückte näher; auf der Tischplatte lagen seine verkrampften Fäuste. „Du sollst einmal die Apoiger Mühl' bekommen, ja?" fing er noch einmal an.

„So ist's mit unseren Eltern abgemacht", bestätigte der Hiasl.

„Aber die Apoiger Mühl' ist ein Stiftgut[40] vom Kloster her", raunzte Johann Lang. „Unsere Alten können das Sach' bloß dann an dich weitergeben, wenn die Geschorenen zustimmen." Jetzt schrie er plötzlich. „Aber das werden die Zisterzienser nicht tun, so lang du mit der Bärbl in der Sünd' lebst! Einen solchen werden die Pfaffen nie auf der Unteren Mühl' dulden..."

„Wie ich mit der Barbara leb', geht keinen was an!" schrie nun auch der Hiasl. „Dich nicht und auch die Pfaffen nicht! Da scheiß' ich euch was! Dir und auch den Geschorenen!"

„Ja, du scheißt mir was – und ins Unglück bringst' mich auch!" brüllte der Hans. „Denn wenn du nämlich die Apoiger Mühl' nicht kriegst, dann wirst' auf die Obere Mühl' scharf werden! Und weil du der Ältere bist, wirst' mich dann auch aus dem rausdrücken können, was nach Fug und Recht eigentlich mir gehört. Weil ich immer die zweite Geig'n hab' spielen müssen, wird's auch dann wieder so sein! Unsere Alten und die Oberen Müllersleut' werden dann halt sagen, daß du die Sach' hier weiterführen mußt. Das können sie dann auch, weil die Mühl' hier oben beim Kloster nicht bloß verstiftet ist, sondern dem Onkel und der Tant' als Eigentum gehört. Du bist dann der Ältere und hast das Recht – und ich bin der Depp! – Verstehst' jetzt endlich, warum deine hurerischen Nächt' mit der Bärbl mich mein Erb' kosten können?!"

Eben noch hatte der Hiasl dem Bruder versichern wollen, daß er kein Erbschleicher war, daß er nie im Traum daran gedacht hatte, den Hans um die Obere Klostermühle zu bringen, auch dann nicht, wenn es unten in Apoig vielleicht wirklich einmal Schwierigkeiten mit den Zisterziensern geben sollte. Eben noch hatte er einlenken wollen, trotz seiner Wut über die an den Haaren herbeigezogene Anschuldigung, doch jetzt war es zu spät. Denn der Hans hatte mit seinem letzten Satz die Liebe des Hiasl zur Barbara in den Dreck gezogen.

Außer sich fauchte der Ältere: „Das nimmst' auf der Stell' zurück!"

„Nichts nehm' ich zurück! Gar nichts!" brüllte der Hans. „Ein Saubär bist' und ein Betrüger am eigenen Bruder!" Eineinhalb Jahre lang hatte sich die Angst in ihm aufgestaut, jetzt brach sie entsetzlich grell aus ihm heraus. Er starrte den Hiasl an wie einen Feind, und seine Augen waren plötzlich blutunterlaufen.

Nicht viel anders sah der Hiasl aus. Auch in seinem Schädel rumorte jetzt die rote Wut, und nun schrie er, wobei er gar nicht mehr richtig wußte, was er da aus sich herausbellte: „Eine solche Sau wie dich müßt' man auf der Stell' erschlagen!"

„Erschlagen?! Du?! Mich?!" keuchte der Bruder – und dann zischelte er auf einmal bissig wie eine Natter: „Umbringen – das kannst' haben..."

Dann geschah alles blitzschnell. Der rechte Arm des jüngeren Bruders zuckte unter die Tischplatte hinein und kam im selben Augenblick auch schon wieder hoch. In der Faust des Mannes blitzte das Stilett, das er aus dem Stiefelschaft gerissen hatte. Und jetzt schnellte der Hans mit gezücktem Messer über die Tischplatte vor und stieß mit einem gellenden Wutschrei nach der Kehle des Hiasl.

Der andere warf sich mit aller Gewalt nach hinten. Samt seinem Stuhl krachte der Hiasl auf die Fußbodendielen. An seinem Oberarm, wo ihn die abgeirrte Klinge getroffen hatte, brannte etwas wie Feuer. Es brannte und wütete und raubte auch ihm den letzten Funken Verstand. Jetzt hatte der blutrote Irrsinn beide Brüder erfaßt.

Der Jüngere schoß um den Tisch herum. Hielt das Stilett schon wieder zum tödlichen Stoß gezückt, warf sich mit einem zweiten gellenden Schrei nun direkt auf den Hiasl. Wiederum nur um Haaresbreite konnte der ausweichen, rollte sich zur Seite, schnellte auf. Die Messerspitze nadelte tief in ein Fußbodenbrett. Ehe der Hans sie herausreißen und zum dritten mörderischen Stoß ausholen konnte, hatte der Hiasl hinter sich gegriffen und das schwere Kruzifix mit der daran befestigten hölzernen Jesusfigur von der Wand gerissen. Jetzt schwang er die halbmeterhohe Figur[41]) wie eine Keule gegen den Bruder und zog sie ihm mit aller Macht über den Schädel. Die bleichen Gliedmaßen des Gekreuzigten splitterten, Holztrümmer flogen weg; irgend etwas im Schädel des jüngeren Bruders knirschte gräßlich. Auf seiner Stirn platzte eine Wunde auf, darunter riß eine Augenbraue; das Blut quoll nur so. Dann brach der Hans wie tot zusammen, sein Körper streckte sich auf den Fußbodendielen, und er gab keinen Laut mehr von sich, kein Atemzug war mehr zu sehen oder zu hören.

Der Hiasl stand da wie gelähmt. Hielt noch immer das zerschmetterte Kruzifix in der verkrampften Faust, das Kruzifix, an dem nur noch Relikte der hölzernen Figur hingen, während Arme und Beine des Gekreuzigten um den Hans herum verstreut lagen. Lange stand der Hiasl so und konnte sich, wie unter einem Bann, nicht bewegen, und vom Schädel seines Bruders tropfte das Blut, tropfte und tropfte, wurde dann zähflüssiger und krustete ein.

Erst da kam der Hiasl wieder zu sich. Seine Faust öffnete sich mit langsamen Rucken, das zerschmetterte Kruzifix krachte zu Boden. Der polternde Laut gab dem Hiasl die Bewegungsfreiheit zurück. Er drehte sich um, rannte stolpernd weg, rannte aus der Stube und aus dem Haus. Ein Stück weiter den Bachlauf entlang stieß er auf die Müllersleute, die soeben von der Beerdigung zurückkehrten. Er lief wie gehetzt an ihnen vorbei.

„He, was ist denn? Was hast' denn!" rief ihm der Alte nach.

„Hin ist er! Erschlagen hab' ich ihn!" fauchte es fremd und rauh aus der Kehle des Hiasl. Dann hetzte er noch schneller weiter, setzte über den Bach, verschwand auf der anderen Seite im Wald.

Die Müllersleute schauten ihm entgeistert nach. Erst ganz allmählich begriffen sie den Sinn dessen, was der Flüchtende ihnen zugerufen hatte. Der Müller ließ die Peitsche knallen und jagte den Einspänner hinunter zum Haus. Als die beiden alten Leute in die Stube kamen, sahen sie den Hans verkrümmt in seinem Blut liegen.

„JessasMariaundJosef!" heulte die Frau auf. „Jetzt ist es so weit gekommen, daß der Bruder den Bruder umgebracht hat!"

Der Müller beugte sich über den blutbesudelten Körper. Untersuchte ihn, tastete an ihm herum, richtete sich endlich mit nacktem Grauen in den Augen wieder auf. „Lauf' zum Kloster!" befahl er seinem Weib. „Ein Pater muß wegen der letzten Ölung kommen! Und dann sollen sie auch hinunter nach Apoig schikken. Daß es die Eltern erfahren . . ."

„Und der Bärbl wird's auch einer sagen müssen, was der Hiasl getan hat!" jammerte die alte Frau, ehe sie sich aus dem Haus schleppte und den steilen Hohlweg hinauf zum Windberger Kloster anging.

In der Oberen Mühle kniete ihr Gatte bei dem blutbesudelten Körper und konnte und konnte es nicht glauben.

*

Der Wald war über ihm zusammengeschlagen, hatte ihn in sich eingesogen. Der Wald, in den sich der Mühlhiasl schon immer vor den Menschen geflüchtet hatte. Der Wald, der ihm mit all seinem Dunkel, all seiner schattigen Fremdartigkeit doch immer gewesen war wie ein Mutterschoß. Jetzt lief der Mühlhiasl durch den Wald wie ein Wahnsinniger. Zweige peitschten ihm das Gesicht, borkige Äste prügelten auf ihn ein; er lief weiter und weiter, torkelte gegen Felstrümmer, patschte in streng riechende Moortümpel hinein, kam einmal nur mit knapper Not wieder aus einem dieser saugenden, lebensgefährlichen Schlicklöcher heraus, taumelte und kroch weiter und brach zuletzt in einem Gewirr aus umgestürzten Stämmen und verstreuten Steinbrocken zusammen.

Von Windberg aus war er in einem einzigen rasenden Lauf bis in den Schwarzacher Wald gehetzt, und nun, da er sich im Windbruch verkroch wie ein waidwund geschossenes Tier, zog bereits die Nacht über die Wildnis herauf. Der Mann, der den eigenen Bruder erschlagen hatte, lag lange keuchend da; als sein Körper sich dann allmählich von dem wahnwitzigen Hetzlauf erholte, bedeutete dies keineswegs Erleichterung für ihn. Denn je mehr die Schmerzen, das Stechen, der Schwindel aus seinem Leib wichen, um so ärger brach nun die andere Qual, die nicht körperliche, in seinem Schädel auf; die Erinnerung an das, was er getan hatte, wühlte sich unaufhaltsam und scharf wie mit Messern in sein Gehirn zurück und schmerzte noch mehr, als der Körper des Mühlhiasl je hätte schmerzen können.

Wieder und wieder sah er das verzerrte Antlitz des anderen vor sich, wieder und wieder sah er den Dolch zucken und nadeln, wieder und wieder sah er sich selbst das Kruzifix heben, sah sich wieder und wieder zuschlagen, sah wieder und wieder den Schädel des Bruders aufplatzen, hörte wieder und wieder die Holztrümmer brechen und sah sie wieder und wieder wegregnen. Er wußte, daß er den Bruder in Notwehr erschlagen hatte; dennoch begriff er seine Tat nicht, wollte und konnte sie in seinem im Grunde guten und arglosen Herzen nicht begreifen, und die Erkenntnis, daß er die ungeheuerliche Tat trotzdem begangen hatte, trieb ihn in dieser Nacht beinahe in den Wahnsinn. Haarscharf entfernt nur noch lauerte in dieser Nacht der endgültige Absturz; der Bruder war tot, doch auch das Leben des Mühlhiasl hing in diesen endlosen Stunden nur noch an einem haardünnen Faden. Immer wieder entstand dem Mühlhiasl aus der entsetzlichen Seelenqual heraus der Wunsch, jetzt auch mit sich selbst ein Ende zu machen, um dadurch die unerträglichen Schmerzen zu löschen. Er stellte sich vor, wie seine eigenen Finger sich um seinen eigenen Hals krallten und zudrückten, bis sein Gehirn nichts mehr wußte; er stellte sich vor, wie er sich den eigenen Schädel an einem Felsblock einrannte; einmal kroch er sogar aus dem Windbruch heraus und kroch auf allen Vieren den Weg, den er gekommen war, ein Stück zurück, um sich in jenem Moortümpel, der ihn beinahe schon einmal eingesaugt hätte, zu ersäufen.

Auf halbem Weg blieb er jedoch liegen; er hatte begriffen, daß er es trotz allem nicht schaffen würde, daß seine Lebensgier noch immer stärker war als sein Lebensüberdruß – und er schämte sich entsetzlich deswegen. Doch er konnte nichts gegen seine Natur tun, denn die Natur hatte ihn von jeher stärker als andere Menschen bestimmt, und so kroch er zuletzt wieder zurück in den Windbruch, verschloff sich im aufgeworfenen Chaos wie ein Tier und erwartete, immer wieder von Angstanfällen geschüttelt, den Tag.

Der kam zuletzt, blutrot und grau in einem, und sein Antlitz war von zersplitterten Ästen, rissigen Nadelbärten und aufgeschrundeten Steintrümmern gefurcht. Ein verwüstetes, ein entsetzlich grobes Antlitz zeigte der neue Tag, und die Anklage, die von ihm ausging, war noch schlimmer als jene, die auf dem verhüllten Antlitz der Nacht gelegen hatte.

Unter dem schonungslosen Antlitz des Tages lag der Mörder im Windbruch, drückte sein eigenes Gesicht gegen die steinige Erde, suchte auf diese Weise wieder Dunkelheit und vielleicht doch noch gnädiges Vergessen zu finden. Doch das gnadenlose Licht schien auch durch Erde und Steine zu sickern; es ließ ihn nicht los, es grellte ihn mehr und mehr ein, es trieb und jagte ihn dazu, sich selbst schonungslos zu schauen. Der Mann kratzte und wühlte sich in die Erde hinein, tiefer und tiefer – es half ihm nichts. Es half ihm auch nichts, als er sich krümmte wie ein Embryo, als er in der unbewußten Körperhaltung des ungeborenen Kindes seine verlorene Unschuld suchte. Das gnadenlose Licht fingerte auch in die Eihülle hinein; es fingerte und riß und biß den ganzen Tag durch, und später reichte es dann grell und unerbittlich auch in die nächste Nacht hinein.

Rauschend und rasend begannen Nächte und Tage sich abzuwechseln; das gnadenlose Licht blieb. Der Mann krümmte sich wie ein Engerling in seiner Qual, aß nicht, trank nicht, hatte immer nur die Bilder vor seinen geschlossenen Augen; jene Bilder, die ums Verrecken nicht weichen wollten. Er hatte jeden Begriff für die Zeit verloren, aber die Bilder blieben: die Bilder, die seine Qual ausmachten.

Dann, irgendwann, hörte der Mann, halbverhungert, halbverdurstet jetzt schon, etwas näher kommen, etwas durch das Gehölz brechen. Ein Tier, ein großes Tier, dachte er dumpf; ein Wolf, ein Bär, die vielleicht ein Ende mit mir machen werden, endlich ein Ende ...

Doch nichts schnappte, nichts prankte nach ihm; vielmehr war plötzlich unter dem gnadenlosen Antlitz des Tages ein anderes da, ein menschliches. Und dieses Antlitz kam zu ihm, kam ganz nahe zu ihm, und zuletzt berührten weiche Lippen die seinen.

„Du?!" brachte er heraus; es war kaum mehr als ein winselndes Krächzen.

Die junge Frau kauerte sich neben ihm nieder. Auch sie sah fürchterlich aus, auch ihre Kleider waren zerrissen, ihre Haut blutig gestriemt, ihr Haar verfilzt. Ihre Augen jedoch waren wie immer; selbst jetzt lag kein Funken Abscheu vor dem Mörder in ihnen. „Du! Ich hab' dich so hart gesucht", sagte Barbara leise.

Die gnadenlose Himmelsfratze splitterte urplötzlich weg. Das angeblich so Hohe und Erhabene, das ihn so entsetzlich gequält hatte, hatte dem milden Frauengesicht weichen müssen. Und nun wich auch die grauenhafte Erinnerung dem verzeihenden Frauenkörper. Über den Mann, wie ein Schutzschild, schob sich der Leib des Weibes; ihr Schoß öffnete sich ihm und barg ihn. Er fragte nicht mehr und quälte sich nicht mehr und nahm das Geschenk an. Nachher dann sah er sie mit ganz neuen, ganz erstaunten Augen. Sein Kopf war auf einmal wieder klar, er spürte sein Herz wieder schlagen und sein Blut wieder pulsen; er lebte wieder.

„Wie hast' mich denn gefunden?" fragte er und berührte dabei mit zitternder Hand ihre Brust.

„Ich hab' dich lang' nicht finden können", antwortete Barbara. „Aber dann hat mir mein Gefühl den richtigen Weg gezeigt. Ich hab' plötzlich geahnt, daß du dich im Waldherzen verkrochen hattest. Wohin sonst hättest' auch fliehen sollen?"

„Zu dir", erwiderte der Hiasl leise.

„Das weißt' jetzt", sagte Barbara. „Zuvor hast' es nicht gewußt."

„Ich hab' so vieles nicht gewußt", entgegnete der Mann. „Hab' auch nicht gewußt, daß in jedem Menschen ein Mörder steckt."

„Nicht in jedem Menschen – aber in jedem Mann", flüsterte Barbara. Sie nahm ihn fest in die Arme, setzte hinzu: „Aber einen Mörder werden sie dich trotzdem nicht nennen können . . ."

„Der Hans! Er ist doch . . .", brach es aus dem Hiasl heraus.

Die junge Frau brachte ihn zum Schweigen, indem sie ihm den Finger auf die Lippen legte.

*

„Nein!" wehrte sich der Mühlhiasl Stunden später, als in der Ferne der Windberger Klosterhügel auftauchte. „Nein! Ich kann's nicht!"

„Du hast's erlebt, wie's dir allein in der Wildnis ergangen ist", hielt ihm die Barbara entgegen. „Soll das jetzt dein ganzes Leben so bleiben? Willst' zuletzt verkommen wie ein Vieh? Hätt' eh nicht mehr viel dazu gefehlt, so wie du vorhin im Windbruch gelegen hast!"

„Aber im Wald kann ich allein verrecken!" brach es aus dem Hiasl heraus. „Dort brauch' ich die Augen von den anderen nicht ertragen! Laß mich zurückgehen, Bärbl! Ich wär' doch nicht der erste, der als ein Einsiedel im Urwald lebt. Den Weg sind schon viele gegangen, die wo den anderen Menschen nicht mehr haben in die Augen schauen können!" Er umkrampfte ihren Arm. „Und ich bin ja eh immer einer gewesen, der wo mit den anderen Menschen nicht gut ausgekommen ist. Ich hab' sie gefürchtet, wenn ich in ihren Augen die andere Welt gesehen hab', und sie haben mich deswegen gefürchtet. Bin ein Alleiniger, Bärbl! Bin's immer gewesen. Und jetzt, wo die Sach' mit dem Hans dazugekommen ist . . ."

„Hast' dich auch gefürchtet, wenn du in meine Augen geschaut hast?" fragte mit zitternder Stimme die Barbara. Als der Hiasl den Kopf schüttelte und den Blick senkte, fügte sie hinzu: „Da hast' es! Die einen Augen sind so – und die anderen sind anders. Aber wenn du jetzt zurückläufst in den Urwald, dann wirst' auch nie wieder in meine Augen schauen können! Das bringt dich dann um – und mich auch!"

„Ich ertrag' das eine nicht und das andere nicht", ächzte der Mühlhiasl. „Hilf mir doch, Bärbl!"

„Ich will dir ja helfen", erwiderte die Frau. „Deswegen hab' ich doch wie blöd eingeredet auf dich, daß du jetzt mit mir mitgegangen bist! Daß d' dich den Windbergern und den Apoigern stellen sollst! Weil du dich nicht einfach verkriechen sollst, bis du irgendwann einmal verreckst. Und gekämpft hab' ich auch um dich, weil ich dich selber brauch'! Kehr um, und alles ist hin zwischen dir und mir und zwischen dir und der Welt! Oder bring' die Kraft auf und geh' weiter und schau den Dingen ins Aug'! Dann kann ich da sein für dich und kann dir helfen. – Und jetzt mußt du's entscheiden..."

Eine schier endlose Zeit erwiderte der Hiasl nichts. Starrte nur immer über den Waldrand hinaus, nach Windberg hinüber, auf die Menschenwelt. Er schnaufte schwer, er keuchte und krümmte sich. Zuletzt aber fing sich sein irrender Blick am Gesicht Barbaras, und er tastete nach ihren Händen und brachte endlich heraus: „Gehen wir! Mit dir zusammen kann ich's doch!"

„Ich hab's gewußt, daß du uns nicht im Stich lassen würdest", murmelte die junge Frau. „Ich hab's gewußt, deswegen hab' ich zu dir gehalten..."

Sie gingen weiter, über die letzten hügeligen Feldbreiten auf den Klosterberg zu. Scheckig spannte sich der Aprilhimmel über der dampfenden Erde. Die Felder waren bereits besät und geeggt, doch noch sprießte kein neues Grün aus den Furchen. Zwischen Dunkelheit und Hoffnung schien selbst die Krume an diesem Tag zu schweben.

Je näher sie dem Kloster kamen, um so langsamer wurden die Schritte des Mühlhiasl. Doch dann schob sich noch einmal ein Waldstreifen zwischen den Pfaffenhügel und die Feldbreiten, und als ihm das Kloster auf diese Weise außer Sicht gekommen war, schien der Hiasl doch wieder Kraft zu gewinnen, und er ging jetzt wieder schneller. Der Wald senkte sich in das Tal ab, durch welches der Bach zur Oberen Mühle floß, und nun befanden sich der Hiasl und die Barbara bereits in dem Hohlweg, der zu den einst so vertrauten Gebäuden führte. Jetzt jedoch erschienen sie dem Hiasl unendlich fremd und abweisend; jetzt, da er den Schauplatz seines Verbrechens wieder vor Augen hatte. Trotzdem ging er weiter, denn noch immer war die Frau bei ihm. Die alte Müllerin schrie erschrocken auf, als er ganz plötzlich in der Stube stand. Ihr Gatte saß auf einmal da wie erstarrt. An der Wand hing wieder das zerbrochene Kruzifix, notdürftig geflickt. Doch der Hiasl sah von alldem nichts. Er sah lediglich den Bruder auf seinem Lager in der Stubenecke. Den Bruder, der bleich war wie der Tod, und dessen Gesicht so seltsam verschoben und verzogen schien, als sei es irgendwie aus den Fugen geraten. Und über dem Gesicht schimmerte geisterbleich der Verband, das von bräunlichem Blut durchtränkte Leinen.

Der Mühlhiasl hatte längst gewußt, daß der Bruder überlebt hatte; die Barbara hatte es ihm im Wald gesagt. Er hatte gewußt, daß er nicht in ein Totenhaus zu treten brauchte, daß er nicht als Mörder über die Schwelle gehen mußte. Doch er hatte nicht gewußt, daß der Anblick der offenen Augen des Lebenden ihn härter treffen konnte als der Anblick der geschlossenen Augen eines Toten. Die Anklage, die aus diesen Augen schlug, schien ihn anzuspringen, schien ihn erbarmungslos niederschmettern zu wollen. Denn es lag kein Haß in den Augen des Bruders, sondern nur grenzenlose Abscheu und Verachtung.

Der Blick des anderen schien ihn wie mit unsichtbaren Schlägen zu treffen. Hinzu kam das Schweigen, das entsetzliche Schweigen der beiden Alten. Wäre die Barbara nicht bei ihm gewesen, der Mühlhiasl wäre erneut kopflos geflohen. Doch er spürte ihre Gegenwart in seinem Rücken, und deswegen konnte er nun auch vorwärts gehen, auf den Bruder zu, auch wenn er dabei das Gefühl hatte, in einen Hagel schmetternder Hiebe hineinzurennen.

Zuletzt brach er vor dem Krankenlager in die Knie. Wollte um Vergebung bitten – und konnte es nicht, denn genau in diesem Moment sah er erneut das Messer des anderen blitzen. Und er begriff, zum ersten Mal, seit er vor Tagen so mörderisch zugeschlagen hatte, daß die Auseinandersetzung nicht einseitig gewesen war, daß es ja der andere gewesen war, der zuerst mit einer Waffe auf ihn losgegangen war. Diese Erkenntnis machte es plötzlich noch härter für ihn; er wußte plötzlich wieder, daß er nur in Notwehr gehandelt hatte.

Dennoch lag jetzt der Hans da, nicht er. Der andere hatte ihm ans Leben gewollt und hatte dabei um ein Haar sein eigenes verloren; er war gestraft genug. Der Hiasl, der eben noch innerlich mit dem Bruder zu rechten begonnen hatte, verspürte jetzt auf einmal Mitleid, und das machte ihm alles leichter. „Daß du lebst . . . ich kann nicht sagen, wie froh ich deswegen bin", murmelte er. „Hab' draußen im Wald nichts anderes mehr geglaubt, als daß ich dich erschlagen hab' . . ."

Der Bruder antwortete lange nicht. Doch dann zischelte er plötzlich: „Daß ich noch leb', ist dein Verdienst nicht! Hast mich totschlagen wollen, wegen der Mühl'!"

„Nein!" Der Hiasl schrie es. „Ich hab' dir nichts tun wollen! Bloß wehren hab' ich mich gegen dich müssen! Ich bin nicht allein schuld gewesen! Du trägst auch Schuld dran!"

Bis jetzt hatten die Brüder sich noch angesehen. Doch nun drehte der Hans langsam den Kopf weg, richtete den flackernden Blick auf die alten Müllersleute. „Da hört ihr's", flüsterte er. „Der Verbrecher bereut nichts, gar nichts! Jetzt möcht' er mir die Schuld geben!"

„Das ist nicht wahr", sagte entschieden die Barbara.

„Der Hans liegt siech, nicht der Hiasl!" schrie die Alte.

„Aber er ist doch zuerst mit dem Messer auf mich los!" brach es nun aus dem Hiasl heraus. Er hatte sich vorgenommen, nicht davon zu sprechen, doch jetzt hatte ihm der Bruder keine andere Wahl mehr gelassen. Er packte den Kranken an der Schulter, spürte erschrocken, wie dünn und knochig sie sich anfühlte. „Sag es ihnen, Hans!" bettelte er. „Daß du zuerst das Stilett gezogen hast! Du weißt's doch!"

„Bitte!" fiel Barbara ein. „Du ahnst nicht, wie der Hiasl sich gequält hat! Im Wald verrecken wollt' er, so schuldig hat er sich gefühlt. Weil er wahrscheinlich auch nicht mehr gewußt hat, wie's wirklich hergegangen ist zwischen euch. Jetzt scheint's ihm aber wieder eingefallen zu sein. Daß ihr alle zwei an dem Streit schuld gewesen seid. Gib's ihm zu, Hans! Damit die Schuld geteilt wird. Damit sie kleiner wird. Damit der Hiasl wieder unter den Menschen leben kann. Bitte, Hans!"

Doch der Bruder starrte nur. Hatte die Lippen verkrampft und nach wie vor den Blick abgewandt.

Es war der alte Müller, der endlich etwas sagte: „Ich hab' das Stilett vom Hans auf dem Fußboden gefunden. In seinem Blut ist's gelegen..."

„Weil ich's verloren hab', wie er mich zusammengeschlagen hat", keuchte da der Hans. „Wollt ihr jetzt mich zum Mörder machen, anstelle von dem da?! Ich hab' mit dem Tod gerungen, nicht er. Das ist die Wahrheit!"

Jetzt, ganz plötzlich, kniete der Hiasl nicht mehr vor dem Krankenlager. Jetzt stand er wieder aufrecht und vor Spannung bebend da. „Das ist die Wahrheit nicht gewesen!" sagte er in das betroffene Schweigen der anderen hinein. „Aber zugeben wird's der eine Bruder erst, wenn der andere tot ist. Dann wird ein Grab aufgemacht werden müssen, weit von hier. Ein Toter wird aus dem Grab kommen müssen, damit ein Lebender seine Ruh' finden kann. Bis dahin wird er allein auf der Oberen Klostermühl' hausen müssen, und immer wird die Lüg' bei ihm sein..."

Aus sich heraus gekeucht und gebellt hatte der Mühlhiasl diese Sätze. War einmal mehr vom ganz gewöhnlichen Menschen zum Hellseher geworden. Kaum war das letzte Wort verklungen, fiel sein Körper wieder in sich zusammen. In seinen Augen, die für ein paar Sekunden gletscherhell gesprüht hatten, lagen jetzt nur noch Schmerz und Enttäuschung. Zögernd berührte er die Hand seines wie gelähmt daliegenden Bruders, schien sie streicheln zu wollen. Doch er tat es nicht; als er das innerliche Zurückweichen des anderen spürte, wandte er sich ab und sagte zu Barbara: „Komm!"

Die alten Müllersleute, auch der Kranke, starrten ihnen entgeistert nach, als sie gingen.

Draußen nahm sie der verschattete Hohlweg auf. Sie schwiegen beide, bis sie den Berg beinahe erklommen hatten, bis schon die äußeren Umwallungsmauern des Klosters vor ihnen aufragten. Erst da sagte die junge Frau: „Ich mach' dir keine Vorwürf'! Hast dem Hans die Versöhnungshand reichen wollen, aber er hat sie nicht genommen. Obwohl er mehr Schuld an der Sach' gehabt hat als du. Jetzt muß er sehen, wie er zurechtkommt mit seinem Gewissen. – Und auch ich muß dir was abbitten! Bis wir in die Mühl' gekommen sind, hab' ich nicht gewußt, wie's wirklich abgelaufen ist bei dem Streit. Ich hab' in dir allein den

Gewalttätigen gesehen. Jetzt weiß ich's besser! Kannst' mir verzeihen, Hiasl?"

Der Vierunddreißigjährige verhielt den Schritt. Er wirkte immer noch bedrückt, doch viel gefaßter und ruhiger als noch vor einer Stunde. „Du brauchst mich nicht um Verzeihung bitten", sagte er rauh. „Grad' du nicht! Du bist die einzige gewesen, die zu mir gehalten hat, sogar dann noch, wie ich selber hab' glauben müssen, daß ich ein Mörder wär'! Hast die Lieb' zu mir trotz allem nicht vergessen! – Wenn einer um Verzeihung bitten muß, dann bin's ich. Weil ich dir das angetan hab'. Auch wenn der Hans mit dem Messer auf mich los ist, hätt' ich nicht wie ein Wilder zurückschlagen dürfen. Hätt' lieber schauen sollen, daß ich ihm auskomm', hätt' einfach davonlaufen sollen..."

„Nachher weiß man's immer besser", erwiderte die Barbara. „Und ob du ihm überhaupt hätt'st auskommen können, ist eine andere Frag'." Sie kam ganz nahe zu ihm und nahm ihn in die Arme. „Wir brauchen uns gegenseitig gar nix zu verzeihen, weil wir uns gegenseitig nichts vorgeworfen haben", flüsterte sie. Sie küßte ihn, und er nahm es dankbar hin, danach fragte sie ängstlich: „Aber was wird jetzt werden aus uns? In die Obere Mühl' können wir ja nie wieder gehen..."

„Es gibt auch noch die Apoiger", antwortete der Hiasl. „Dort haben wir immer noch ein Dach über dem Kopf, wenn wir eines brauchen." Er starrte zum Kloster hinüber, dann blickte er weich auf die Frau. Er schien sich einen gewaltigen inneren Ruck zu geben, als er hinzufügte: „Und wenn sie uns dort keine Kammer geben wollen, weil wir ihnen ein zu liederliches Paar sind, dann werden wir halt heiraten müssen."

Barbara war zu verwirrt, um gleich antworten zu können. Aber als sie an seiner Seite weiterging, am Kloster vorbei und dann den Weg hinunter nach Hunderdorf, da hielt sie seine Hand ganz fest. Erst als die Apoiger Mühle schon in Sichtweite war, fragte sie stockend: „Du möchtest... es wirklich tun...?"

„Ich hab's eingesehen, daß ich dich für immer brauch'", entgegnete der Mühlhiasl. „Weil ich verreckt wär', wenn du nicht zu mir gekommen wärst. Deswegen scheu' ich jetzt auch vorm Heiraten nicht mehr zurück. Aber nicht bloß deswegen allein! Sondern weil ich jetzt auch weiß, wie eine echte Frauenlieb' ausschaut..."

Er hatte es rauh gesagt, unbeholfen und stockend. Alles andere als galant hatte er seinen Heiratsantrag vorgebracht. Aber die Barbara hatte ihn in ihrem Herzen verstanden – und jetzt konnte sie zum ersten Mal nach all den schrecklichen Tagen wieder lächeln. „Du bist mir schon einer", sagte sie und nahm ihn wieder in die Arme. Nachher wollte sie wissen: „Und wann soll es dann sein?"

„Morgen noch nicht und nächste Woch' auch noch nicht", antwortete der Hiasl. „Zuerst muß Gras über die Sache in der Oberen Mühl' gewachsen sein. Aber das Jahr wird hingehen und das Gerede der Leut' auch. Und später im Jahr wird für uns dann die Zeit kommen..."

So dachte auch Barbara, und Hand in Hand gingen die beiden das letzte Wegstück bis zur Apoiger Mühle.

*

Unter dem scheckigen Aprilhimmel hatte das Gras im Vorwald bei Bogen noch schütter gestanden, doch als das Jahr sich nun rundete und in seinen Sommer kam, da wogten auch die Wiesen saftig und von neuem Leben strotzend über dem sanften Hügelland – und das Gras deckte allmählich zu, was sich im zeitigen Frühjahr in der Oberen Klostermühle zugetragen hatte. Der Hans stand wieder auf von seinem Krankenlager und behielt nichts zurück von den Schlägen, die ihn beinahe umgebracht hätten. Im Sommer tat er wieder seine Arbeit wie eh und je, nur der Hiasl und auch die Barbara ließen sich nicht wieder auf dem Anwesen sehen.

Die Alten dort schwiegen dazu; sie hatten längst alles beredet und sich ihr Urteil gebildet. Und auch die alten Langs auf der Apoiger Mühle redeten, nachdem der Sommer aufgeglüht war, nicht länger über das Unglück, das sich im Haus der Verwandten ereignet hatte. Anna Maria und Matthias Lang, beide inzwischen alt, doch noch immer nicht im Austrag[42]), waren heilfroh, daß alles zuletzt doch noch glimpflich abgegangen war. Dem Vergangenen, das sie doch nicht hätten ändern können, immer und immer wieder nachzuforschen, war nicht ihre Art. So ließen auch sie die ungute Sache zuletzt auf sich beruhen und nahmen ihren unsteten Sohn wieder ganz bei sich auf.

Nacht für Nacht schlief der Mühlhiasl jetzt wieder in jener Knechtskammer, in der viele Jahre zuvor auch seine Mutter, ein Kind damals noch, ihre erste Nacht in der Apoiger Mühle verbracht hat. Und nach wie vor war das Mühlenpochen da und lullte den Hiasl – und lullte ihm die Erinnerung an den Bruderzwist mehr und mehr weg.

Manchmal schlief auch die Barbara an seiner Seite in dieser Kammer; seit die Jungen ihnen gesagt hatten, daß sie noch in diesem Jahr heiraten wollten, drückten die alten Müllersleute ein Auge zu.

Als der Sommer in seiner vollen Hitze stand, als das Gras überall im Land ringsum gemäht wurde, war der Hiasl ruhiger und abgeklärter geworden als seit vielen Jahren. Er hatte auch keine Gesichte mehr in diesen Monaten; fast kam es ihm manchmal vor, als hätte das Grauen, das er in den Aprilnächten im Schwarzacher Wald hatte ertragen müssen, das andere in ihm für immer zum Schweigen gebracht. Als sei ein Bogen überspannt worden und für alle Zeiten gebrochen.

Wenn es so war, so wollte der Mühlhiasl es gerne hinnehmen. Es drängte ihn nicht dazu, dem scheinbar Verschwundenen und Vergangenen nachzusinnieren; es hatte ihn in seinem Leben genug gequält. Wichtiger war ihm jetzt das künftige Leben an der Seite seiner Barbara; ein Leben, von dem er sich jetzt endlich Ruhe, Frieden und Geborgenheit ersehnte. Den Aufruhr, das Jähe, das Unerklärliche hatte der Hiasl bereits zur Genüge kennengelernt. Mit den Schlägen gegen den Bruder, mit den wahnwitzigen Tagen und Nächten im Schwarzacher Wald schien nun endlich ein Schlußstrich unter dieses alte Leben gezogen worden zu sein.

In die Apoiger Mühle kehrte in diesem Sommer der Friede zurück. Tag für Tag stand der Hiasl im Mahlgang und unterschied sich in nichts von den vielen anderen Knechten, die in früheren Jahren, in früheren Jahrzehnten dort gearbeitet hatten; unscheinbar und willig tat er nunmehr seine Pflicht. An den Abenden saß er zusammen mit den Eltern und Barbara in der Stube, dann redeten sie darüber, wie das Leben später werden sollte. Ein paar Jahre wollten die Alten noch auf der Mühle regieren; wenn dann die ersten Enkelkinder da sein würden, sollte die Mühle an den Hiasl übergeben werden. Und dann sollten die Jungen, die so jung gar nicht mehr waren, das Anwesen eines Tages wiederum einem ihrer Kinder übergeben.

In einen ruhigen Hafen schien das Leben in diesem Sommer für die Apoiger einzumünden, und Ende Juli bestellten der Hiasl und die Barbara im Windberger Kloster das Aufgebot.

Der zuständige Pater musterte den Mühlhiasl, der mit den Mönchen noch nie auf gutem Fuß gestanden hatte, ein wenig mißtrauisch, doch dann setzte er den Hochzeitstermin fest. Der neunzehnte August des Jahres 1788[43]) sollte es sein.

Mühlenzeit

An diesem Tag blieb das Steinbildnis stumm. Als das Hochzeitspaar, gefolgt von den alten Apoigern und den Brauteltern aus Racklberg sowie wenigen anderen Verwandten, unter denen Johann Lang von der Oberen Mühle fehlte, aus der Kirche kam und die archaische Plastik passierte, huschte der Blick des Mühlhiasl nur ganz flüchtig darüber hin. An diesem Tag schien ihm der Stein fremd, schien der Schrei, den er in früheren Jahren so deutlich vernommen hatte, für immer verhallt zu sein. Andere Worte klangen im Gehirn des Mühlhiasl nach: „Bis daß der Tod euch scheidet . . ." Der Pater hatte sie wie drohend ausgesprochen, und jetzt, während er an dem Steinbildnis vorüberschritt, hämmerten sie noch immer im Schädel des Bräutigams nach. So blickte er nur einmal ganz kurz aus dem Augenwinkel heraus auf den Stein. Und war auch schon vorbei, als ihm etwas wie eine flüchtige Berührung durch den Leib schauderte. Eine Ahnung nur, die im Widerspruch zu dem stand, was der Kleriker in der Kirche verkündet hatte, doch ehe diese Ahnung sich auch nur zu einem Gedanken ausformen konnte, war sie auch schon wieder weggeflattert; jetzt lastete das Steinbildnis bereits im Rücken des Mühlhiasl und war einen Schritt weiter vollkommen vergessen.

Die Hand Barbaras stahl sich in die ihres Gatten. „Was denkst'?" wollte sie von ihm wissen, während sie den Weg hinüber zum Wirtshaus einschlugen.

„An dich denk' ich", erwiderte der Mühlhiasl. „An wen denn sonst, an einem solchen Tag?"

„Und bereust' es nicht, daß d' mich zum Eheweib genommen hast?" fragte die Barbara nach. Ihre dunklen, moorbraunen Augen lockten ihn, spielten zärtlich mit ihm.

„Dich hab' ich gewollt, dich allein!" antwortete der Hiasl rauh. „Schön ist's gewesen, wie ich dir den Ring angesteckt hab'." Er zögerte kurz und fügte hinzu: „Bloß hätt' der Pfaff' nicht gleich vom Tod reden sollen . . ."

„Wie meinst' das!" Die Barbara schaute ihn auf einmal fast erschrocken an.

„Bis daß der Tod euch scheidet . . .", murmelte der Mann.

„Ach so!" Jetzt hatte die Barbara verstanden. „Er hat halt sagen wollen, daß unsere Lieb' erst mit unserem Absterben ein End' haben soll..."

„Und in einer anderen Welt soll sie dann nicht mehr leben dürfen?" insistierte der Hiasl.

„Für die Pfaffen nicht – aber für uns schon, wenn wir's nur wollen", erwiderte die Barbara mutig. „Aber recht hast' schon irgendwie. Sie können sich einfach nicht von Herzen freuen, die Geschorenen..."

„Sogar an einem Tag wie heut' müssen sie ihr Todespulverl in den Hochzeitswein schütten", pflichtete ihr der Hiasl bei. „Das hab' ich vorhin sagen wollen."

„Unseren Hochzeitswein lassen wir uns aber nicht vergällen von ihnen", sagte die Barbara lachend. „Jetzt grad' nicht! Da soll kein Gift drinnen sein, bloß unsere Lieb'! Und jetzt komm! Ich kann's kaum mehr erwarten, daß wir miteinander anstoßen. Heut' möcht' ich ein Räuscherl mit dir zusammen haben, weil ich so glücklich bin..."

Sie nahm seine Hand und zog ihn ins Windberger Wirtshaus hinein. Der Hiasl folgte ihr, war jetzt auch wieder ganz aufgeräumt. Der Schatten, der ihn gestreift hatte, weil er halt trotz allem das Sinnieren nicht lassen konnte, war vorübergezogen. Jetzt sollte das Fest steigen, auf das die Barbara so lange hatte warten müssen. Fünf Jahre war es jetzt schon her, seit sie sich zum ersten Mal im Windberger Klosterhof gesehen hatten. Fünf Jahre, in denen die Dunkeläugige es gewiß nicht immer leicht mit ihm gehabt hatte. Als er dann mit seiner Frau anstieß, schwor sich der Hiasl, daß ihr jetzt ein friedliches und unbeschwertes Leben an seiner Seite vergönnt sein sollte.

Friedlich verlief die Hochzeitsfeier, bewegte sich zunächst in ruhigen und gesitteten Bahnen, bis der Pater, den der Hiasl notgedrungen hatte einladen müssen, sich dann endlich zurückzog. Danach wurde es lauter im Windberger Wirtshaus; die Barbara bekam ihr Räuscherl und der Mühlhiasl auch, und der Brautvater, der alte Lorenz von Racklberg, zündete der Gesellschaft bald mit einem G'stanzl nach dem anderen auf, und je weiter es in die Nacht hinein ging, um so derber wurden sie[44]).

Der Mond stand schwer und gelb über den Waldhügeln, als das Wirtshaus sich endlich leerte. Man verabschiedete sich von den Verwandten, dann bestiegen die Apoiger den Leiterwagen, und der alte Müller kutschierte peitschenschnalzend bergab. In der Stube von Apoig gab es dann noch einmal einen späten Umtrunk, dann suchten der Hiasl und seine Barbara ihr erstes eheliches Lager in der alten Knechtskammer, von der aus man in den Wochen zuvor eine Wand zum Nebenraum durchgebrochen hatte, auf. In der Ecke war die alte Hauswiege aufgestellt, in der schon der Hiasl und auch der Hans gehutscht[45]) worden waren. Als die Barbara sie sah, errötete sie ein wenig, obwohl sie doch schon so oft in den Armen ihres nunmehrigen Gatten gelegen hatte, doch heute war es eben anders, war es irgendwie doch das erste Mal. Nicht wegen des kirchlichen Segens allerdings, so empfanden es die Barbara und der Hiasl nicht, sondern eher deswegen, weil es nun unverbrüchlich feststand, daß sie ihr Leben lang zusammenbleiben wollten. So vereinigten sie sich in dieser Augustnacht sehr zärtlich und sehr behutsam; sie wiegten sich gegenseitig in die Jahre hinein, die nun vor ihnen lagen, und als dann später der Schlaf über sie kam, da wurden sie vom Bachrauschen weiter und weiter gewiegt, und am nächsten Tag, als das Mühlenpochen wieder einsetzte, während sie noch schliefen, wurden sie von dem altvertrauten Geräusch noch zusätzlich eingelullt.

Die Ehe, die eigentlich wider Erwarten so friedlich begonnen hatte, setzte sich in den folgenden Jahren auch ruhig und schiedlich fort. Schon zehn Monate nach der Hochzeit wurde dem Paar das erste Kind geboren, ein Mädchen, und wiederum im Jahr darauf kam das zweite, ein Bub. In den folgenden Jahren, während die Zeit sich ins letzte Jahrzehnt des achtzehnten Jahrhunderts hinein drehte, lagen in fast regelmäßigen Abständen weitere Kinder in der alten Wiege; die einen verstarben noch als Säuglinge oder als Kleinkinder, die anderen wuchsen auf. Das Paar nahm das Leben und den Tod hin, wie sie kamen; die Menschen im Vorwald und anderswo in Bayern waren zu jener Zeit daran gewöhnt, daß die Kindersterblichkeit in den einfachen Häusern hoch war. Man machte nicht viel Aufhebens darum, wenn wieder einmal ein winziger Sarg in die Erde gesenkt werden mußte; zumeist war die Mutter zu diesem Zeitpunkt ohnehin schon wieder schwanger. So lief es auch auf der Apoiger Mühle, und bis zum Jahr 1796 hatten immerhin vier der sieben Kinder überlebt, die Barbara Lang bis dahin geboren hatte.

Wie zum Ausgleich für das Heranwachsen der Kinder alterten die Großeltern, die Annamirl und ihr Gatte Matthias Lang, jetzt schnell. Sie nahmen es mit dem Fatalismus naturverbundener Menschen hin. Ein Leben lang hatten sie das Mühlrad vor Augen gehabt, das sich immer weiterdrehte, und den Bach, der immer weiterfloß, und sie wußten, daß auch die Menschenleben ans Rad gezwungen und flüchtig wie das Bachwasser waren. Wo das eine hinsank und versickerte, stand das andere auf und begann unbeschwert zu Tal zu sprudeln; so und nicht anders war der unerschütterliche Lauf der Welt.

Die Welt drehte sich außerhalb von Apoig weiter in jenen Jahren. In Regensburg wurde, als der Mühlhiasl seinem ersten Sohn in die Wiege blicken konnte, die erste „Botanische Gesellschaft" Bayerns gegründet. Im Jahr darauf, 1791, eroberte sich die Natur unversehens auch ein Stück von München zurück. Am Neuhauser Tor begann man mit dem Einreißen der mittelalterlichen Stadtmauer; der Residenz sollten zum Ende des achtzehnten Jahrhunderts wieder mehr Luft und Licht vergönnt sein. Ungefähr zur gleichen Zeit wurde mit der Anlage des nachmals so berühmten Englischen Gartens in der altbayerischen Hauptstadt begonnen. Am ersten April 1792 konnte der Park fertiggestellt und der Bevölkerung Münchens zugänglich gemacht werden.

Wiederum ein Jahr später veröffentlichte der Dichter Jean Paul[46], ein Oberpfälzer aus Wunsiedel, seinen ersten Roman, das „Leben des vergnügten Schulmeisterlein Maria Wuz in Auenthal". Auf profanere Weise kam in diesem Jahr der residenzstädtische Bierbrauergeselle Joseph Pschorr zu Ansehen; er heiratete die Brauereibesitzerstochter Theresia Hacker und begründete zusammen mit ihr eine auf der bajuwarischen Feuchtfröhlichkeit beruhende Dynastie. Trockengelegt hingegen wurde im folgenden Jahr 1794 im Auftrag des Kurfürsten Karl Theodor das Donaumoos südlich von Neuburg und Ingolstadt. Kaum waren dort die letzten Abflußgräben verspundet, forderte die im zweiten Ehejahr des Mühlhiasl ausgebrochene Französische Revolution ein prominentes bayerisches Opfer: Nikolaus Graf von Luckner[47], 1792 noch Marschall der Revolutionsarmee am Rhein, wurde in Paris guillotiniert.

In den folgenden Jahren leckten die Ausläufer der Revolution dann bis Bayern selbst. 1796 schloß Kurfürst Karl Theodor mit Frankreich das Abkommen von Pfaffenhofen, das den Armeen unter der Trikolore für die folgenden Kriegsjahre freies Durchzugsrecht durch Bayern zusicherte. Im Kurfürstentum selbst begann gleichzeitig, zumindest rudimentär, die Aufklärung Fuß zu fassen. In Ansbach legte Maximilian Graf von Montgelas dem Thronfolger Maximilian Joseph ein Papier vor, in dem künftige Reformen in Bayern bereits skizziert waren. Dieses Ansbacher Memorial sollte später für die zumindest vorübergehende Entmachtung des Klerus zwischen Alpen und Donau sorgen.

Vorerst freilich, im Jahr 1797, war weniger Erfreuliches zu vermelden: In München nahmen in diesem Jahr die Armut und der Hunger der einfachen Bevölkerung entsetzliche Ausmaße an. Während Adel und Finanzwelt im neuen Englischen Garten lustwandelten, krachte dem kleinen Mann, der kleinen Frau die Schwarte. Der Kurfürst ließ die darbende Bevölkerung notdürftig mit Rumfordsuppe[48]) abspeisen.

Hoffnungsvoller zeigte sich das Jahr 1797 in seinem letzten Monat. Am neunten Dezember begann der Friedenskongreß von Rastatt, bei dem Vertreter des „Heiligen Römischen Reiches", Frankreichs und Bayerns ernsthaft den Ausgleich miteinander suchten. Der Friede selbst allerdings wurde mehr oder weniger noch einmal vertagt. Napoleon, der den Kongreß eröffnet hatte, war zu diesem Zeitpunkt noch nicht Kaiser, sondern lediglich Oberbefehlshaber der französischen Armee in Italien.

Zwei Jahre später, als dem Mühlhiasl und seinem Weib als achtes Kind noch ein Spätling geboren wurde, um schon wenige Wochen später wieder zu versterben, kulminierten die Dinge sowohl in der großen als auch in der kleinen Apoiger Welt. Am sechzehnten Februar 1799 wurde der Kurfürst Karl Theodor in seiner Münchner Residenz während eines Kartenspiels vom Schlag getroffen. Kaum war die Todesnachricht auf die Straßen und in die Gassen gelangt, brach in der bayerischen Hauptstadt frenetischer Jubel aus. Seit dem vierzehnten Juli 1789, als in Paris die Bastille gestürmt worden war, hatte sich der Kurfürst, in seinen früheren Jahren eher liberal, zu einem viehischen Tyrannen entwickelt.

Schon am einundzwanzigsten Februar 1799 brach ein Hoffnungsschimmer in Bayern auf. Maximilian Graf von Montgelas wurde zum Geheimen Staats- und Konferenzminister des Departements des Äußeren in der neuen Regierung ernannt. Der Freigeist, Aufklärer und Kirchenfeind konnte nun darangehen, das Land aus den Klauen des Klerus zu lösen und es in eine hellere und freundlichere Zukunft zu führen. Die Tage des rückschrittlichen Bayernlandes, dessen Zustände der Mallersdorfer Klosterbäckerssohn Johann Pezzl[49] noch wenige Jahre zuvor so rigoros angeprangert hatte, schienen nun endlich gezählt zu sein. Die Hoffnung auf Reformen verstärkte sich noch, als am zwölften März 1799 der neue Kurfürst Maximilian Joseph in München einzog. Bereits von der ersten Stunde an, als der Münchner Kaltenegger Bräu den aus dem Rheinland kommenden Thronfolger mit dem Satz „Weilst nur grad da bist, Maxl!" begrüßte, zeichnete sich seine erstaunliche Popularität ab. Diese Beliebtheit sollte den Kurfürsten und späteren ersten bayerischen König sein Leben lang begleiten.

Einen ungeheuerlichen Popularitätsgipfel erklomm in jenem Jahr 1799 auch der Korse Napoleon. Seine Feldzüge in Italien und Ägypten hatten ihm sogenannten unsterblichen Ruhm eingetragen. Kaum aus Nordafrika zurückgekehrt, leitete Napoleon in Paris den Sturz des verhaßten Direktoriums[50] in die Wege. Der Staatsstreich vom achtzehnten Brumaire[51] brachte Napoleon den Titel eines Ersten Konsuls ein. Zur Kaiserkrone war es nunmehr nur noch ein kleiner Schritt; fünf Jahre später sollte der Korse bereits den Hermelinmantel tragen.

Der alte Müller auf Apoig hingegen trug in diesem Herbst 1799 sein Sterbegewand. Im späten November, etwa zwei Wochen nach dem jähen Aufstieg des Franzosen, wurde der Sarg des Matthias Lang zum Windberger Klosterfriedhof hinaufgekarrt. Hinter dem Fuhrwerk her gingen die nun ebenfalls schon krumme Anna Maria Lang, begleitet vom Mühlhiasl und seiner Barbara. Die vier überlebenden Kinder des Paares folgten in einem verschreckten Grüppchen. Kurz ehe der ärmliche Leichenzug das Klostergelände erreichte, stieß die Witwe von der Oberen Mühle dazu. Ihr Gatte war schon drei Jahre zuvor verstorben; jetzt regierte auf dem Anwesen der Bruder des Mühlhiasl. Doch Johann Lang ließ sich bei dem Begräbnis seines Vaters nicht sehen; der Haß, den er noch immer gegen den Hiasl hegte, hatte ihm den Weg hinauf nach Windberg unmöglich gemacht. Jedoch standen einige andere Verwandte, auch die aus Racklberg und aus Grub, um das Grab, als der Pater den toten Lehensmüller von Apoig einsegnete.

Seltsamerweise vergoß der Hiasl keine Träne, als er dem Vater ins Grab schauen mußte. Er starrte nur, starrte und starrte; sein Schmerz war zu groß, um ausbrechen und sich in Tränen lösen zu können. Das Verhältnis zwischen dem alten und dem jungen Apoiger war, die Kindheit des Hiasl einmal ausgenommen, nie sonderlich herzlich gewesen. Manchmal hatte der Müller seinen Sohn heimlich ganz so betrachtet, als sei er ihm ein Fremder. Er hatte seinen seltsamen Sproß vielleicht nie wirklich verstehen können, besonders dann, wenn der Hiasl seine Sprüche und Prophezeiungen aus sich gebellt hatte. Und auch in den letzten Jahren, als der Hiasl Familienvater und ruhiger geworden war, waren der Alte und der Junge eher gefühlskarg als überschwenglich miteinander umgegangen. Trotzdem hatten sie sich gemocht, hatten sich auf ihre unbeholfene Weise sogar geliebt. Jetzt, während er dem Vater ins Grab blicken mußte, spürte es der Hiasl so jäh und schmerzlich wie nie zuvor. Er hatte den verloren, der ihm – zusammen mit der Mutter – das Leben geschenkt hatte. Von nun an würde er sich in diesem Leben ohne den Vater behaupten müssen. Was dahingegangen war, würde nie wieder zurückkehren. Der Sohn konnte nur weitertragen, was in ihm selbst vom Wesen des Vaters geblieben war.

Daß der Tod des Alten so plötzlich gekommen war, würde es nicht leichter machen. Matthias Lang hatte den Austrag nicht mehr erleben dürfen. Er hatte die eigentlich schon längst geplante Übergabe des Anwesens immer wieder hinausgezögert; jetzt würde der Hiasl schlagartig alles ganz allein anpacken müssen. Nicht allmählich hatte er zum Herrn auf Apoig werden dürfen, sondern die Verantwortung war ihm eigentlich ganz unversehens aufgebürdet worden. Sein Schmerz am offenen Grab war deswegen auch keineswegs frei von Zukunftsangst. Und in die rationale Angst, die er empfand, mischte sich plötzlich eine andere, eine irrationale. Nach Jahren der mentalen Ruhe spürte der Mühlhiasl auf einmal wieder das Rauschen und Tosen in seinem Schädel, schien ihm der vom Herbstnebel verhüllte

Vorwaldhorizont plötzlich zu verflackern, schien irgend etwas grell aus dem Ziehen und Treiben herauszublitzen, schien aufzutoben, für einen zugleich unendlich langen und unendlich flüchtigen Augenblick. Mehr geschah nicht, und kaum hatte der Mühlhiasl es gespürt, sah und hörte er auch schon wieder die schweren, nassen Erdschollen auf den Sargdeckel poltern; die Grube füllte sich schnell auf, und dann befand er sich zusammen mit den anderen auf dem Weg zum Windberger Wirtshaus.

Im allmählich aufbrandenden Lärm, im Herdrauch, im Krügescheppern, im Essensdunst saß er da wie ein Fremder, zusammengeduckt und stumm, bis ihn die Stimme der Mutter zuletzt aus seinen Gedanken riß. „Jetzt wirst' halt mit dem Abt reden müssen, wegen der Mühl'", sagte gedämpft die alte Apoigerin. „Der Vater wollt', daß du sie einmal bekommst, und ich auch. Aber weil's ein Klostergut ist, wirst' zuerst beim Prior vorstellig werden müssen."

Der Hiasl schwieg. Er mochte die Geschorenen nicht, außerdem war ihm an diesem Tag das Denken an solch profane Dinge sowieso zuwider. Doch jetzt redete auf einmal auch die Barbara auf ihn ein: „Wirst den Weg schon gehen müssen, auch wenn's dir nicht recht paßt. Sonst setzt der Abt am End' noch einen anderen auf die Mühl'. Und wir stehen dann samt den vier Kindern und der Mutter auf der Straß'n. Bist's uns allen schuldig, daß du tust, was die Annamirl gesagt hat!"

„Ich kenn' meine Pflicht schon", erwiderte da der Mühlhiasl endlich. „Morgen oder übermorgen geh' ich zum Abt. Aber der Tag heut', der soll allein dem Vater gehören!"

Die beiden Frauen waren es zufrieden. „Recht hast'", sagte leise die Mutter.

Die Leichenfeier ging ihren Gang, zunächst noch einigermaßen gedämpft, zuletzt ausgelassen, wie es in den ländlichen Gegenden Altbayerns schon immer der Brauch gewesen war. Manch Nachdenkliches und später manch Lustiges wurde über den Verstorbenen gesagt. Draußen zogen die Nebel, ab und zu prasselte ein Regenschauer gegen die kleinen Sprossenfenster des Windberger Wirtshauses. In der Nachmittagsdämmerung brachen die Trauergäste dann alle gemeinsam auf. Auf den Höfen und Katen wartete das Vieh in den Ställen und wollte versorgt werden. Den Klosterberg hinunter rollte das nunmehr leere

Fuhrwerk der Apoiger. Dann schirrte der Hiasl vor dem Wohnhaus den Schimmel aus. Die Barbara verschwand im Stall, um sich um das Kleinvieh zu kümmern. Die Mutter schickte sich an, in der Kuchl noch ein Nachessen zuzubereiten. Mit großen, verschreckten Augen schauten ihr die Kinder dabei zu. Später saßen sie alle noch eine Weile in der Stube zusammen. Langsam und schwerfällig beredeten sie, wie es nun auf der Apoiger Mühle weitergehen würde. Zwischendurch kamen sie immer wieder auf den Toten und die Familie zu sprechen. „Unrecht hat der Hans ihm getan, daß er nicht zu seinem Begräbnis gekommen ist", sagte einmal weinerlich die Mutter. „Heut' hätt' er schon über seinen Schatten springen müssen . . ."

„Das wird er nicht können, bis er einmal auch den Bruder nicht mehr hat", brach es aus dem Mühlhiasl heraus. „Und dann wird er recht weit rennen müssen mit seiner Reu'!"

„Was meinst' damit?" fragte die Mutter ängstlich. „Auch wenn's stimmt, was du gesagt hast, ist's nicht weit von der Oberen zur Apoiger Mühl' . . ."

„Weiß nicht, warum ich's hab' sagen müssen", erwiderte, sichtlich über sich selbst erstaunt, der Hiasl. „Ist mir bloß so herausgefahren. Denk' nicht mehr dran!"

Doch die Alte mußte noch lange daran denken in dieser Nacht, in der sie keinen Schlaf fand, während der Mühlbach rauschte und rauschte und sie diesmal trotzdem nicht einlullen konnte. Und die Alte lag wach und ängstigte sich um die Zukunft, in die sie nun zusammen mit ihrem seltsamen Sohn gehen mußte. Und dann wieder dachte sie weit zurück in die Vergangenheit; sie dachte an die Zeit, als sie und ihr späterer Gatte noch Kinder gewesen waren; sie dachte an jenen Morgen, an dem der Matthias mit einem Brotkanten in der Hand nach einer entsetzlich dunklen und beängstigenden Nacht an ihrem Bett gestanden hatte, und das war in der Knechtskammer gewesen, in der jetzt, nachdem sie vor Jahren erweitert worden war, er Hiasl und die Barbara lagen.

Auch die Jungen lagen noch lange wach in dieser Nacht und lauschten auf das Bachrauschen und dachten ebenfalls an die Vergangenheit und an die Zukunft. Und der Bach rauschte und rauschte und schien dem Mühlhiasl das einzig Beständige zu sein, das es in dieser schrecklichen und aus den Fugen geratenen Nacht gab. Der Körper und die Nähe seines Weibs konnten ihn in dieser Nacht nicht zur Ruhe bringen; der Bach war es, der ihn kurz vor dem Morgengrauen endlich in den Erschöpfungsschlaf lullte.

Zwei Tage später machte sich der Hiasl auf den Weg zum Kloster hinauf. Der Gang zum Begräbnis war ihm kaum weniger schwergefallen als der Gang jetzt zum Abt. Er wußte, daß die Geschorenen schon immer scheel auf ihn geblickt hatten; einmal deswegen, weil er nicht so schafsfromm und unterwürfig war wie die meisten anderen Menschen im Vorwald, zum anderen, weil sie einen wie ihn von Haus aus nicht verstehen konnten. Bisher war der Hiasl den Patres und Fratres immer aus dem Weg gegangen, so gut er eben gekonnt hatte. Doch nun mußte er als ein Bittsteller hinauf zu ihnen, und dies fiel ihm, mit seinem unbändigen Charakter, entsetzlich schwer.

Er betrat das Klostergelände mit zusammengepreßten Lippen. Ging am Brunnen vorbei, dann streifte sein heute unsteter Blick kurz das Steinbild über der Tür der Abteikirche. Stumm blieb der Stein an diesem Tag; nichts schillerte heute hinter seiner Fassade hervor, es schillerte nur die Nässe auf den archaischen Konturen von Schwertmann und Wolf. Der Mühlhiasl war froh deswegen. Er hatte schon genug am Hals; er wollte nicht auch noch von seinem zweiten, unberechenbaren Ich heimgesucht werden an diesem Tag. Ohnehin spürte er schon seit dem Tod des Vaters, daß die innere Ruhe, die ihm für einige Jahre vergönnt gewesen war, jetzt auf einmal wieder bedroht war.

Schneller ging er weiter, umrundete die Kirche, betrat dann das eigentliche Klosterareal dahinter. Vor dem Portal hielt ihn ein Laienbruder auf. „Wohin willst'?" fragte er eher unwirsch.

„Bin der Mühlhiasl von Apoig und muß zum Abt wegen der Übernahm'", erwiderte er. Der Laienbruder, kaum zwanzig und offenbar neu im Kloster, starrte den inzwischen Sechsundvierzigjährigen mißtrauisch an. Es war kein Wunder. Der Hiasl hatte sich für den Besuch beim Prior nicht extra umgekleidet. In seiner Arbeitskluft, so wie er eine Stunde zuvor aus dem Mahlgang gekommen war, stand er vor dem Zisterzienser.

„Bist' angemeldet?" erkundigte sich der jetzt.

„Nein", erwiderte der Mühlhiasl. „Ich weiß ja eh, daß der Abt daheim ist. In seiner Studierstub'n hockt er, studiert aber nicht, sondern sauft Wein . . ."

„Wenn du so lästerlich daherredest, kannst' gleich wieder abhauen!" schnappte der Frater.

„Ich red' nicht lästerlich – weil's so ist", entgegnete der Mühlhiasl. Er machte sich gar nicht bewußt, daß seine seltsame Gabe ihn nun doch wieder heimgesucht hatte; was er gesagt hatte, war einfach aus ihm herausgefahren, ohne daß er es gewollt hatte. Jetzt setzte er hinzu: „Geh' hinein zu ihm und schau' selber nach. Dann wirst's wissen, daß ich dich nicht verarscht hab'!"

Der Laienbruder wollte ihm sichtlich noch schärfer herausgeben als zuvor. Doch der Mühlhiasl hatte sich einfach abgewendet und beachtete ihn jetzt gar nicht mehr. Der Frater stand eine Weile mit tonlos mahlenden Lippen da, dann kam auf einmal ein neugieriger Ausdruck in seine Augen; er drehte sich ebenfalls um und verschwand – eine Spur eiliger, als seine mönchische Würde es gestattet hätte – im Inneren der Abtei.

Der Mühlhiasl blieb bescheiden draußen stehen und wirkte jetzt plötzlich auf seltsame Weise abgeklärt – und gleichzeitig irgendwie stillvergnügt.

Es dauerte nicht sehr lange, bis der Laienbruder zurückkam. „Sollst gleich zum Prior hineingehen", belferte er, mit einem verstörten Flackern im Blick, gegen den Apoiger hin.

Der Mühlhiasl nickte, dann faßte er den anderen scharf ins Auge und fragte: „Recht hab' ich g'habt, gell?"

„Hexenmeister!" zischelte der Mönch. Noch immer sah er den Prior vor sich, dessen aufgeschwemmtes, gerötetes Gesicht, die Karaffe mit dem Rotwein dazu, das volle böhmische Glas. Und dies an einem Tag, an dem die Mönche eigentlich zum Fasten verpflichtet gewesen wären. Und der Kerl da in seiner dreckigen Müllerskluft hatte es gewußt, schien auf unerklärliche Weise durch Mauern und verschlossene Türen hindurchgeschaut zu haben. „Hexenmeister!" wiederholte der Laienbruder, ehe er sich, seitwärts gehend wie ein Krebs, zurückzog. „Mit dem Leibhaftigen bist' im Bund! Wird der Tag schon noch kommen, wo er dich holen wird . . ."

Der Mühlhiasl lachte nur, lachte dem anderen, der jetzt mit wehender Kutte floh, gellend nach. Dann stieß er mit mehlbefleckter Hand die Tür zur Priorei auf und fand drinnen auf Anhieb den richtigen Weg zur Studierstube des Abtes, obwohl er das Gebäude noch nie zuvor in seinem Leben betreten hatte.

Abt Joachim von Windberg[52]) hatte das Zisterzienserkloster über viele Jahre hinweg regiert; jetzt war er alt geworden und hatte am Sinn seiner vermeintlichen Berufung längst zu zweifeln begonnen. In Frankreich war ein König geköpft worden, waren Adlige und Kleriker zu vielen Tausenden unters Fallbeil geraten, war Gott für tot erklärt und ein neues Zeitalter ausgerufen worden. Dann war die revolutionäre Woge auch nach Bayern hereingeschwappt; die Woge der Aufklärung, die Woge der neuen Zeit, vor der mehr als tausend Jahre Christentum und Kirchenherrschaft im Land zwischen Donau und Alpen auf einmal nur noch wertloser Spülicht zu sein schienen. Zu Anfang, zu Beginn der neunziger Jahre seines Jahrhunderts, hatte der Windberger Abt noch gegen diese Entwicklung gewütet, hatte dagegen anzukämpfen versucht. Doch in der zweiten Hälfte des Jahrzehnts hatte er gespürt, daß ihm und seinesgleichen die frühere Macht mehr und mehr entglitten war, daß nicht mehr aufzuhalten sein würde, was aus dem neuen, freien Denken der Menschen heraus geboren worden war.

Andere Kleriker hatten nur um so fanatischer zu kämpfen begonnen; der Windberger dagegen war ehrlicher der Zeit und sich selbst gegenüber gewesen: Er hatte sich eingestanden, daß die Welt sich ganz einfach ein Stück weitergedreht hatte. Und der Gott, an den er so lange geglaubt hatte, dieser Gott hatte nichts aufgehalten und hatte nicht eingegriffen. So hatte Joachim von Windberg allmählich an der Existenz dieses Gottes zu zweifeln begonnen; im hohen Alter war er zum unabhängigen Denker und damit weise geworden. Was sein früheres Leben geprägt hatte, ließ sich freilich auch nicht so einfach abschütteln. So wurde Windberg in diesem Herbst des Jahres 1799 von einem Zerrissenen regiert, von einem, der zwischen Glaubenssehnsucht und Zynismus schwankte und oft keinen anderen Ausweg mehr sah als den, der ihm aus dem funkelnden Spiegel des Weinpokals heraus entgegenschillerte.

Als der Mühlhiasl nun in die Studierstube trat, starrte der angetrunkene alte Mann ihn an wie einen Fremden. Joachim von Windberg erinnerte sich schon nicht mehr daran, daß er dem Laienbruder vorhin befohlen hatte, den Besucher zu ihm zu schicken. „Wer bist'? Was willst'?" brachte der Prior endlich mühsam heraus.

Der Mühlhiasl musterte ihn mitleidig. „Bin ein armer Hund – genau wie du", erwiderte er dann leise. „Mir ist der Vater gestorben – aber dir stirbt eine ganze Welt. Könnt' nicht sagen, was schlimmer ist . . ."

„Was weißt du vom Weltsterben?!" fuhr der Abt auf. „Was weiß ein Tölpel wie du von dem, was einen wie mich umtreibt?"

„Wir sind alle bloß Tölpel", antwortete der Hiasl. „Und wissen alle zusammen nichts. Aber manchmal seh' ich Sachen, manchmal schlägt's mir ins Hirn hinein, daß es mich schüttelt. Dich hab' ich vorhin gesehen, wie du saufst und saufst, schon die ganze Nacht durch und den ganzen heutigen Tag auch. Saufst aber nicht, weil's dir schmecken tät'. Saufst aus der Angst heraus, weilst d' nicht weißt, was kommen wird, was werden wird. Das fetzt dich auseinander wie die Hundszähn' einen alten Lumpen . . ."

„Sag du mir, was kommen wird, was werden wird", unterbrach ihn der Windberger. Schrill klang seine Stimme. Wie ein Bettler kauerte er da.

„Was kommen wird?" murmelte der Mühlhiasl und musterte mitleidig den Abt. Musterte ihn und starrte und hatte plötzlich das Gefühl, neben sich selbst zu stehen, einmal mehr seiner materiellen Hülle entwichen und entflohen zu sein. Körperlos zu schweben schien er, und auch das Dröhnen war jetzt wieder um ihn und in ihm, und er sah sich – wie aus unendlicher Entfernung – den Arm gegen den Windberger heben, hörte sich auf den greisen, betrunkenen Kleriker einreden: „Wird ein weißer Vogel oder Fisch über den Wald fliegen . . . Werden Wagen gemacht, die wo ohne Roß und ohne Deichsel fahren . . . Wird über die Schwarzach eine eiserne Straß'n gebaut . . ."

Er sah es, er hörte es. Er sah den Fisch gebläht und lautlos über die Baumwipfel hingleiten; er sah die kleine Gondel unter dem prallen Bauch und konnte sich nicht erklären, was das war. Er sah die weißen Vögel über das Firmament rasen, schneller, als je ein Vogel fliegen konnte; er hörte ihr Heulen, ihr Fauchen, er spürte, wie sie auf ihren puren Feuerstrahlen ritten, er fürchtete sich vor ihnen. Er roch die stinkenden Wagen, die keine Deichsel und kein Roß mehr brauchten; er sah sie sich vermehren wie die Ratten, er sah sie durch die Täler rasen und die Bergflanken hinauf; er sah, wie einer der giftspuckenden Karren aus der

Kurve brach und gegen einen Baum knallte, wie es brannte, wie ein Mensch in seinem Blut lag. Er sah das Wasser der Schwarzach sich eintrüben unter der stählernen Brücke, die übers Flußbett genietet wurde; er hörte es kreischen, das Metall; er sah die doppelten Eisenstränge sich horizontweit durchs ehemals jungfräuliche Land winden. Er sah und hörte es heranfauchen auf der schrillenden eisernen Bahn; er roch den Ruß und den Schwefel, er hörte das pfeifende Jaulen. Und er sah den eisernen Wurm, den eisernen Hund durchs Tal donnern, und er hörte den Wald, den geschlagenen und zerbeilten Wald, unter seinen Tritten poltern und knirschen. Und dann wichen die Bilder, so jäh, wie sie gekommen waren, und er war wieder in seinem eigenen Leib und sah vor sich das entsetzte, vom Wein verwüstete Antlitz des Abtes.

„Was redest' da?! Gotteslästerlich ist's, was du da sagst!"

Der Mühlhiasl zuckte die Achseln. „Du hast mich gefragt – ich hab' dir geantwortet. Was hat das mit dem Gott zu tun, an den du eh nicht mehr glaubst?"

Der Körper des Priors fiel in sich zusammen. Seine Hand zuckte fahrig nach dem Weinpokal. Er trank hastig, haltlos, besabberte sich. „Auch das weißt du?" brachte er danach heraus.

„Ob du was glaubst oder nicht – es macht nichts aus", erwiderte der Mühlhiasl, und schon wieder spürte er das Dröhnen im Schädel. „Die Welt läuft sowieso auf ihrer eigenen Bahn. Die lacht über dich und lacht über mich und über deinen verlorenen Herrgott auch. Die Welt läßt einen Furz fahren, und nichts von allem bleibt . . ."

„Du meinst, daß der Glaub'n untergeht und ganz und gar verschwinden muß?!" ächzte der Windberger.

„Wird so klein werden, daß man ihn unter einen Hut hineinbringt", lachte der Mühlhiasl. „Daß man ihn mit einem Geißelschnalzen vertreiben kann . . ."

Plötzlich wurde sein Blick weich. Er sah die Verzweiflung des alten Mannes, sah einen Menschen vor sich, der bis auf den Grund seines Wesens zerstört war. Glasklar und unter eigenen Schmerzen sah er das Leid des anderen. „Hab keine Angst!" sagte er, drängend und leise, in das verwüstete Gesicht des Priors hinein. „Hab du keine Angst! Was dich anlangt, seh' ich eine große Gnad'. Wirst nicht leiden müssen unter dem, was kommen wird. Wird einer Erbarmen zeigen mit dir, ein Großer. Aber mehr darf ich dir nicht sagen . . ."

„Erbarmen . . .", flüsterte der Windberger. Auf einmal wirkte sein Gesicht ganz friedlich. „Mehr brauch' ich eh nicht", murmelte er noch, dann fiel sein Kopf auf die besudelte Tischplatte. Der Wein hatte ihn übermannt; er hatte endlich einschlafen dürfen.

Der Mühlhiasl, der die ganze Zeit in der Mitte der protzig eingerichteten Studierstube gestanden hatte, trat an den Schlafenden heran, hob ihn hoch und trug den Greis zu einer Pritsche, die an der Schmalseite des Raumes stand. Sorgsam bettete er den hilflosen Körper auf das Lager. Er zog eine Decke über den Abt, dann kauerte er sich selbst am Fußende der Liege nieder und bewachte den Schlaf des anderen.

Stunden vergingen. Keiner der anderen Mönche wagte sich in die Studierstube. Irgendwie schienen sie zu ahnen, daß weder der Prior noch sein unheimlicher Besucher gestört werden durften. Über das Kloster Windberg zog der Novembertag hin, verschattete sich zuletzt und machte der Nebelnacht Platz. Der Abt schlief, sein Besucher kauerte regungslos da. Ab und zu zuckten Bildfetzen durch das Gehirn des Mühlhiasl. Die Mitternacht kam, dann die dunkelste Stunde der Nacht, zuletzt zögernd der neue Tag. Als die Schwärze in der Studierstube sich zu zagem Grau verfärbte, schlug der Abt die Augen auf. Er erkannte den Apoiger, und sein Blick wurde mild. Das Wüste, das Zerquälte, das noch wenige Stunden zuvor das Antlitz des Alten gefurcht und zerrissen hatte, war jetzt verschwunden. Lange schaute Joachim von Windberg auf den nach wie vor bewegungslos dahockenden Müller, zuletzt sagte er leise und wie über sich selbst erstaunt: „Weiß nicht mehr, was wir gestern geredet haben. Weiß noch nicht einmal, warum du gekommen bist. Weiß bloß, daß du auf der unteren Klostermühl' haust und daß dir der Vater verstorben ist. Aber eines weiß ich: Daß meine Seel' zum Frieden gefunden hat, weil du mit mir geredet hast. Einem alten Mann hast du etwas Gutes getan, Müller . . ."

„Wenn's so ist, freut's mich", erwiderte der Hiasl. „Dann könntest' jetzt auch was für mich tun, Windberger." Er erhob sich, geschmeidig wie ein Waldtier, und trat an das Schreibpult heran, das in der Mitte des Raumes stand. Jetzt war nichts Magisches oder Übernatürliches mehr um ihn, ganz nüchtern und geschäftsmäßig redete er weiter: „Mein verstorbener Vater, der Matthias Lang von Apoig, hat die Mühle vom Kloster zu Lehen gehabt. Ich tät' drum bitten, daß du mich, seinen Erben, jetzt auch als seinen Nachfolger auf der Mühl' einsetzt. Und wenn du's gnädig machen könntest mit dem Zinsgeld, wär' ich heilfroh. Hab' die Mutter zu ernähren, dazu mein Weib und vier Kinder. Und die Zeiten sind schlecht, das weißt du selbst."

Der Abt hatte sich inzwischen aufgesetzt. Jetzt trat er langsam ebenfalls ans Schreibpult. „Dann heißt also du auch Matthias?" fragte er.

„Matthäus – aber man nennt mich überall bloß den Mühlhiasl", erwiderte der Apoiger.

„Dann hab' ich von dir schon viel gehört", sagte nachdenklich Joachim von Windberg. „Die einen behaupten, daß du mit dem Leibhaftigen im Bund bist, die anderen meinen, daß dir eine ganz besondere Gab' geschenkt worden ist. Es sind Leut' ins Kloster gelaufen gekommen, die wollten, daß man dich verbrennt, und andere haben von dir geredet wie von einem Heiligen..."

„Weil die Menschen blöd sind, die einen wie die anderen", unterbrach der Hiasl schroff den Abt. „Einen verbrennen oder einen heiligsprechen, dazu gehört nicht viel. Aber einem zuhören können und auf die Natur horchen können, das verlangt viel Hirn und Herz von uns Menschen."

Nachdenklich nickte der Prior. Dann murmelte er: „Ich hab' dir zugehört, gestern, obwohl ich angesoffen war. Und es hat mir geholfen, auch wenn ich nicht sagen kann, wieso und warum. – Und jetzt will ich wieder auf dich hören, auf das, was du von der Mühl' und der Pacht und von deinen Leuten vorgebracht hast. Soll keiner später sagen können, der Joachim von Windberg hätt' kein Herz gehabt für die Menschen, die ihm anvertraut gewesen sind." Fast freundschaftlich berührte er mit seiner welken Greisenhand die Schulter des Mühlhiasl, suchte dann Tintenfaß, Feder und Papier aus der Lade des Schreibpultes heraus und setzte hinzu: „Wart eine kleine Weil', dann wird alles seine Richtigkeit haben."

Die Feder kratzte über das Papier, sperrte sich manchmal, huschte dann um so schneller wieder weiter. Endlich wedelte Joachim von Windberg das Blatt trocken, dann las er dem Apoiger vor, was er geschrieben hatte: „... wird die Apoiger Klostermühle von Abt Joachim von Windberg an den Matthäus Lang, vulgo Mühlhiasl, von Hunderdorf verstiftet, und hat der Genannte armutshalber an Stiftsgeld bloß fünfundsiebzig Gulden nach Windberg zu entrichten, welchselbe nicht gleich, sondern erst innerhalb von fünf Jahren abbezahlt werden sollen."[53])

Lächelnd drückte der Abt dem nunmehr legal bestallten Müller von Apoig das Dokument in die Hand. Der Hiasl, dem die Dankbarkeit im Gesicht geschrieben stand, faltete das Blatt sorgfältig zusammen. „Die meisten Pfaffen haben kein Herz", sagte er und schaute dabei dem Windberger offen in die Augen. „Aber du schon!"

„Ist nicht immer so gewesen", murmelte der Abt. „Hab' manchen hart gedrückt in meinen jüngeren Jahren und auch später noch. Aber vielleicht..."

„Ist dir ja noch Zeit geblieben, daß du hast umkehren können", unterbrach ihn der Mühlhiasl. „Ist dir grad noch ein bissl Zeit geblieben für die Barmherzigkeit. – Und jetzt b'hüt dich, Windberger! Auf der Mühl' warten die meinen auf mich. Ich muß gehen."

„Wirst' ab und zu wieder einmal heraufkommen zu mir?" fragte der Greis, und es klang beinahe demütig.

Etwas zuckte über das Antlitz des Mühlhiasl. Dann erwiderte er dunkel: „Werd' noch oft das Kloster sehen, bis dann auch für mich und später für die Häuser die Zeit gekommen ist. – Dank' dir noch einmal, Windberger, und hab du vor nichts mehr Angst!"

Mit diesen letzten Worten war der Apoiger plötzlich wie ein Schatten verschwunden; allein, aber nun mit einem abgeklärten Lächeln im weise gewordenen Antlitz, stand der Prior inmitten seiner Studierstube. Lange sinnierte er dem so jäh aufgetauchten und ebenso jäh wieder verschwundenen Besucher nach. Tief in seinem Inneren wußte er, daß etwas ihn angerührt hatte, das wahrhaftiger und sinngebender war als jener Gott, an den er geglaubt und an dem er gezweifelt hatte. Denn nunmehr schwang in seinem Herzen und in seinem Gehirn nur mehr ein einziges Wort nach, und dieses eine Wort lautete: Barmherzigkeit.

*

Der Mühlhiasl wanderte indessen den Berg hinunter und trug jenes andere Wissen mit sich, das er dem Greis nicht hatte offenbaren wollen. Dieses Wissen hatte er allein zu tragen; schon immer war dies so gewesen, doch heute fiel es ihm seltsamerweise nicht schwer.

Die Mühle, über die er nunmehr regieren sollte, tauchte vor ihm auf. Ehe der Hiasl eintrat, drehte er sich noch einmal um und schaute zum Berg hinüber, auf dem das Zisterzienserkloster stand. Er lächelte dabei, freilich ein wenig schmerzlich, dann betrat er die Flez[54]) und die Stube. Die Mutter und die Barbara schauten ihm ängstlich entgegen. „Bist arg lang ausgeblieben", sagte die Witwe mit leisem Tadel.

„Ist notwendig gewesen", erwiderte der Mühlhiasl. Er legte das Dokument auf die gescheuerte Tischplatte. „Der Windberger hat mir die Mühl' für wenig Geld verstiftet", erklärte er. „Wir können das Dach über dem Kopf behalten." Er zögerte, setzte dann hinzu: „Aber der Abt hat mich noch in einer anderen Sach' gebraucht..."

„In einer geschäftlichen?" fragte Barbara. Die Freude darüber, daß das Apoiger Lehen weiterhin der Familie gehören sollte, war ihr und auch der Annamirl deutlich anzusehen. Und selbst in den Augen der vier Kinder war die Erleichterung darüber zu lesen, daß sie nun offenbar weiter auf der Mühle bleiben konnten.

„Ist nichts Geschäftliches gewesen", antwortete der Hiasl. „Es war..."

Er unterbrach sich, denn ein dünnes, metallenes Schwingen hing plötzlich in der Stube von Apoig. Die Erwachsenen und auch die Kinder verharrten erstaunt und gleichzeitig erschrokken. Endlich brachte die Witwe heraus: „Kirchenglocken sind's. Aber jetzt, um diese Zeit..."

„Sind die Windberger Glocken", antwortete der Mühlhiasl. „Und läuten tuns', weil im Kloster droben der Abt verstorben ist."

Er stand auf, ging vor die Haustür und blickte auf den Weg zurück, den er gerade erst heruntergekommen war. Neben ihn schoben sich Barbara und die Mutter. Die Kinder hatten sich ängstlich in der Flez zusammengeschart. Das Wummern und Schwingen der Windberger Glocken war jetzt lauter zu hören. „Hast aber doch vor ein paar Stunden noch mit ihm geredet", sagte nach einer Weile die Barbara.

„Da hab' ich's schon in seinen Augen gesehen", erwiderte leise der Hiasl. „Da hat der andere schon hinter ihm gestanden. Hab' gewußt, daß es höchstens noch ein paar Tag' dauern kann. Jetzt ist's noch schneller gekommen. Hat mir grad' noch die Mühl' verstiften können, eh' es soweit gewesen ist."

Sein Weib und seine Mutter schauten den Hiasl erschrocken an. Einmal mehr war ihnen der, den sie doch beide liebten, fremd und unheimlich. „Der Herrgott sei seiner Seel' gnädig!" murmelte zuletzt die Annamirl.

„Jetzt und in alle Ewigkeit!" setzte die Barbara hinzu. Dann begannen die beiden Frauen murmelnd einen Rosenkranz zu beten, während nach wie vor die Windberger Kirchenglocken ihr Geläute über den Vorwald hin sandten.

Der Mühlhiasl selbst betete nicht. Er wußte mehr von den Dingen des Lebens und des Todes als die Frauen. Er wußte, daß sich die Prophezeiung, die er dem Abt am Vortag gemacht hatte, nunmehr erfüllt hatte: Joachim von Windberg brauchte nicht mehr zu erleben, was über das Kloster kommen sollte. Die Angst war von ihm genommen worden, denn ein Großer, der Tod, hatte sich, ganz wie der Apoiger es vorausgesagt hatte, barmherzig gegenüber einem Barmherzigen gezeigt.

Zerkrachendes Leben

Lächelnd, Frieden im Antlitz, hatten die Windberger Mönche den verstorbenen Abt in seiner Studierstube gefunden. Sie hatten ihn aufgehoben und in die Kirche getragen, wo der Leichnam dann vor dem Hochaltar aufgebahrt worden war. Und auch in der Kirche noch, im schweren Dunst der Wachskerzen und des Weihrauchs, war das Lächeln nicht aus dem Gesicht Joachims von Windberg gewichen. Es hatte sich dort gehalten, bis der Tote nach feierlichem Requiem eingesargt und in der Abteigruft beigesetzt worden war.

Kaum jedoch waren die Trauerchoräle verklungen, war auch das Lächeln, das der Tote zuletzt noch über das uralte Kloster gebreitet hatte, vergessen. Im Dezember dieses Jahres 1799 verhärteten sich die Gesichter der überlebenden Zisterzienser von Tag zu Tag mehr. Der Dahingegangene mußte ersetzt werden; die Wahl eines neuen Priors stand an. Im Kloster bildeten sich Klüngel und Interessengruppen. Ein halbes Dutzend Patres gleichzeitig spekulierte gierig auf die nun in ihre Reichweite gelangte Würde. Es wurde gebetet wie nie – und wie nie in den vergangenen Jahren wurden Intrigen gesponnen. Machtkämpfe, von frommem Gehabe kaschiert, brachen aus. Gegen die Dezembermitte hin zeichnete sich dann allmählich ab, wer das Rennen um die absolute Herrschaft innerhalb der Klostermauern und dazu über Dutzende von Lehensgütern, Weilern und Besitzrechten machen würde. Als Sieger ging zuletzt ein gewisser Pater Ignaz[55] hervor, ein Galliger, ein Raffer, den noch nie einer seiner Mitbrüder hatte lächeln sehen. Er jedoch, dessen Name schon bissig klang, hatte sich gegen alle anderen in der Meute derer, die nach der Würde und der Macht lechzten, durchbeißen können.

Kaum war er gesalbt und gekrönt, stellte Ignaz von Windberg klar, daß über dem Kloster und seinen Ländereien nunmehr ein neuer, schärferer Wind wehen müsse. Unter seinem Vorgänger Joachim sei überall die Mißwirtschaft eingerissen, tönte Ignaz mißgünstig. Wartete dann noch nicht einmal das Weihnachtsfest ab, sondern ließ sich sofort einen der lange müßig im Stall gestandenen Klosterhengste aufsatteln und ritt, drei, vier Waffenknechte im Gefolge, los.

Der Trupp, eher einem Haufen Landsknechte als einer kirchlichen Abordnung ähnlich, brach in Lehenshöfe ein, in die Anwesen von Handwerkern, in Weiler, brach ein in Mühlen- und Fischgründe, scheuchte die Menschen aus ihrem Vorweihnachtsfrieden hoch, ängstigte sie, quälte sie. Rechenschaft forderte Ignaz von Windberg von allen, die dem Kloster hörig waren, Rechenschaft über viele Jahre zurück, Rechenschaft über Abgaben, die geleistet worden waren, oder solche, die sein Vorgänger in seinen letzten, milderen Jahren gnädig gestundet oder ganz erlassen hatte. Rechenschaft forderte Ignaz von Windberg über die Erträge an Korn, Mehl, Fischen und Vieh; Ertragssteigerungen verlangte er barsch, wobei er auf die Zahl der Kinder auf den Anwesen, auf Kranke oder Unbeholfenere nicht achtete. Die Mißwirtschaft mußte beseitigt werden; dies war sein einziges Credo in jenem Dezember des Jahres 1799 und dann weiter in den Januar, in den Februar und schließlich ins Frühjahr des Jahres 1800 hinein.

Die einen duckten sich und versprachen alles, was der neue Abt so bissig von ihnen einforderte. Die meisten handelten so, weil ihre Familien, ihre Sippen, ihre Dörfer seit Jahrhunderten vor der Kirche hatten im Staub kriechen müssen. Einige wenige, die von den neuen Ideen gehört hatten, die aus Frankreich nunmehr auch bis Bayern und in den Vorwald vorgedrungen waren, versuchten sich gegen die Knute ihres Lehensherrn aufzulehnen. Zögernd und angstvoll brachten sie den einen oder anderen Einwand gegen die Forderungen des Windbergers vor, doch der pflegte dann bloß wütend nach seinen bewaffneten Klosterknechten zu pfeifen. Dann drängten die Büttel ihre Gäule gegen die Aufmüpfigen und zeigten die blanken Klingen, die Peitschen, die Stricke auch, und wenn diejenigen, die in den Augen des Windbergers nichts weiter als dreckiger, nichtsnutziger Pöbel waren, dann noch immer nicht kuschten, dann hatten sie im Handumdrehen ihre Pachtfelder und das Dach über ihrem Kopf verloren. Rigoros und hartherzig jagte der gekrönte Mönch sie auf die Straße, in die Armut und ins Bettelleben, und sie mußten sich der Schar derer anschließen, die ohnehin schon besitz- und rechtlos zu Tausenden durch Bayern irrten. Dies waren die Reformen, die Ignaz von Windberg mit wahrlich heiligmäßigem Eifer betrieb, und an einem windfludrigen Tag im späten März tauchte er in Begleitung seiner Büttel auch auf der Apoiger Mühle auf.

Der Hiasl ging gerade über den Hof, als die Rösser, Dreckbatzen aufschleudernd, auf den Platz preschten, den Müller zu überrennen drohten, doch dann plötzlich vor ihm scheuten, als seien sie gegen eine unsichtbare Wand geprallt. Während der Hiasl bewegungslos und mit einem ganz feinen Lächeln im Gesicht dastand, brachten die Klosterknechte fluchend ihre Gäule zur Raison. Der Abt selbst hatte Mühe, sich im Sattel zu halten. Zuletzt, als sein Hengst dann doch wieder zur Ruhe gekommen war, herrschte er den Müller aufgebracht an: „Du hast uns die Rösser verhext, du Teufelsbrut!"

„Sind nicht verhext. Sind bloß gescheiter als ihre Herren", gab der Mühlhiasl leise zurück. „Wenn es nach dir gegangen wäre, Windberger, hättet ihr mich einfach über den Haufen geritten." Er faßte den Prior plötzlich scharf ins Auge. „Aber vielleicht ist das Christenart ..."

Die Reitpeitsche des Windbergers zuckte – und senkte sich dann wieder. Auf einmal schien der Abt ein ganzes Stück kleiner geworden zu sein. „Du weißt, wer ich bin?" fragte Ignaz von Windberg bloß noch.

„Hab' deinen Vorgänger Joachim gekannt und hab' auch dich früher schon im Kloster gesehen", erwiderte der Mühlhiasl. „Bist vor vielen Jahren arm wie ein Bettler ins Kloster gekommen. Hast damals nichts gehabt als deine Kutt'n. Jetzt bist' hochgekommen. Bist ein Bettelmann, der wo jetzt aufs Roß aufsitzen darf. Und es zeigt sich jetzt an dir, daß der Bettelmann, wenn er aufs Roß kommt, nicht zu derreiten ist ..."

„Soll ich ihm ein paar aufs Maul hauen für seine Frechheiten?" rief einer der Klosterknechte.

Mit einer Handbewegung brachte ihn der Abt zum Schweigen. „Traust dich viel", sagte er leise zum Apoiger Müller. Sein Blick flackerte. Auf unerklärliche Weise hatte der Hiasl ihm die Schneid abgekauft. „Aber ich will dir's nachsehen", murmelte er. „Sind seltsame Geschichten über dich in Umlauf. Sollst Kräfte haben, wie sie normalen Menschen nicht gegeben sind. Und wie mein Vorgänger verstorben ist, bist' die letzte Nacht bei ihm gewesen ..."

Er brach ab, stierte auf den Mühlhiasl, schien seine Nachsicht selbst nicht recht begreifen zu können. Der Müller schwieg, ruhte in sich selbst. Hielt den Blick des Abtes aus, bis der andere zuletzt die Lider senkte. Erst dann sagte der Hiasl leise: „Bist nach Apoig gekommen, Windberger, weil du nicht weißt, ob ich die Mühl' mit Fug und Recht betreib'. Hast im Kloster kein Papier darüber finden können. Hast gedacht, du könntest mich und die meinen leicht von der Mühl' jagen. – Aber in der Truh' drinnen hat's schon eine Urkund'n. Hat mir dein Vorgänger gegeben, ein paar Stunden bloß vor seinem Tod. War das letzte, was er geschrieben hat. – Willst es sehen, das Papier, Windberger?"

„Ja", erwiderte der Abt gepreßt. „Deswegen bin ich gekommen. Bloß damit alles sein Recht und seine Ordnung hat." Der Kleriker, der mehr als eine Familie von Haus und Hof vertrieben hatte, sagte es beinahe entschuldigend. Die Reitknechte glotzten auf ihn, als sei er plötzlich verrückt geworden. Der Wolf, den sie bisher gekannt hatten, schien sich in ein Schaf verwandelt zu haben.

„Dann komm mit hinein in die Stub'n, Windberger", forderte der Mühlhiasl den anderen lächelnd auf.

Drinnen, im Halbdunkel, starrten sechs Augenpaare auf den Kleriker. Die der Alten ängstlich, die von Barbara trotzig, diejenigen der Kinder neugierig. Der Abt murmelte ein „Gelobt sei Jesus Christus" drückte sich an den Weibern und der Kinderbrut vorbei und folgte dem Hiasl zur Truhe neben der Kaminstelle. Lange kramte der Sechsundvierzigjährige im eichenen Kasten, endlich brachte er das verlangte Papier zum Vorschein. „Da, lies, was der geschrieben hat, der vor dir geherrscht hat und vor dir gestorben ist!" Mit diesen Worten reichte der Mühlhiasl dem Windberger die Stiftungsurkunde.

Die Hände des Abtes zitterten, als er die wenigen Zeilen überflog. Was der Müller gesagt hatte, hatte ihn schon wieder im Innersten getroffen. Schnell, viel zu schnell gab er die Urkunde an den Hiasl zurück. „Ist gut. Hat alles seine Ordnung", murmelte der Windberger. „Leb in Frieden auf der Mühl' mit den deinen. Ist ganz recht, wie's der Prior Joachim selig gemacht hat. – Jetzt muß ich weiter, muß mich schleunen..."

Er floh beinahe aus der Stube, aus dem Haus. Langsamer folgte ihm der Mühlhiasl. Draußen sah er, daß der Abt Mühe hatte, in den Sattel zu kommen. Einer der Klosterknechte mußte ihm Hilfestellung geben. Endlich hatte Ignaz von Windberg Schenkelschluß gefunden. Er zerrte an den Zügeln seines Rappen, drehte sich im Abreiten noch einmal zum Mühlhiasl um. „Leb in Frieden auf Apoig", rief er, ehe er den Gaul wegpreschen ließ. Ihm nach trabten die Knechte, Schlamm spritzte weg, Erdklumpen wurden von den trommelnden Hufen hochgeschleudert. Dann verschwanden die Rösser hinter den Erlen, die den Bachlauf bis hinüber zur Straße nach Windberg hinauf säumten. Der Mühlhiasl schaute ihnen nach, bis das Hufgetrappel verklungen war. „Frieden hat er mir gewünscht", murmelte er. Er hätte sich erleichtert fühlen müssen. Aber tief in seiner Seele, in seinem Schädel war so etwas wie ein ungutes Frösteln. Eine Ahnung, welche den Hiasl ängstigte. Doch die Zukunft konnte er diesmal nicht erkennen. Bloß dieses inwendige Frösteln und Frieren war da. Zuletzt schnaufte der Hiasl tief durch, dann ging er zu dem Bauernkarren, der auf dem Hofplatz stand, wuchtete einen Roggensack herunter, trug ihn zur Mühle und setzte sein Tagwerk, das der Windberger unterbrochen hatte, fort.

Der Abt ritt unterdessen wie gehetzt den Berg hinauf, trieb seinen Hengst dermaßen an, daß ihm die Klosterknechte kaum zu folgen vermochten. Als er Apoig verlassen hatte, war er wie betäubt gewesen. Jetzt, da er dem Mühlhiasl aus den Augen gekommen war, wich allmählich die Beklemmung von ihm, und an ihre Stelle trat Haß, unbändiger, irrationaler Haß, der sich mit jedem krampfhaften Galoppsprung des Rappen noch steigerte. Denn jetzt begriff Ignaz von Windberg, wie sehr der armselige Müller ihn geduckt, ihn gebrochen hatte. Als ein Herr war er auf den Apoiger Hofplatz geritten, aber dann, unter dem Blick und den Worten des anderen, hatte er innerlich kuschen müssen wie ein Hund. Mit der bloßen Kraft seines Willens hatte der Müller ihn zu einem Nichts, zu einem Dreck gemacht. Hatte ihn davonschleichen lassen mit eingezogenem Schwanz, hatte ihn gar noch gute Worte winseln lassen, obwohl er doch eigentlich als ein Fordernder und ein Überlegener hatte auftreten wollen. Angst und Unterwürfigkeit hatte er in den Augen des Müllers lesen wollen – aber dann hatten die Angst und das Kuschen ihn selbst angefallen, und er war gegenüber dem Abgerissenen, dem Barfüßigen hilflos gewesen. Er, der Abt von Windberg, der nach Recht und Gesetz zum Hochadel Bayerns zählte[56]), hatte sich einem beugen müssen, der nicht viel mehr war als ein Sklave, ein Leibeigener, ein Nichts.

Der vom rasenden Bergritt erschöpfte Rappe stolperte, wäre um ein Haar zu Fall gekommen. Heftig riß der Abt ihn mit Hilfe der Kandarenzügel wieder hoch. Dann schnitt die Reitpeitsche mehrmals hintereinander durch die diesige Märzluft. Keuchend und schaumbedeckt raste der Gaul weiter, auf das Kloster zu, dessen wuchtige Mauern nun schon nahe waren. Wieder und immer wieder schlug Ignaz von Windberg mit der Peitsche zu. Doch er meinte im Grunde gar nicht das Tier, sondern den Müller von Apoig, und während er die unschuldige Kreatur bis aufs Blut quälte, schwor er sich, daß er für die klägliche Stunde, die er auf Apoig hatte erleben müssen, eines Tages fürchterliche Rache nehmen würde. Und in seinem Haß wurde auch er nun beinahe hellsichtig und wußte plötzlich, daß diese Stunde bald kommen würde, die Stunde, in der er den Mühlhiasl ebenso treffen konnte, wie der andere heute ihn getroffen hatte.

*

Vorerst freilich blühte der Haß anderswo in Bayern und in der Welt. Zwischen dem revolutionären Frankreich und dem erzkatholischen Österreich brach in diesem Jahr 1800 der Krieg erneut aus. Es wurde gerüstet, marschiert und taktiert; in den Sog hineingerissen wurde bald auch das Kurfürstentum des erst kürzlich gekrönten Max Joseph. Einmal mehr rannten die Bauernburschen zu den Fahnen, rannten freiwillig oder wurden zwangsrekrutiert, einmal mehr begannen die Felder in Bayern brach zu liegen, einmal mehr ackerten und sensten bloß noch die Weiber und die Kinder. Mager fiel die Ernte dieses Jahres 1800 infolgedessen aus; der Strom aus Roggen und Weizen, der in anderen Jahren reichlich in die Schüttkästen der Mühlen geflossen war, dünnte in diesem Kriegsjahr arg aus. Denjenigen, die das Brotgetreide mahlen sollten, wurde das Brot knapp. Auch auf der Apoiger Mühle wurde in diesem Jahr Schmalhans Küchenmeister. Gegen den Winter zu streiften die älteren Kinder durch die Wälder um den Windberger Klosterhügel, sammelten Eicheln und Bucheckern, auch Rindenfetzen. Schon im Sommer und im Herbst hatten sich die Apoiger – wie viele andere Menschen im Land auch – oft mit Hilfe von Pilzen und anderen

Waldfrüchten durchbringen müssen. Bargeld war in diesem Jahr überhaupt nicht in die Mühle gelangt; was an Silber und Gold in Bayern in Umlauf gewesen war, hatte längst der schwelende Krieg gefressen.

Kurz vor dem Weihnachtsfest, am dritten Dezember dieses Jahres 1800, kulminierte der Zweite Koalitionskrieg in der Gegend von München. Im Ebersberger Forst, bei dem Dorf Hohenlinden, marschierten die revolutionären und die monarchistisch-katholischen Heere gegeneinander auf. Napoleon, noch immer Erster Konsul, hatte seinen Marschall Moreau ins vereiste Feld geschickt. Die Armee der Österreicher und der verbündeten Bayern wurde vom Habsburger Erzherzog Johann kommandiert. Im Schneetreiben, im frostigen Wind begannen die Kanonen zu raunzen, die Musketen zu knattern, die Dragoner zu attackieren, die Verwundeten zu wimmern, die tödlich Getroffenen in der Agonie sich zusammenzukrümmen, die gefrorene Erde mit blutigen Nägeln aufzuscharren. Zuungunsten der Österreicher und der Bayern entwickelte sich das Gemetzel; als der Abend früh kam, waren die Monarchisten vernichtend geschlagen. Auf das Hohenlindener Schlachtfeld flatterten die Aasvögel nieder. Im Dunkel der Nacht betrieben die menschlichen Leichenfledderer ihr schändliches Handwerk. Die Kadaver waren inzwischen brettsteif gefroren. Die Feldherren saßen zu diesem Zeitpunkt längst wieder im Warmen. Die Schlächter begannen diplomatische Fühler auszustrecken. Die Verhandlungen zogen sich bis in den Februar des Jahres 1801 hin. Dann wurde zu Lunéville der Waffenstillstand zwischen Frankreich und Österreich geschlossen. Bayern hatte sechs Millionen Gulden an Reparationen zu bezahlen. Die Staatsverschuldung des Kurfürstentums war damit auf achtundzwanzig Millionen Gulden angewachsen; lächerliche fünf Millionen Gulden an Staatseinnahmen jährlich standen dem gegenüber.

Das Volk hungerte und darbte mehr denn je. Adel und Klerus saugten aus dem Land zwischen Alpen und Böhmen, was immer es noch hergeben konnte. Auf die Gant kamen die Kleinbauern jetzt haufenweise. Über die krummen Wege schleppten sich einmal mehr die Rudel der Entwurzelten, der Entrechteten, der Heimatlosen. In den Katen, in den Keuchen wölbten sich die Hungerbäuche der Kinder auf. Leer gähnten die Schüttkästen der Mühlen; auch auf Apoig war es so. Wenn überhaupt noch ausgemahlen wurde, so kam das Korn von Windberg herunter, und das Mehl ging fast bis aufs letzte Stäubchen wieder ins Kloster zurück. Als kurz nach dem Lunéviller Waffenstillstand die alte Annamirl halbverhungert verstarb, konnte der nunmehr achtundvierzigjährige Sohn ihr noch nicht einmal eine anständige Leichenfeier ausrichten. Drei Tage lang lag die Tote im Haus, dann wurde sie sang- und klanglos verscharrt. Die Hungeraugen der Apoiger glotzten der Witwe in die Grube hinein nach. Dann kehrte das Grüppchen der Apoiger ins kalte Haus zurück; selbst das Brennholz war knapp geworden in diesem Jahr. Was der Wald hergab, raffte das Kloster an sich, um Kerzen und Weihrauch für prunkvolle Zeremonie daraus zu erlösen.

In den Nächten lagen der Hiasl und die Barbara jetzt oft wach, während in ihren Gedärmen der Hunger rumorte. Das armselige Begräbnis der Mutter hatte im März stattgefunden, inzwischen war auch der April vorübergegangen, allmählich gewann im Vorwald das Frühjahr an Kraft – ein hoffnungsloses Frühjahr. „Der Windberger hat heut' schon wieder einen Boten geschickt", flüsterte in der Nacht, während draußen der Wind rauschte, Barbara. „Der Büttel hat dich nicht angetroffen, Hiasl, weil du drüben in Racklberg gewesen bist. Aber er hat gesagt, der Abt läßt dir ausrichten, daß du dem Kloster noch immer das Zinsgeld wegen der Übergab' von der Mühl' schuldig bist. Und daß er jetzt nicht mehr lang' zuschauen könnt'."

Der Hiasl wälzte sich ächzend in der schmalen Bettstatt. „Er muß doch auch wissen, der Windberger, daß in diesen Zeiten keiner auch bloß einen einzigen Gulden auftreiben kann", murmelte er. „Wo die Not im Land so groß ist. Wo der Krieg überall die Bänk' abg'räumt hat in den Bauernstuben. Wie kann er da verlangen, daß wir ihn zahlen, der Windberger, der g'schissene?"

„Er verlangt's halt einfach, der Pfaff', und sagt, es ist sein Recht", seufzte die Barbara.

„Ein Recht hat er nicht auf die fünfundsiebzig Gulden", verwahrte sich der Mühlhiasl. „Mit dem Abt Joachim hab' ich abgemacht, daß ich fünf Jahr' Frist hab', bis ich sie erlegen muß. Und von den fünf Jahren sind noch nicht einmal ganz eineinhalb vergangen. Wird sich also schon noch gedulden müssen, der Ruach[57]), bis er ein Geld von mir zu sehen kriegt."

„Der Klosterknecht hat's aber anders gesagt", warf ängstlich die Barbara ein. „Der Abt meint, daß wir jedes Jahr fünfzehn Gulden bezahlen müssen, das macht dann eben die fünfundsiebzig auf fünf Jahr' ..."

„Das kann er so hinstellen, der Windberger, aber im Recht ist er nicht", verwahrte sich der Hiasl. „Der Joachim und ich haben's anders aufgefaßt, wie das Papier geschrieben worden ist, damals, kurz vor der Sterbestund' des Alten. – Dreieinhalb Jahr' haben wir noch Zeit, Bärbl, und da kann auch der Ignaz nichts dagegen machen, auch wenn er's gern' möcht'. – Und jetzt schlaf! Schlaf noch ein bissl, der nächste Hungertag morgen kommt früh genug ..."

„Hoffentlich hast' recht, mit dem, was du gesagt hast", murmelte die Barbara noch.

„Ist schon so mit der Schuld, ist nicht anders", erwiderte, bemüht zuversichtlich, der Mühlhiasl. Aber in seinem Herzen und in seinem Hirn war auf einmal wieder das Frösteln, das er schon damals gespürt hatte, als der Windberger auf dem Hofplatz aufgetaucht war. Und der Apoiger fand in dieser Nacht einmal mehr keinen Schlaf.

*

Droben im Kloster indessen lag auch der Abt in seinem Prunkgemach wach. Ihm rumorte der Hunger nicht in den Gedärmen, eher litt er nach dem reichhaltigen Abendmahl an Verdauungsstörungen und Magendrücken. Doch das allein hätte ihm den Schlaf letztlich nicht geraubt. Der Abt lag schlaflos, weil auch er an jenen Besuch in der Apoiger Mühle vor nunmehr einem guten Jahr dachte. Weil er an die vermeintliche Demütigung dachte, die er noch immer nicht verwunden hatte, die ihn in den Monaten seither ärger und ärger gequält hatte, die ihn zerfraß wie ein Beißwurm, der sich in seinem Herzen eingenistet hatte.

Monatelang hatte sich Ignaz von Windberg den Kopf darüber zerbrochen, wie er sich an dem Apoiger Müller rächen konnte. Der Krieg hatte ihm dann in die Hände gearbeitet; bedingt durch die allgemeine Not waren die Pachtzahlungen an das Kloster immer weniger geworden. Rücksichtslos hatte der Abt diejenigen von ihren Hofstellen vertrieben, die nicht hatten bezahlen können. Und dann war ihm eines Tages eingefallen, daß auch der Apoiger bisher noch keinen einzigen Gulden von seiner Schuld abgetragen hatte. Er hatte begonnen, seine Büttel, seine Mahner hinunter nach Hunderdorf zu senden, erst am Tag zuvor wieder. Er hatte es getan, obwohl er gewußt hatte, daß er den Müllersleuten auf diese Weise nichts anhaben konnte. Sie hatten es schwarz auf weiß, daß ihnen sein Vorgänger fünf Jahre für die Begleichung der Schuld gewährt hatte. Doch Ignaz von Windberg wollte die Apoiger ängstigen, wollte ihnen, zusätzlich zu den Hungerqualen, auch noch durch die Furcht Leibgrimmen verursachen. Denn der Haß fraß in ihm und fraß und ließ ihn nicht mehr los, an den Tagen nicht und auch nicht in den Nächten.

Ruhelos wälzte sich der Abt und brütete weiter seine Rachegedanken aus. Und dann, bis zur ersten Messe war es nicht mehr weit hin, gebar der irrationale Haß des Windberger Abtes einen perfiden Gedanken. An einen Bekannten in Straubing unten hatte sich der Kleriker erinnert, an einen Advokaten, der dem Kloster schon früher manchmal beigesprungen war, wenn es darum gegangen war, einem halsstarrigen Lehensnehmer das Genick zu brechen. Jetzt lächelte Ignaz von Windberg plötzlich und lächelte, bis es Zeit wurde, sich zu erheben und zur Prim[58]) zu gehen.

Schon wenige Tage später kutschierte der Straubinger Advokat auf den Windberger Klosterhof. Der Abt höchstpersönlich hatte ihm die Karosse hinunter in den Gäu geschickt. Jetzt empfing Ignaz seinen Besucher mit ausgesuchter Höflichkeit. Die beiden wußten, was sie voneinander zu halten hatten. Feixend verzogen sie sich in die Studierstube des Abtes und ließen sich ein reichhaltiges Mahl, dazu viel Wein auftischen. Danach trug Ignaz von Windberg dem Straubinger Rechtsverdreher sein Anliegen vor.

„Es ist nicht, weil ich persönlich etwas gegen den Müller Matthäus Lang von Apoig hätte", beteuerte er. „Aber man muß mit dem aufräumen, was unter meinem schwachen Vorgänger – Gott hab' ihn selig! – auf den Klosterpfründen so ungut eingerissen ist! Der Müller von Apoig hat dem Joachim, der ja schon ein hilfloser Greis gewesen ist, einen Zinsvertrag abgeschwatzt, der ihn auf fünf Jahre von jeder Leistung ans Kloster freistellt. Ich habe versucht, dem Müller klarzumachen, daß er von der Zinssumme jedes Jahr ein Fünftel zu entrichten hat. Daß es eben so gemeint war in dem Papier und nicht anders. Ich hab's ihm im Guten ausrichten lassen, aber er hat mir noch nicht einmal geantwortet. Und deswegen müssen wir jetzt andere Saiten aufziehen, und Ihr müßt mir dabei raten, mein Freund."

Der Advokat wiegte den herausgefressenen Schädel. „Hat er denn überhaupt Geld, der notige Müller?" wollte er dann wissen.

„Keinen einzigen Gulden, das weiß ich bestimmt", erwiderte der Windberger. „Sie haben ja kaum noch das Fressen in ihrer Hütt'n." Er besann sich, setzte scheinheilig hinzu: „Nicht, daß ich keine christliche Nächstenliebe walten lassen möchte, aber der Matthäus Lang verdient solche Milde nicht. Ist ein Querkopf und ein Rebell, der dem Herrgott" – der Abt bekreuzigte sich fromm – „noch nie die Ehre erwiesen hat. Läßt sich bloß alle heiligen Zeiten, wenn's gar nicht anders geht, in der Kirche sehen, soll statt dessen in seiner Mühle dem Teufel dienen. Das ist der wahre Grund, warum ich ihn von Apoig weghaben will. Nicht um das Geld geht's, sondern um den alleinseligmachenden Glauben."

„Ich verstehe", erwiderte der Straubinger mir perfidem Grinsen. „Es ist eine Angelegenheit der Religion, und deswegen müssen alle guten Christen gegen den Teufelsdiener von Apoig zusammenhalten. Freilich werden wir nicht bloß an die Religion allein denken dürfen, wenn wir den Müller und seine Brut auf die Straß'n jagen wollen. Man wird schon auch ein bissl das Geld im Auge behalten müssen – das Geld, das der Hunderdorfer, wie Ihr sagt, nicht hat . . ."

„Erklärt's mir genauer", bat Ignaz von Windberg. Seine Augen glühten, seine Lippen bildeten einen dünnen Strich.

Der Advokat grinste. „Wenn wir einen von der Mühle jagen, der keinen Gulden im Kasten hat, dann wird der sich schwerlich wehren können. Das ist der Weg, wie wir vorgehen müssen. Wir kündigen ihm das Lehensverhältnis und setzen ihm eine Widerspruchsfrist von ein paar Wochen. Begründen tun wir's mit den ausstehenden Zinszahlungen. Wir behaupten einfach, daß er die Raten schon im zweiten Jahr schuldig ist." Der Rechtsverdreher trank einen Schluck Wein, schmeckte dem Rotspon genüßlich nach und fuhr fort: „Hat er die Kündigung erhalten, ist der Lang am Zug. Das heißt, er wäre am Zug, wenn er könnte. Wenn er sich ebenfalls einen Advokaten nehmen würde. Aber da wird ihm der Schnabel sauber bleiben, weil er nämlich keinen finden wird. Weil dem Fretter, der nicht bezahlen kann, keiner beistehen wird. Ohne einen Juristen kommt er aber nicht gegen uns auf, und so wird die Einspruchsfrist, die wir ihm großzügigerweise gewährt haben, ganz einfach verstreichen. Und ist das erst geschehen, dann könnt Ihr den Halunken mit Fug und Recht von der Mühle jagen, Hochwürden. Und wenn der Apoiger dann erst auf der Straße sitzt, kann er überhaupt nichts mehr machen. Dann kann er sich bloß noch ein paar Jahre hinfretten, bis er endlich in irgendeinem Graben verreckt..."

„Dann wird er begreifen, was es heißt, sich gegen die Mutter Kirche gestellt zu haben!" frohlockte der Windberger. „Ihr seid ein Meister Eures Fachs, mein Freund!" Auch der Abt griff jetzt zum Weinpokal, trank lange und unmäßig. Dabei dachte er an jenen Tag, an dem er auf die Apoiger Mühle gekommen und so schändlich gedemütigt worden war. Jetzt, endlich, würde der Matthäus Lang, der Heidenteufel, dafür bezahlen. „Ihr setzt die Schrift gegen den Delinquenten gleich hier und heute im Kloster auf, gell?!" bat er den Advokaten.

„Ganz wie es Euer Wunsch ist", erwiderte der – und dachte dabei an den Profit, den er machen würde. Die Rechtshilfe würde den Windberger einen guten Teil dessen kosten, was der Müller dem Kloster schuldete. Aber das war Sache des Abtes und der heiligen Mutter Kirche, und der Straubinger Winkeladvokat zerbrach sich naturgemäß nicht weiter den Kopf deswegen. Daß es in dem schäbigen Rechtsstreit nicht ums Geld allein und auch nicht bloß um die Religion ging, hatte er ohnehin längst begriffen.

Zwei Tage später kam wiederum ein Klosterbüttel auf die Apoiger Mühle. Der Hiasl bosselte gerade an dem Bruchsteinmäuerchen neben dem Treibrad herum. Wenn es schon keine vernünftige Arbeit im Mahlgang mehr gab, wollte er doch wenigstens sein kleines Sachl nicht verkommen lassen. Die Kinder waren im Wald, um frühe Früchte zu sammeln. In der Küche hantierte die Barbara mit dem Krauthafen[59]); seit Wochen ernährte sich die Familie hauptsächlich von der mageren, streng duftenden Armeleutekost.

Mit ungutem Grinsen schlurfte der Klosterknecht über den kleinen Hof, blieb dann neben dem Mühlenschuß stehen. „He, du, Apoiger!" rief er in die enge Kluft hinunter.

„Was willst'?" gab der Mühlhiasl unwillig zurück.

„Komm herauf, dann sag' ich dir's."

„Wird nix Gescheit's sein, wenn's von Windberg kommt", schnaubte der Hiasl und kletterte über die kleine Leiter auf den Mühlenvorplatz hinauf. Dann stand er, zusammengerackert und hager, vor dem kräftigen Büttel. „Jetzt tu schon dein Maul auf! Warum bist' gekommen?" sagte er.

„Einer, der mit einem Hax'n schon in der Gant steht, sollt' höflicher sein, mein' ich", gab der Windberger zurück. Dann griff er unter sein Koller und brachte ein zusammengefaltetes und gesiegeltes Stück Papier zutage. Er reichte es dem Müller. „Da, von Abt Ignaz", erklärte er.

Genau in diesem Moment spürte der Mühlhiasl wiederum das Frösteln und die Kälte im Herzen und im Gehirn. Fahrig griff er zu. Seine Hand zitterte. Der Büttel musterte ihn lauernd, als er das Siegel erbrach.

Der Mühlhiasl hatte in seinem ganzen Leben keine Schule besucht. Lesen konnte er deswegen höchst mühselig. Doch immerhin hatte ihn die Annamirl vor vielen Jahren einmal die Buchstaben gelehrt, und ab und zu hatte der Mühlhiasl sich später in wochenlanger Arbeit durch den einen oder anderen Bauernkalender hindurchgearbeitet. Jetzt setzte er sich langsam und zäh Wort um Wort zusammen. Halblaut gemurmelte Satzfetzen hingen in der Frühjahrsluft: „Den Zins trotz mehrmaliger Vermahnung nicht bezahlt . . . Die Raten . . . für die Jahre . . . 1799 und 1800 . . . frech schuldig geblieben . . . Vom Abt Ignaz zu Windberg verfügt . . . Auf der Stelle die Schulden zu tilgen . . . Oder zu räumen . . . Einspruch innerhalb von vier Wochen möglich . . . Dann solle das Recht . . . Seinen Gang gehen in Gottes Namen . . ."

Lange hatte der Mühlhiasl gebraucht, um zu begreifen, was der Windberger Abt ihm in dem unerhörten Schrieb mitteilen wollte. Doch jetzt brannte ihm die Ungerechtigkeit wie Feuer im

Herzen. „Die Sau! Die hinterfotzige Sau!" keuchte er, ließ die Hand mit dem Papier darin kraftlos sinken. „Von der Mühl' will er mich jagen, weil ich in diesen Notzeiten nichts hab' bezahlen können! Auf die Straß'n will er mich setzen, mich und mein Weib und die vier Bamsen[60])! Daß das Verrecken noch schneller geht als hier auf der mageren Mühl'! Ein Dreck ist's, was er da schreibt! Eine Sünd'! Eine Gemeinheit, wie kein anständiger Mensch sie tun dürft'!" Und während er das aus sich herausschrie, dachte der Hiasl an jenen anderen Tag, als der Abt Ignaz so großkotzig in Apoig aufgetaucht war, um dann so geduckt und zusammengekrümmt wieder abzuziehen, und plötzlich begriff er, daß dieser Tag und der heutige miteinander zusammenhingen, daß es eine Verbindung gab zwischen dem gedemütigten und dem kaltherzigen Kleriker, und der Hiasl schrie: „Es ist eine Rache! Eine blutige, hundsgemeine Rache!"

Der Büttel packte ihn am Kragen der schäbigen Joppe. „Verschimpfier' mir meinen Herrn nicht!" schrie nun auch er. „Sonst kommt dir das Recht noch viel blutiger auf den Hals! Brauchst jetzt nicht gegen den anderen lästern, wo du selber schuld an deiner Lage bist. Hättest' doch bezahlt, wie's deine Pflicht und Schuldigkeit gewesen wär'! Jetzt geh'n die Dinge ihren Gang. Entweder du bezahlst, wie's der Hochwürden Herr Abt und sein Advokat von dir verlangen, oder du kommst auf die Gant." Der Büttel grinste, ließ den Müller los. „Aber der Herr Ignaz von Windberg läßt dir noch ausrichten, daß d' ja Widerspruch einlegen kannst. Fahr halt nach Straubing hinunter und nimm dir auch einen Rechtsbeistand..."

„Verschwind von meiner Mühl'! Auf der Stell'!" schnauzte ihn da der Mühlhiasl an. „Eh' daß ich dich derschlag'!"

„Du – mich? Krischperl[61]) du!" gab der Klosterknecht feixend zurück. „Eher ging's umgekehrt. So einem Halbverhungerten, wie du einer bist, brech' ich mit der linken Hand das Kreuz. Aber ich mag mir an dir Händ' nicht dreckig machen. Deswegen geh' ich jetzt. Kann aber leicht sein, daß ich wieder zurückkomm' und dabei helf', wenn du samt deiner Brut von Haus und Hof vertrieben wirst. Heut' in einem Monat, Apoiger!"

Damit ließ er den Mühlhiasl stehen. Während der Büttel verschwand, begann der schmächtige Körper des Müllers zu zittern, immer heftiger, immer unkontrollierter. Das Papier entglitt seinen Fingern; er mußte sich an die Hausmauer lehnen, um dort, an den harten Steinen, ein wenig Halt zu finden. Lange stand er so da, hilf- und wehrlos, und spürte, wie sein Leben, alles, was er sich aufgebaut hatte, zusammenkrachte, wie die Risse durch sein Lebensgebäude liefen, zittrig und blitzschnell, wie die Risse sich verbreiterten, bis alles knirschte und wankte und zuletzt zusammenbrach. Und er stand da und konnte nichts dagegen machen, denn er war nur ein Geschundener und Getretener aus dem Volk, aber hoch über ihm hockte der Windberger Abt in seinem Kloster wie auf einer Zwingburg und lachte über ihn, und lachte und lachte, und dieses gräßliche Lachen fegte die kleine Welt des Mühlhiasl vom Erdboden weg wie ein fauchender Sturmwind, gegen den es keine Rettung und keinen Schutz gab.

Später fand die Barbara ihren Gatten zusammengebrochen neben dem Mühlenschuß. Er schien sie gar nicht zu erkennen. Erschrocken packte sie ihn bei den Schultern, rüttelte und schüttelte ihn. Es war, als hielte sie einen fest, der zu Stein geworden war. Stunden dauerte es, bis er wieder soweit zu sich gekommen war, daß sie mit ihm sprechen konnte. Dann berichtete der Hiasl ihr stockend, welche Botschaft der Klosterbüttel nach Apoig gebracht hatte. „Und jetzt kommen wir auf die Gant! Wird nicht anders sein!" keuchte er zuletzt.

Sein Weib, obwohl jetzt ebenfalls nur noch ein Bündel Angst, zeigte sich stärker. „Noch sitzen wir auf der Mühl'", sagte Barbara, nachdem es ihr gelungen war, ihn ins Haus zu bringen. „Noch können wir kämpfen, Hiasl! Und müssen's auch versuchen! Morgen gehts' hinunter auf Straubing und suchst auch einen Advokaten für uns. Und dann zeigen wir's dem Windberger, dem gottlosen..."

„Der ist nicht gottlos. Der hat seinen Gott voll und ganz auf seiner Seit'n", murmelte der Mühlhiasl. „Und wir werden nix machen können gegen ihn und seinen Gott..."

Trotzdem raffte er sich am nächsten Tag auf und machte sich auf den Weg nach Straubing. Die Barbara, auch die Kinder, blickten ihm mit ängstlichen Augen nach. Der Hiasl selbst schaute nicht einmal nach Apoig zurück. Mit eingezogenem Schädel lief er in seinem armseligen Gewand dahin, stolperte oft wie ein Betrunkener und ahnte bereits, wie es kommen würde. Doch er war es den Seinen schuldig, daß er diesen Weg jetzt auf sich nahm; wenigstens für einen Tag sollten das Weib und die Bamsen noch Hoffnung haben dürfen.

Nach mehreren trostlosen Wegstunden langte der Hiasl in der Gäubodenstadt an. Die Sonne stand schon hoch im blauen Maihimmel. Der Hiasl überquerte die Donaubrücke in der Nähe des alten Herzogsschlosses, das nun längst schon als Fronfeste diente, dann tauchte er in das quirlige Leben der Stadt ein. Nur zwei- oder dreimal war er vorher in Straubing gewesen. Von der Stadt kannte er nicht viel mehr als den Saumarkt. Er suchte sich seinen Weg dorthin, fand einen, der freundlicher aussah als die anderen, und fragte ihn nach einem Advokaten. Der Viehhändler wies ihm den Weg zum Stadtplatz; ganz in der Nähe des mächtigen Turmes sollte ein Rechtskundiger hausen. Der Hiasl fand das Haus, tappte die knarrende Stiege hinauf, schob sich verschüchtert in die protzig eingerichteten Kanzleiräume. Wenig später stand er vor dem Rechtsgelehrten. Er ähnelte mit seinem herausgefressenen Schädel dem, der ein paar Tage vorher in Windberg aufgetaucht war, doch das wußte der Mühlhiasl nicht.

„Was willst', Fretter?" schnauzte ihn der Advokat an.

„Von der Mühl' sollen wir, weil der Windberger einen Grant auf mich hat", erwiderte stockend der Hiasl, kramte gleichzeitig unter seinem Kittel und förderte das bewußte Dokument zutage. Mit zittriger Hand reichte er das Papier dem Rechtsgelehrten. „Da steht alles drin", murmelte er.

Der Advokat nahm das Papier entgegen. Überflog es kurz und erkannte die Handschrift seines Kollegen. Er kannte den anderen gut; sie pflegten miteinander zu tarocken und zu trinken. Sein feistes Gesicht wurde hart. „Kannst' mich denn überhaupt bezahlen?" bellte er gegen den Mühlhiasl hin.

Der senkte betreten den Blick. „Heut' nicht. Vielleicht im nächsten Jahr", murmelte er.

„So, im nächsten Jahr! Und fünfundsiebzig Gulden Schulden hast' außerdem noch!" raunzte der Advokat. „Von dir würd' ich in hundert Jahren keinen Kreuzer sehen! Und deswegen kann ich dir auch nicht helfen! Ein Bettler bist' und hast deswegen auch keinen Anspruch auf das Recht..."

„Aber es geht doch auch um mein Weib und die Kinder", fiel ihm der Hiasl verzweifelt ins Wort. „Wenn uns keiner hilft, stehen wir auf der Straß'n..."

„Dann verreckts halt dort!" schrie ihn der Rechtsgelehrte an. „Wärt nicht die ersten und nicht die letzten. Und jetzt verschwind, eh' daß ich die Stadtbüttel rufen lass'! Verschwind und kapier, daß einem wie dir keiner helfen kann, wennst' nicht für die Hilf' bezahlen kannst!"

Der Mühlhiasl hätte nachher nicht mehr sagen können, wie er eigentlich wieder hinunter auf den Platz und dann aus der Straubinger Stadt gekommen war. Er kam erst wieder zu sich, als die Donaubrücke schon ein gutes Stück hinter ihm lag, als er schon wieder durch den Vorwald lief. Schräg hing die Sonne jetzt am Nachmittagshimmel, der noch immer so unschuldig blau war. Halbrechts stand die mächtige Bogener Wallfahrtskirche auf ihrem erratischen Hügel. Dort hinauf pflegten die Straubinger Bürger und die fetten Bauern aus dem Gäuboden zu pilgern, pflegten dort oben zu beten, doch wenn sie wieder herunterkamen, waren ihre Herzen so steinern wie zuvor. Der Hiasl, der früher auch einmal an einen Gott geglaubt hatte, auch wenn seitdem schon viele Jahre vergangen waren, machte sich keine Illusionen mehr. Ein Herz aus Stein hatte die Welt und lachte kalt und höhnisch über ihn und seinesgleichen, hatte sich schon immer steinschroff gezeigt gegenüber den Armen, den Notleidenden, den Abgestürzten, gegenüber denen, die man so leicht und straflos treten und prügeln konnte. Gegen die Wallfahrtskirche hin spuckte der Mühlhiasl aus. Ein bitterer Geschmack war dabei in seinem Mund, und er kam nicht nur von seiner Enttäuschung und seiner Wut. Er kam auch vom Hunger, denn seit dem frühen Morgen hatte der Hiasl, der Meile um Meile gelaufen war, keinen Bissen mehr zu sich genommen. Und jetzt war es noch immer ein langer Weg zurück bis Hunderdorf und zur Mühle, die – er wußte es jetzt felsenfest – schon nicht mehr die seine war.

Verblaßt war die Sonne, als der Hiasl sich geschlagen und erschöpft in die Stube schob. Die Kinder schliefen bereits auf ihren Strohsäcken. Die Barbara schaute ihm ängstlich entgegen. Im Hafen befand sich noch ein Rest zerkochtes Kraut. Schweigend tischte die Barbara ihm auf, heißhungrig verschlang der Hiasl das armselige Mahl. Erst nachher konnte er sprechen. „Nichts", murmelte er. „Ohne Geld gibt's keine Hilf'. Das hat mir der Rechtsverdreher zu Straubing gesagt, eh' daß er mich hinausgeworfen hat. Verloren ist's, Bärbl. Alles ist verloren. Die Mühl' und unsere Zukunft auch..."

Das Weib begann zu heulen. Flach lagen ihre Arme auf der gescheuerten Tischplatte, den Kopf hatte sie dazwischen vergraben. Es schüttelte ihren dünn und knochig gewordenen Körper wie im Krampf. Sie fragte nicht mehr und hoffte nicht mehr, und ihr Gatte konnte ihr nichts sagen, gar nichts, was sie hätte trösten können. So schwiegen sie und schwiegen die Nacht durch und wußten nicht mehr ein noch aus.

*

In der Jahresmitte dann, im Juni, vier Wochen nach dem vergeblichen Gang des Mühlhiasl nach Straubing, kamen die Klosterbüttel nach Apoig. In ihrem Schutz ritt der Abt von Windberg, und heute saß er nicht geduckt im Sattel seines Rappen, heute triumphierte er. Hielt sich freilich immer ein wenig abseits, als seine Knechte ihr schändliches Werk taten. Als sie das wenige Mahlgut beschlagnahmten, das der Müller noch in seinen Kästen aufbewahrt hatte. Als sie die Familie aus dem Haus trieben, den Mann, das Weib, die Kinder. Hielt sich abseits, als die Apoiger stumm und hilflos starrten; hielt sich abseits, als die Möbel aus dem Haus geschleppt und auf den Karren verladen wurden, auf dem in besseren Zeiten pralle Mehlsäcke die Apoiger Mühle verlassen hatten. Abseits hielt sich der Abt auch, als sich die nunmehr Heimatlosen vor den Karren spannten, als der Hiasl und sein Weib sich die Zugstränge um die mageren Schultern legten, ebenso die beiden älteren Kinder. Die beiden jüngeren Bamsen, ein Bub und ein Mädchen, schoben das unkampete Gefährt von hinten her an, und so verließ die Familie Lang den Ort, der Ihrer Sippe seit Generationen Heimat gewesen war. Die Menschen selbst mußten das in die Fremde ziehen und zerren, was ihnen an armseligen Resten ihrer Existenz noch geblieben war; ein Roß zu füttern wie früher, hatten sich die Apoiger schon lange nicht mehr leisten können.

Als das Gefährt den Abt auf seinem hohen Roß passierte, bohrten sich noch einmal die Blicke des abgewirtschafteten Müllers und die des Klerikers ineinander. Etwas brandete auf zwischen den beiden, etwas Unvereinbares, etwas wie Feuer und Licht einerseits und Eis und Schwärze andererseits. Und Haß dazu aus den Augen des Mühlhiasl und Triumph und Scham gleichermaßen aus den Augen des Windbergers. Einen Moment sah es so aus, als wollte der Mühlhiasl sich seinen Strängen entwinden, als wollte er sich wie eine Furie auf den mißgünstigen Mönch stürzen, und wiederum genau in diesem Moment schien der Windberger Anstalten zu machen, Hals über Kopf zu fliehen. Doch schwitzend hielt er sein Roß an der Stelle, wo es stand, hielt den fürchterlichen Blick aus und hielt ihn durch, und dann war der Karren vorbeigerumpelt, und vom Mühlhiasl war jetzt nur noch das gekrümmte, magere Kreuz zu sehen. Der Karren holperte und knirschte weg, immer weiter weg und verschwand endlich hinter einer Wegkehre. Als nichts mehr von den Apoigern zu sehen war, brach ein kreischendes Lachen aus dem Rachen des Ignaz von Windberg; ein Lachen, das selbst die abgebrühten Klosterbüttel erschreckte, ein Kreischen und schrilles Belfern, das nicht und nicht enden wollte, bis dem Abt zuletzt der Atem wegblieb. Einer der verstörten Knechte reichte ihm eine Flasche, und er soff den Schnaps in sich hinein, soff und soff, bis sein Schädel glühte, und dann zerrte er brutal den Rappen herum, hieb ihm die Sporen in die Weichen und preschte davon, zum Kloster hinauf, als sei der Teufel hinter ihm her.

Der klapprige Karren indessen quälte sich langsam und ruckartig nach Racklberg hinüber. Die Barbara hatte vorgeschlagen, bei ihren Verwandten dort um Unterkunft zu bitten. Ihr Gatte hatte nicht darauf geantwortet, schien – gebrochen wie er war – alles ihr überlassen zu wollen, zog aber immerhin mit seinem Weib am gemeinsamen Strang. Mit großen, verstörten Augen halfen die Kinder mit. Wo der Fahrweg eben war, liefen sie alle sechs stumm dahin. Kam dann wieder eine Steigung, brach bald das Keuchen aus ihren Kehlen. Manchmal konnten sie für eine Weile überhaupt nicht mehr weiter und klammerten sich dann mit pfeifenden Lungen ans spröde Karrenholz. Doch dann rafften sie sich wieder auf und zerrten und stießen ihre Heimsuchung weiter voran; stundenlang ging dies so unter der glühenden Junihitze, und erst als der Sonnenball bereits hinter den Waldrücken im Westen verschwand, kam der Hof in Sicht, von dem Barbara stammte. Der Karren holperte am Misthaufen vorbei vors Haus; erstaunt und verstört kamen die Verwandten ins Freie, und mit ihrem letzten Atem berichtete die Apoigerin ihnen, was unten in Hunderdorf geschehen war.

„Abbrennen müßt' man das Kloster!" knurrte Barbaras Bruder, der seit einigen Jahren den Racklberger Hof regierte. „Und den Oberpfaffen müßt' man rösten auf seiner eigenen Windberger Glut!"

„Das ist nicht christlich, was die Kutten gemacht haben mit euch", pflichtete ihm sein Weib bei.

Der Mühlhiasl bewegte die Lippen. Zum ersten Mal, seit die Büttel in Apoig aufgetaucht waren, redete er wieder, brachte mühsam heraus: „Schon ist's christlich, was sie uns angetan haben. Sind immer Blutgeier gewesen, die Geschorenen, ausgenommen der alte Joachim. Aber es wird der Tag kommen, da werden die Menschen aufstehen und werden ihnen die Raffzähn' einschlagen..."

„Tu dich nicht versündigen mit solchen Reden!" mahnte die alte Racklberger Austragsbäuerin.

„Ist keine Sünd', wenn einer die Wahrheit sagt", beharrte trotzig der Mühlhiasl.

„Das mein' ich auch", stimmte ihm der junge Bauer zu.

„Sünd' hin oder her – wir haben jetzt kein Dach mehr über dem Kopf", fiel Barbara ein. „Und deswegen möchten wir fragen, ob wir bei euch unterkriechen können?"

„Eine Knechtsstub'n könnts schon haben", erwiderte die Racklberger Jungbäuerin nach kurzem Nachdenken. „Steht eine leer, weil wir uns auch nicht mehr viele Ehehalten[62]) leisten können auf dem Hof. – Die Strohsäck', die wo ihr braucht, habts ja mitgebracht. Meinst', daß es gehen wird, Bärbl?"

„Muß schon gehen", antwortete tapfer die ehemalige Müllerin von Apoig.

Gemeinsam griffen sie zu, luden den spärlichen Hausrat vom Karren, schleppten ihn ins Haus. Im Handumdrehen war die Knechtsstube vollgestellt wie eine Rumpelkammer. In der Mitte wurde die Bettstatt aufgeschlagen. Nach einem kärglichen Nachtmahl verzogen sich die sechs Apoiger in ihre armselige Kammer. Der Hiasl und die Barbara mußten sich das Bett mit den zwei jüngeren Kindern teilen. Die beiden Älteren mußten auf dem Fußboden schlafen. Miefig war es in dem Raum, eng und bedrückend. Im Schlaf rotzte und heulte immer wieder eines der Kinder. Stumm lagen die Barbara und der Hiasl da; ihre Angst vor der Zukunft, ihr Leid waren zu groß, als daß sie Worte finden, miteinander hätten reden können. Selbst im Schutz der Dunkelheit war es ihnen nicht möglich. Als die Mitternacht kam, kroch der Mühlhiasl von der knarzenden Bettstatt. „Wohin willst'?" preßte sein Weib heraus.

„Weiß nicht", erwiderte der Hiasl und rumpelte aus der Kammer. Sein Weib hatte nicht mehr die Kraft, ihn zurückzuhalten. Der Hiasl stieg nach unten, lief durch die Flez, war draußen, im Freien. Der Hofhund bellte kurz auf, verstummte dann wieder. Hoch oben spannte sich ein sternenklarer Sommerhimmel. Doch der Hiasl empfand ihn nicht als warm und heimelig; statt dessen schienen die Himmelskörper eisige, bissige, herzlose Pfeile nach ihm zu schießen. Ins Gehirn und in den Leib schnitten sie ihm, sirrten und klangen in seinem innersten Kern, lösten das aus, was er fürchtete: die Vision. Als der Hiasl, mitten im sternenbeglänzten Hof stehend, zu zittern und sich zu verspannen begann, verkroch sich der Kettenhund ängstlich in seiner Hütte. Durch den Schädel des Entwurzelten rauschten die grellen Bilder. Rauschten heran und blühten auf und zeigten ihm, was die Zukunft bringen würde. Und dann, in seine eigene Vision hinein, begann der Mühlhiasl lautlos und unheimlich zu lachen, schadenfroh und entsetzt gleichermaßen, und die Bilder von Windberg rauschten und rauschten. Zuletzt, als sie endlich wieder verflachten, taumelte der Hiasl zur Scheunenwand und kauerte sich an ihrem Sockel zusammen, und dort blieb er sitzen, ein zusammengekrümmtes Bündel Mensch, bis auf dem Racklberger Hof der neue Tag erwachte.

Von dieser Nacht und dem vorangegangenen Tag an entfremdete sich der Hiasl seiner Familie. Ohnehin war ihr gemeinsames Leben zusammengekracht, als der Windberger Abt zusammen mit seinen Bütteln auf der Apoiger Mühle erschienen war. Und jetzt, in Racklberg, war kein Familienleben mehr möglich, sondern nur noch elendes Zusammengepferchtsein. Aus dem Zusammengepferchtsein heraus kamen die bösen, die bissigen Worte zwischen dem Hiasl und seinem Weib; immer öfter auch kam es zum Streit mit den anderen Verwandten. Zu viele Menschen lebten auf dem Racklberger Hof, keiner mehr hatte den nötigen Freiraum, so wurden sie mit der Zeit allesamt bissig wie eingesperrte Tiere. Und der Hiasl war mehr Fremdkörper als die Barbara oder die Kinder; er war den Racklbergern nicht blutsverwandt. Er spürte es und begann auszubrechen. Mied die anderen, wo immer er konnte. Rührte in den Nächten auch sein Weib nicht mehr an; in Gegenwart der Kinder wäre es ohnehin nicht möglich gewesen. Wann immer er konnte, lief er weg, lief hinaus in die Wälder. Dort strolchte und streifte er tagelang, manchmal auch die Nächte durch. Hockte unter einem Baum oder einem Felsen und sinnierte. Sinnierte und spürte, wie sein altes Leben ihm mehr und mehr entglitt. Wie Weib und Kinder ihm fremd wurden und ihm nur noch lästig waren. Und dann kam die Nacht, die Waldnacht, in der er das Frösteln des absoluten Alleinseins verspürte. In der endgültig alles zusammenkrachte, was ihn mit den Menschen und seiner Familie einstmals verbunden hatte. Nach dieser Nacht kehrte der Mühlhiasl erst gar nicht mehr nach Racklberg zurück. Er blieb verschwunden in den Wäldern, war zu einem Schattenwesen und gleichzeitig zum Schatten seiner selbst geworden.

Kanzelsturm

Zum Fest Mariä Himmelfahrt waren sogar die Racklberger nach Windberg gekommen. Wären sie an diesem hohen Feiertag ferngeblieben, hätten sie mit Repressalien zu rechnen gehabt. Also schritten die Bauersleute trotzig ins Kirchenschiff hinein, ihnen nach die Austrägler. Ganz hinten im Grüppchen der Racklberger ging Barbara mit den beiden älteren Kindern. Nur die beiden jüngsten waren zu Hause geblieben, um den Hof zu hüten. Verhärmt sah die Apoigerin aus, abgemagert, mit bläulichen Schatten in den Augenhöhlen. Der Hiasl hatte sich schon seit fünf oder sechs Wochen nicht mehr bei ihr und den Kindern sehen lassen. Manchmal ertappte sich die Bärbl bei dem Gedanken, er sei tot.

Schmal, verschüchtert drückte sie sich in die hinterste Kirchenbank, zu den Tagelöhnern und den anderen Ortsarmen. Die beiden Kinder knieten links und rechts neben ihr. Mißtrauische Blicke und Zischeln trafen sie. Ihre Verwandtschaft nahm weiter vorne in der Kirche Platz. Abgestandener Weihrauchdunst hing in der Luft und verursachte Barbara ein leichtes Schwindelgefühl. Wieder dachte sie an ihren verschwundenen Gatten – voller Sehnsucht und Verachtung wegen seiner Flucht zugleich. Als die Mönche, ihnen voran der Prior, in die Kirche einzogen, veränderte sich das Fühlen Barbaras zu nacktem Haß. Vorne, am Altar, protzte der, dem sie all ihr Unglück zu verdanken hatte.

Die Gesänge und Gebete brandeten zur Stuckdecke hoch. Frischer Weihrauch wurde reichlich verbrannt. Die Bauern und Tagelöhner knieelten und buckelten fromm. Vor dem Hochaltar hin und her wischte in seinem Prunkgewand der Abt. Ihm nach schwänzelte die Corona der Meßdiener. Gregorianisches tönten an gewissen Stellen die übrigen Mönche aus sich. Dann schritt Ignaz von Windberg zur reichgeschnitzten Kanzel, um von dort oben seine Festpredigt zu halten. Ehe der Prior jedoch noch den Fuß auf die erste Treppenstufe gestellt hatte, schmetterte hinten im Kirchenschiff das Portal auf.

Ein Fex, ein Waldschrat, ein Abgerissener mit glühenden Augen schoß herein. Einer mit erdverschmierten Kleidern und strähnigem, dunklem Haar, das ihm wild um das magere Antlitz wucherte. Auf dem Schädel trug er einen speckigen Filz und nahm ihn nicht ab angesichts der Kleriker und des Hochaltars. Lief vielmehr blitzschnell wie ein Wiesel durch den Mittelgang, lief unter dem Raunen und empörten Flüstern der Menge, unter dem Glotzen der Mönche vor bis zur Kanzel, stieß mit klauiger Hand den verdutzt verharrenden Abt beiseite und erklomm die Kanzelstiege behende wie ein Eichhörnchen.

„Hiasl! Mein Gott!" schnaufte in der hintersten Bank die Barbara. Die Kinder starrten verstört auf den Vater. Der stand inzwischen oben, hinter der Kanzelbrüstung. Und über die Kirchgänger, die Windberger Mönche hinweg gellte sein rauher Schrei: „Verrecken mußt', Pfaffenbrut, dreckige!"

„Gotteslästerer!" schrillte es von unten, vom Fuß der Kanzelstiege herauf. „Der Teufel wird dich noch einmal holen, Matthäus Lang!" Der Abt drohte mit der Faust, schickte sich an, dem Frevler auf die Kanzel hinauf nachzusetzen. „Willst' denn dein Seelenheil noch ganz und gar verspielen? Reicht's nicht, daß du um Haus und Handwerk gekommen bist? Ist dir dieser Fingerzeig Gottes noch nicht Warnung genug?"

Auf halber Höhe der Treppe befand sich der Abt jetzt und reckte anklagend den Arm gegen den Mühlhiasl. Der jedoch schickte ihm ein gellendes, unendlich bitteres Lachen entgegen.

„Ist kein Gott!" schrie er den Abt an. „War kein Gott, der mich von der Mühl' gejagt hat, sondern ein Geschorener! Der Abt von Windberg ist's gewesen, Leut', der wo mich und die meinen ins Unglück gebracht hat. Der wo unser Leben zusammenkrachen hat lassen. Der von der Nächstenlieb' faselt und doch hartherziger ist als ein wilder Wolf im Wald. Aber seine Straf' wird er kriegen, der Wolf, und alle anderen dazu, die wo mit ihm im Rudel gelaufen sind ..."

Er brach ab; der Prior hatte die Kanzel erreicht, versuchte von der Treppe aus zum Mühlhiasl vorzudringen. Doch blitzschnell schmetterte der Abgerissene das Türchen zu, das die Kanzel von der gewundenen Treppe trennte. Die Mönche, die sich jetzt unten zusammengeschart hatten, stöhnten auf, als der Mühlhiasl dem Abt einen derartigen Renner vor die Brust gab, daß dieser um ein Haar abgestürzt wäre. „Wirst mich nicht zum Schweigen bringen, Windberger", schrie der Mühlhiasl jetzt. „Wirst dir schon anhören müssen, was ich dir zu sagen hab'. Was ich gesehen hab' im Sternenblitzen und im Weltenkreisen."

Die schwere, metallbeschlagene Kanzelbibel riß der Hiasl hoch und schwang sie drohend gegen den sich duckenden Abt. Und schrie ins Kirchenschiff hinunter: „In diesem Jahr hast' mich von der Apoiger Mühl' verjagt, Windberger, aber es wird bloß noch ein Jahr und dann noch eines vergehen, bis du dasselbe Los erleiden mußt und alle deine Kuttenbrunzer[63]) dazu. Ausgetrieben werdet ihr aus dem Kloster, mit Geißeln und Flinten wird man euch davonjagen, und Windberg wird leer und öd' auf seinem Hügel stehen. In den Klosterhof werden die wilden Hund' scheißen, in der Kirch' werden die Fledermäus' hängen und aus den Fenstern werden die Brennesselbüsch' herausschauen. Die Mönch' werden keinen Besitz und keine Heimat mehr haben, werden übers Land ziehen müssen wie die Bettler, und wenns' Glück haben, wird man sie irgendwo einsperren, wo sie dann aussterben können[64]). Auf den Glauben, den wo die Pfaffen gepredigt haben, wird man pfeifen, landauf, landab. Die Pfaffenbüchl, die Bibeln und das andere Zeugs, werden herausgetragen werden aus den Klöstern und werden für nichts mehr geachtet sein. Die schlammigen Weg' zum Misthaufen wird man pflastern mit den Bibelbüchern oder wird sie zentnerweis' verkaufen für ein paar Kreuzer. Erkennen werden die Menschen, daß sie von den Pfaffen immer bloß beschissen und betrogen worden sind, und leicht kann's sein, daß dem einen oder dem anderen Geschorenen der Schädel mit dem Holzhackl gespalten wird. Werden auch die Kruzifix' in den Häusern abkommen, werden heruntergerissen werden von den Wänden und werden nicht länger in den Herrgottswinkeln hängen. In die Truhen wird man sie schmeißen oder Brennholz aus ihnen machen, und kein Pfaff' und kein Mönch wird was dagegen sagen dürfen. – Dann reiß dein Maul noch einmal auf, Windberger, wenn du's dann noch kannst. Dann red noch von deinem Gott, wenn du dann noch an ihn glaubst. Wirst's aber nicht können und wirst auch nichts mehr glauben, wenn die Zeit erst gekommen ist, einmal übers Jahr und dann noch einmal übers Jahr. An den Mühlhiasl wirst' dann denken, wenn sie dich und deine Wolfsbrut aus dem Bau jagen. Aber dann wird's zu spät sein, denn büßen werdet ihr müssen für das, was ihr den Menschen angetan habt in einem Jahrhundert ums andere..."

In die Prophezeiung des Mühlhiasl hinein donnerte die aufkrachende Kirchentür. Zwei, drei Klosterbüttel, von einem der Mönche verständigt, rannten durch das Portal, rannten, zwischen den aufkreischenden Bauern und Tagelöhnern hindurch, vor zur Kanzel. Prügel trugen sie in den Fäusten, einer hatte sogar ein Beil. „Auch wenn ihr mich jetzt erschlagt, wird's euch nichts mehr helfen! Wird alles so kommen, wie ich's gesagt hab'!" gellte noch einmal die Stimme des Mühlhiasl über den Tumult hinweg. Auf den zurückweichenden Abt, auf die heraufdrängenden Büttel schleuderte er die Bibel. Einen der Knechte, den mit der Axt, riß es von den Beinen. Doch die beiden anderen waren jetzt oben an der Kanzeltür und sprengten sie auf. Es gab ein kurzes Gerangel, ein paar Schläge hin und her, dann hatten die beiden Büttel den Mühlhiasl im Würgegriff. Wie einen Sack schleppten und schleiften sie ihn nach unten, schleiften ihn dann vorbei an dem Rudel der Mönche, die ihm mit Fäusten drohten; ein paar spuckten auch auf ihn. Weiter schleiften sie ihn, an den glotzenden Kirchgängern vorüber, dann prügelten sie ihn durchs Portal hindurch, prügelten ihn über den Hof, jagten ihn fluchend vom Klostergelände.

Aus Mund und Nase blutend, die armseligen Kleider zerrissen, taumelte der Mühlhiasl davon. Taumelte auf den Wald zu, stolperte, fiel ins Dickicht hinein, verkroch sich und verschloß sich im schützenden Forst – und in seinem Schädel räderten und bohrten und wühlten die wilden und wütenden und verzweifelten Gedanken.

In der Windberger Klosterkirche hatte der Abt inzwischen mit eiserner Faust und lautem Gebrüll den ausgebrochenen Tumult zum Erliegen gebracht. Hatte die Kirchgänger von seinen Bütteln wieder in die Betstühle treiben lassen. Hatte von der Kanzel herunter, die nun wieder ihm gehörte, einen Fluch und eine Verdammung gegen den Mühlhiasl geschrillt. Hatte dann spontan gegen den angeblich belialischen Zeitgeist gepredigt und war danach trotzig an seinen Altar zurückgerauscht. Verängstigt ließen die Bauern und Tagelöhner das Ende des Hochamtes über sich ergehen. Später würden sie durchhecheln und endlos besprechen, was heute geschehen war. Im Moment, noch unter der

Fuchtel der Kleriker und ihrer hanebüchenen Büttel, wagte keiner einen Mucks. Daß die Barbara, das Weib des scheinbaren Gotteslästerers, sich heimlich aus der Kirche gestohlen hatte, hatte niemand von den Anwesenden bemerkt.

Sie heulte, sie jammerte inwendig und lief dahin wie ein verschrecktes Tier. Wie ein Tier auch folgte sie ihrem Instinkt, und so fand sie zuletzt die Stelle, wo der Hiasl in den schützenden Wald eingedrungen war, fand den Pfad, auf dem er sich weitergeschleppt hatte, fand zuletzt, nach einer oder zwei Stunden, ihn selbst. Unter einer vom Blitz gespaltenen Buche sah sie ihn kauern, die Knie eng an den Leib gezogen, die Arme um die Schienbeine geschlungen, schwarzes, geronnenes Blut im Gesicht. Und seine gletscherhellen Augen blickten starr und erkannten sie zuerst gar nicht, und seine zerschlagenen Lippen bewegten sich unaufhörlich, ohne daß ein Ton zu hören gewesen wäre.

Das Weib kauerte sich neben seinen Gatten hin, berührte ihn leicht mit der verarbeiteten Hand, flüsterte seinen Namen. Nur ganz allmählich schien der Hiasl daraufhin in die reale Welt zurückzukehren; sein blutiger Schädel ruckte herum, er begriff, wer zu ihm gekommen war. „Du, Bärbl?" brachte er rauh heraus.

Sie zog ihn in ihre Arme, umschlang ihn, riß ihn förmlich an ihre von zu vielen Kindern ausgesogene Brust. Wühlte mit magerer Hand in seinem filzigen Haar und fragte: „Warum? Warum hast' das alles getan?!"

Der Mühlhiasl ließ den Kopf lange an ihrem Leib ruhen. „Warum?" kam es endlich. „Weil's mich dazu getrieben hat. Weil ich nicht anders können hab'." Er löste sich von Barbara, schaute ihr in die Augen. „Warum ich fortgegangen bin von Racklberg, willst' wissen, gell? Weil ich nicht leben kann bei den Verwandten, in der Knechtskammer, wo ich doch selbst einmal ein Anwesen gehabt hab'. Weil ich die Schand' nicht ertrag' und die Armut nicht und auch das armselige Fretten nicht. Weil ich dir und den Bamsen nicht mehr in die Augen schauen kann. Weil ich nicht mehr zum Vater und nicht mehr zum Gatten taug' . . ."

„Bist immer noch mein Mann und bist immer noch der Vater unserer Kinder", unterbrach ihn die Barbara. „Mußt doch nicht so einen Blödsinn daherreden!"

„Ist nicht so, wie du's sagst. Ist so, wie ich's gesagt hab'", erwiderte trotzig der Mühlhiasl. „Dreizehn Jahr' haben wir zusammen gehabt, ein vierzehntes wird's nicht mehr geben für uns. Hab's schon gewußt, wie wir von Apoig vertrieben worden sind. War aber zu feig', daß ich mit dir darüber geredet hätt'. So bin ich einfach weggelaufen, um dir und mir die Schmerzen nicht noch größer werden zu lassen..."

Die Barbara wollte ihn unterbrechen, doch der Hiasl spürte es, schüttelte abwehrend den Kopf und redete schon weiter: „Weggelaufen bin ich – und werd' von jetzt an immer weiter weglaufen müssen. Immer und immer, bis einmal ein End' kommt. Gibt kein Zurück mehr, weil alles zusammengekracht ist. Gibt keine Heimat mehr für mich, weil die Heimat mich ausgespuckt hat. Jetzt treib' ich in die Fremd'n hinaus und werd' im Wald und bei den Steinen leben. Und werd' kein Weib und keine Kinder mehr haben und werd' Racklberg nie wieder sehen. Du wirst alt werden als eine Magd auf dem Racklberger Hof, und die Kinder werden bald wegmüssen zu den Bauern, das eine dahin, das andere dorthin. Und auf der Mühl', die einmal uns gehört hat, werden die Fremden kommen und gehen."

Die Barbara weinte auf wie ein kleines, getretenes Tier.

„Heul nur, wenn's dir hilft", sagte der Hiasl leise. „Heul' um dich und die Kinder und auch um mich. Aber wenn du einmal siehst, wie die Geschorenen aus ihrem Bau geprügelt werden, dann heul um keinen von denen. Denn die sind schuld, daß es so weit gekommen ist mit uns, mit unserem Leben und mit unserer Lieb'. Die allein sind schuld, die haben's so weit gebracht, daß wir zwei jetzt unter einem Baumstock im Wald hocken müssen und kein eigenes Dach mehr über dem Kopf haben. Die Pfaffen und niemand anders als die Pfaffen! Mit den Mächtigen und mit den Bösen halten sie's von jeher, aber für die kleinen Leut' haben s' noch nie ein Herz gehabt. Hauen und schlagen und stechen und die anderen auf die Gant bringen, das ist ihre Predigt von Ewigkeit zu Ewigkeit, und dazu tun s' dann fromm heucheln und lamentieren und weihrauchschwengeln, und während die Kleinen hungern und dürsten, fressen s' und saufen s' selber wie die Schlauderaffen. Ein Unglück sind s' für die Menschheit und eine Pest und ein Geschwür, und täten s' den armen Jesus von Nazareth noch einmal in die Krallen kriegen, dann täten's ihn gleich wieder ans Kreuz nageln, so wie sie seither Tausende und Abertausende an seiner Stell' zu Tode geschunden und ins Verderben gerissen haben."

Der Mühlhiasl stand jetzt aufrecht da und hatte auch sein verlorenes Weib mit sich hochgerissen. „Wie ich die letzten Wochen im Wald gehaust hab', da hab' ich's begriffen", rief er. „Da ist's mir ganz klar geworden, was die Scheinheiligen und allen voran der Ignaz von Windberg für ein Spiel mit uns getrieben haben. Klar und immer klarer ist's mir geworden, und dann hab' ich heut' die Kirchenglocken über den Wald hin raunzen hören, und da sind mir wieder die Bilder in den Schädel gefahren, und ich hab' aus dem Wald heraus müssen und hab' rennen müssen zum Kloster und in die verdammte Kirch'n hinein, und ich hab' hinaufsteigen müssen auf die Pfaffenkanzel, und ich hab's herausschreien müssen, welche Verbrecher sie sind und welche Straf' auf sie wartet. Hab' nicht anders können, Bärbl, und wird immer so sein, daß ich nicht anders kann. Wenn's über mich kommt, darf ich das Maul nicht halten, dann muß die Wahrheit, die ich seh', ans Licht. Wird immer so sein, bis ich einmal absterben darf, und auch deswegen taug' ich jetzt nicht mehr zum Gatten und zum Vater. Früher, bis wir auf die Gant gekommen sind, war's noch nicht so schlimm. Da hat's mich bloß ab und zu gepackt und in manchem Jahr gar nicht. Aber jetzt spür' ich's, daß es mich nicht mehr losläßt und daß es jetzt immer und immer in mir stecken und mich umtreiben wird. Bin zu einem geworden, der keine Heimat und keinen Platz mehr unter den Menschen hat, und dich und die Bamsen würd' ich bloß mit in mein Elend reißen, wenn wir zusammenbleiben täten. Drum dürfen wir uns nicht mehr sehen, Bärbl; muß ein jedes von uns jetzt seinen eigenen armen Weg gehen! Du nach Racklberg zurück und ich in die Fremd'n. Das ist unser Schicksal, und wir können's nicht ändern..."

„Und es gibt gar keinen anderen Weg? Überhaupt keinen?" fragte die Barbara, jetzt auf einmal seltsam beherrscht und beinahe unnatürlich ruhig.

„Keinen", antwortete der Mühlhiasl. Er zögerte, setzte dann hinzu: „Aber es ist gut, daß du noch einmal zu mir gefunden hast. So hab' ich dir sagen können, warum's so und nicht anders sein muß."

„Sein muß...", wiederholte die Frau mit steinernem Gesicht.

Der Mühlhiasl schwieg jetzt.

Noch einmal trafen sich die Blicke der beiden, die dreizehn Jahre lang, fast auf den Tag genau, Weib und Mann gewesen waren. Denen acht Kinder geboren worden waren, die vier davon aufgezogen, vier andere ins frühe Grab gelegt hatten. Zusammen waren sie voller Lebenshoffnung gewesen, und zusammen waren sie durch die Schuld des Windbergers ins Elend geraten. Dreizehn Jahre lang waren sie Seite an Seite gegangen, doch nun knickten ihre Lebenswege jäh nach entgegengesetzten Seiten hin ab, und zum letzten Mal blickten sie sich in die Augen.

„Dann geh' ich jetzt", sagte die Barbara endlich.

Der Hiasl nickte.

Die Frau senkte den Blick; ihre Augen wirkten jetzt wie erloschen. Dann drehte sie sich um, taumelte davon, verschwand im Walddämmer. Noch einmal sah der Mühlhiasl ihr tizianrotes Haar zwischen den borkigen Stämmen aufleuchten, dann war auch dieser letzte Schimmer weggewischt, und er wußte, daß er nun bis an sein Ende allein im Leben stehen würde.

Heimatlos

Überall an den Flüssen und Bächen pochten und polterten die Mühlen; überall lagen dazwischen die Wälder, und der Heimatlose strolchte von der Wildnis hinein in die Menschenwelt und wieder zurück in die Wildnis, ganz so, wie es gerade kam, wie es ihn trieb. Seit er den letzten Schimmer von Barbaras Haar zwischen den Bäumen bei Windberg erblickt hatte, war er zum Renegaten, zum Wildtier, zum Treibenden geworden.

War zunächst in beinahe kopfloser Flucht aus dem Vorwald verschwunden, war hinunter in den Donaugäu gewandert, hatte sich durch den dämpfigen Auenwald geschlagen, hatte sich von dem ernährt, was er zufällig in der Wildnis gefunden hatte, bis er nach Tagen die Mündung der Isar in den größeren Strom erreicht hatte, wo das Land ihm fremd und deswegen weniger schmerzlich gewesen war. Wochenlang hatte er dann auf der Halbinsel zwischen den beiden Flüssen gehaust, in einem Unterschlupf aus Knüppelästen und Riedgras. Er hatte sich Reusen geflochten und hatte darin Fische gefangen, hatte sich auf diese Weise notdürftig durchgebracht. Hatte in den Nächten oft wachgelegen im Binsengeflüster und unter dem nunmehr schon spätsommerlichen Sternenhimmel, hatte auf das Rumoren und Gellen in seinem Schädel gehorcht, hatte die Bilder, die schrecklichen Bilder immer und immer wieder ertragen müssen. Dann, im späten September dieses Jahres 1801, hatte es ihn weitergetrieben; er war isaraufwärts gegangen, bis unversehens eine Mühle vor ihm aufgetaucht war.

Das Schlagen des Rades, das Wasserrauschen, all das, was ihm noch immer so vertraut war, hatten ihn angezogen; er war auf den Mühlenplatz geschlichen und hatte sich dann ins Haus gewagt, und der Müller an der Isar war freundlich zu dem abgerissenen Kerl gewesen, hatte ihm zu essen geben lassen, hatte ihn danach in ein Gespräch verwickelt. Dabei hatte sich herausgestellt, daß der Hiasl von Mahlwerken und Mühlschüssen viel Ahnung hatte; er war ein paar Tage geblieben und hatte sich als Knecht nützlich gemacht. Hatte auch die eine oder andere kleine Reparatur an der Isarmühle durchgeführt, und zuletzt, als es keine Arbeit für den Tagelöhner mehr gegeben hatte, da hatte ihn der Müller weiterempfohlen, noch ein Stück weiter isaraufwärts, wo für eine andere Mühle ein neues Wehr errichtet werden sollte. Und so war aus dem Hiasl ein Gelegenheitsarbeiter geworden, der von einem Mahlwerk zum nächsten zog, an den Schüttkästen half oder die eine oder andere Kleinigkeit reparierte und sich auf diese Weise seinen mageren Lebensunterhalt verdiente.

Der Herbst des Jahres 1801 drehte sich in den Winter hinein; als der Frost kam, hatte der Stoaberger, wie er sich jetzt manchmal wieder nannte, das Vilstal tief drinnen im niederbayerischen Hügelland erreicht. Kurz nach Weihnachten wechselte er ins Kollbachtal hinüber, wo das Weib auf der Padersberger Mühle jäh zur Witwe geworden war. Der Stoaberger sprang ein in der Not, hielt den Betrieb bis ins Frühjahr hinein aufrecht und hatte sein Essen, sein Bett und ein paar Gulden dafür. In die Kammer der Witwe ging er nicht, obwohl die ihm trotz seines abgerissenen Äußeren schöne Augen gemacht hätte. Doch der Hiasl dachte an die Barbara und hielt ihr auf seine Weise die Treue; ansonsten wurde er in den Nächten nach wie vor von seinen Gesichten geplagt. Im späten März des Jahres 1802 dann sagte er unversehens seinen Dienst wieder auf, obwohl er, wäre es nach der Padersbergerin gegangen, hätte bleiben können. Doch nunmehr drängte es ihn wieder in die Wälder; er wanderte zur Donau, fand einen Platz auf einer Plätte[65], die nach Passau ging, hockte stumm auf seiner Ruderbank, bis die Dreiflüssestadt in Sicht kam, hatte dann plötzlich ein Gesicht und schnauzte die verblüfften Flußschiffer an: „Wird die Zeit kommen, da werden die Donau herauf die eisernen Hunde bellen!"

Keiner verstand, was er damit meinte; die Donauschiffer glotzten bloß auf ihn wie auf einen Verrückten. Als er dann in Passau an der Lände unter dem Dom ans Ufer sprang, atmeten sie alle erleichtert auf, aber später, in der Taverne, begannen sie über den seltsamen Vogel zu reden. Über den Stoaberger oder den Stormberger – genau hatten sie seinen Namen nicht verstanden, als er in der Nähe von Vilshofen auf die Plätte gekommen war. Doch was er gesagt hatte, war ihnen im Gedächtnis haften geblieben; sie zerrissen sich die Mäuler darüber, und andere Gäste der Taverne trugen es weiter, und auf diese Weise wurde eine weitere Masche an der Legende des Stoabergers oder des Stormbergers gestrickt, an der Legende jenes Abgerissenen, Helläugigen und Seltsamen, der längst weitergezogen war, an der Feste Oberhaus vorbei und an der Ilz entlang in den Wald hinein.

Und wieder kamen für den Hiasl jetzt die langen Nächte, Tage und Wochen in der Wildnis. Wo er einen geeigneten Platz fand, errichtete er sich seinen primitiven Unterschlupf, dann huschte er durchs Gestrüpp, fischte und wilderte gelegentlich mit der Schlinge. Den ganzen April und noch ein Stück in den Mai hinein brachte er sich auf diese Weise durch; alle paar Tage wanderte er ein Stück weiter und geriet so immer tiefer in den Urwald zwischen der Donau und dem Böhm[66]), entfernte sich gleichzeitig immer weiter von den menschlichen Ansiedlungen. Doch sie lockten ihn nicht in diesem Frühjahr, die Einödhöfe oder die einschichtigen Mühlen; der Hiasl spürte, daß er jetzt die Einsamkeit brauchte wie nie, und er handelte danach.

Als das Jahr 1802 in seiner Mitte stand, überschritt er die unsichtbare, verwilderte Grenze nach Böhmen hinüber. In Fetzen hingen ihm jetzt die Kleider vom ausgemergelten Leib, sein Haar schlängelte sich filzig weit über die Schultern hinunter. Verwittert und vom Waldleben gegerbt waren seine Gesichtszüge; mit seinen scharfen Augen und der schroffen Nase ähnelte er nun auf frappierende Weise einem Raubvogel, einem Habicht. Zu klauigen Krallen hatten sich seine Finger ausgeformt; er roch nach Wald und Erde und stank nach wochenaltem Schweiß. Sein Aussehen entsprach seinem inneren Zustand; auf die Menschen und ihre Gesetze schiß er; ein Wildtier, ein Waldtier wollte er sein, nichts weiter.

Trotzdem war er mehr als ein Tier, blieb er der Seher, der Begnadete und der Geschlagene gleichermaßen. Immer wieder wurden ihm die Nächte vor seinem Dritten Auge hell, immer wieder schaute er hinter die ziehenden Wolken und tief in die Abgründe der Erde und der Felsenschründe hinein, immer wieder suchten ihn die Bilder heim. Die alten, die er in früheren Visionen gesehen hatte, dazu neue, die oft noch erschreckender und fremdartiger waren. Wenn er sich über einen Bachlauf beugte, um seinen Durst zu stillen, dann konnte ihm der Schluck Wasser im Mund urplötzlich schal und bitter werden, denn inwendig hatte er gesehen, wie statt der süßen Quelle in ferner

Zukunft stinkende Giftströme aus der Bergflanke brachen; hatte gerochen, wie die Brühe ins Tal schwefelte und rauchte. Wenn der Wind in den böhmischen Wipfeln rauschte, dann konnten die Bäume sich ganz unversehens verwandeln, dann sahen sie auf einmal aus wie Totengerippe, ausgebleicht und saftlos, und diese Gerippe, Myriaden von Skeletten, umstanden seltsame kunststeinerne Kuppeln; Kuppeln, die aussahen wie sterile Weiberbrüste ohne Zitzen, und diese Kuppeln wölbten sich kathedralenhoch über die skelettierten Wälder empor und spuckten unsichtbar das Verderben aus sich. Dann wieder sah der Hiasl fauchende Silberblitze über den Wald schießen, sah sie Dunststriemen aus sich furzen und blasphemische Zeichen in den ächzenden Himmel schreiben: Spiralen, Bögen, Dreiecke; manchmal, wenn zwei der silbernen Raubvögel ihre Bahnen gegenseitig kreuzten, entstand auch das Zeichen, das er seit dem Sommer des Jahres 1801 abgrundtief hassen gelernt hatte. Und es war nichts Erlösendes in dem Kruzifix, das dann am Himmel stand, sondern nichts als weitere Pein für die Menschen und weitere Not.

Der Hiasl floh vor diesen Gesichten durch die böhmischen Wälder, und kurz nach der Mittsommernacht dieses Jahres 1802 erreichte er den Oberlauf der Vltava und sah einen Berg vor sich aufragen, der dem Großen Arber drüben im Zwieseler Land kaum nachstand. Der Boubin war es, mitten im allerwildesten Urwald gelegen, und der Abgerissene, der bis auf Haut und Knochen Abgemagerte machte sich auf der Stelle an den Aufstieg. Etwas Unnennbares trieb ihn wie mit Peitschenschlägen nach oben, trieb ihn auch dann noch weiter, als er in seiner Erschöpfung bereits auf allen Vieren kroch, jagte ihn erbarmungslos hinauf bis auf den Gipfel, bis auf den höchsten Schroffen, auf den er sich zuletzt bäuchlings und mit dröhnendem Schädel schob.

Der rasende, verzweifelte Gipfelsturm hatte ihn einen halben Tag gekostet; als sich der Hiasl nun atemlos auf dem Schroffen krümmte, hing der Sonnenball bereits tief im Westen. Der Körper des Hiasl ruckte herum, Zentimeter um Zentimeter, bis das letzte Tageslicht blutrot auf seinem wilden Antlitz glühte. Und jetzt starrte er hinein in den riesigen, glühenden Ball; die Lohe schlug über ihm zusammen, und dann begriff er, daß das Himmelsfeuer genau über dem fernen Windberger Kloster stand. Da brach ihm aus der Kehle krächzend ein bitteres Lachen, und er lachte die Schleier weg, die ihm die Sicht aus dem Dritten Auge bis jetzt noch getrübt hatten, und als die Schleier sich zuerst ins Trübe und dann ins Nachtschwarze senkten, erstand aus der Dunkelheit das verfluchte Kloster, schien zum Greifen nahe auf seinem Hügel zu protzen.

Aus berstendem Stein heraus schnellten ein Wolf und ein Schwertträger. Ein Raubtierfang lefzte, eine Klinge biß zu. Das Tier und der Mann schnappten und hieben ins flüchtende Rudel der Geschorenen hinein; wie Ratten wuselten die Windberger Mönche aus ihrer Höhle heraus; aus der Höhle, in der sie jahrhundertelang ihr Unwesen getrieben hatten. Als der Wolf jaulte und der Schwertmann lachte, zerstoben sie jäh wie verrottete Laubfetzen im Wind. Und oben auf dem Hügel glotzte mit leeren Fensteraugen das Kloster, während der Wolf noch einmal aufheulte und der Krieger noch einmal die Klinge zückte.

Urplötzlich, ganz so, wie sie gekommen waren, verloschen die Bilder vor dem inneren Auge des Mühlhiasl; als er wieder zu sich kam, war die Schwäche von ihm gewichen. Aufrecht stand er jetzt auf der höchsten Schroffe des böhmischen Berges Boubin und reckte die geballte Rechte drohend nach Westen hin, wo zwischen Himmel und Erde die Vision gewabert hatte. Und dann öffnete er den Mund und schrie in die Nacht hinein, schrie über den Urwald hin: „Kein Jahr mehr wird's dauern, Windberger! Neun Monat' sind's bloß noch, so lang' wie ein Kindl braucht zum Ausreifen, bis auch für euch Hundsfötter die Zeit reif ist!"

Der Schrei gellte wie mit tausend Echos über das schweigende Bergland hin, und als er verklungen war, fühlte sich der Hiasl zum ersten Mal, seit sie ihn von Apoig verjagt und wenig später aus der Klosterkirche geprügelt hatten, wieder leicht und frei. Ein ganzes entsetzliches Jahr hatte er durch sein Schreien abgeschüttelt, und jetzt kam es ihm vor, als sei er aus einem langen, wüsten Traum erwacht. „Es gibt ja doch noch eine Gerechtigkeit in der Welt", murmelte er, als er sich, der Nachtschwärze nicht achtend, an den lebensgefährlichen Abstieg machte. Traumwandlerisch sicher suchte er sich seinen Weg zurück ins Tal; um die Mitternacht herum hatte er es geschafft. Jetzt stand der Mond über den Baumwipfeln, und in seinem Schein entdeckte der Hiasl einen umgestürzten Eichenstamm, neben dem sich hüfthoch Laub angesammelt hatte. Er wühlte sich ins Blätterbett und unter den Stamm hinein, und dann war ihm in dieser Nacht ein tiefer und traumloser Schlaf vergönnt. Der Berg Boubin hatte ihm, weil er ihm Gerechtigkeit gezeigt hatte, auch Frieden geschenkt.

Am nächsten Tag wanderte der Hiasl zum Flüßchen Blanice weiter. Als er in der Ferne eine Mühle entdeckte, lächelte er, dann legte er seine zerfetzten und stinkenden Kleider ab und stieg nackt ins Wasser. Zum ersten Mal seit Monaten wusch er sich wieder, spülte sich den Dreck und den Grind von mehr als hundert Waldtagen vom zerschundenen Körper. Danach schwemmte er auch seine Fetzen aus, zog sie feucht wieder über und legte das letzte Wegstück bis zu der kleinen böhmischen Mühle zurück.

Er hatte Glück. Der böhmische Pächter radebrechte ein wenig den bayerischen Dialekt und konnte außerdem einen Gehilfen für ein paar Wochen brauchen. So hatte der Hiasl endlich wieder ein Dach über dem Kopf und nahrhaftes böhmisches Essen dazu. Als der Müller sah, daß sein seltsamer Knecht kräftig zupacken konnte, ließ er sich nicht lumpen und schenkte dem Hiasl auch noch ein paar abgelegte Kleider. Langsam fand der Einsiedler und Seher auf diese Weise wieder in die Menschenwelt zurück. Freilich blieb er bei der Arbeit und auch abends in der Stube zumeist stumm, doch wenn der Müller ihm einen Stamper Selbstgebrannten zuschob, nahm er ihn gerne an, und wenn die Kinder zu ihm kamen, hutschte er sie schon einmal auf dem Knie. So verging der Sommer dieses Jahres 1802, und als der September den Wald bunt einfärbte, begann der Hiasl auf einmal das Heimweh zu spüren. Der Böhme ließ ihn ungern ziehen, legte ihm aber auch nichts in den Weg. Nicht mehr ganz so abgemagert, wanderte der Hiasl durch den Altweibersommer wieder auf die Grenze zu.

Er lief nach Westen, über Vimperk, Kvilda und Modrava, schlug sich dann erneut ein Stück durch den Urwald und erblickte endlich den Gipfel des Großen Rachel über den Bäumen. Auf ganz seltsame Weise wurde ihm da warm ums Herz; er war in jene Gegend zurückgekommen, in der er in seiner Jugend eine ganze Reihe behüteter Sommer verbracht hatte. Das Buchinger-Häusl kam ihm jetzt wieder in den Sinn, der Rabenstein dazu, auf dem er seine ersten mächtigen Gesichte erlebt hatte, auch der malerische Markt Zwiesel. Schneller begann der Hiasl zu gehen, an der Nordflanke des Rachel entlang; er erreichte das Dorf Frauenau, wenig später sah er im geschützten Tal die Zwieseler Bürgerhäuser und am Rand des Marktes die Kirche. Flüchtig schauderte er zusammen, als sein Blick auf die Turmspitze fiel, doch gleich darauf war die Beklemmung wieder von ihm gewichen, und er ging auf den Marktplatz hinunter. Am Brunnen trank er, länger hielt er sich aber nicht auf. Er lief weiter nach Westen, an Klautzenbach vorbei, und dann erblickte er das Rabensteiner Schloß und unterhalb das alte Bergbauernhaus, die Heimstatt der Buchingers. Das letzte Stück bis auf den kleinen Hofplatz ging er sehr langsam und fast wie im Traum.

Jörg Buchinger, inzwischen auch schon in seinem vierzigsten Lebensjahr stehend, hatte seine Eltern längst begraben. Zusammen mit seinem Weib und drei halbwüchsigen Kindern bewirtschaftete er nunmehr den Zinshof auf eigene Faust. Als draußen der Hund anschlug und wenig später ganz langsam die Haustür aufgeschoben wurde, saß die Familie gerade beim Abendessen. In der tönernen Schüssel dampften die Erdäpfel, daneben stand das Gefäß mit der gestöckelten Milch[67]). Der Jörg tauchte soeben einen Kartoffelbrocken ein, als das Kienspanlicht auf den fiel, der sich zögernd unter dem Türsturz durchschob.

Zunächst starrten die Buchingers bloß erstaunt auf den Fremden. Dann aber lief etwas wie eine Ahnung über das Gesicht des Jörg, aus dem Ahnen wurde halbe Gewißheit, und jetzt fragte er: „Kann's möglich sein, daß du der Hiasl von Apoig bist?"

„Bin's schon", erwiderte der Hagere, Scharfgesichtige in seiner böhmischen Kluft. Er zog den Filz vom Schädel, setzte hinzu: „Der Hiasl jedenfalls bin ich noch immer. Aber von Apoig nicht mehr..."

„Hab' was läuten hören, daß ein Unglück passiert ist, draußen bei euch", sagte der Jörg leise. „Aber was Genaues haben wir nicht erfahren. Ist schon jahrelang keiner von der Verwandtschaft mehr hereingekommen zu uns in den Wald."

„Jetzt bin ich da", antwortete der Hiasl.

„Dann setz dich her zu uns und iß", fiel die Buchingerin ein. „Hernach erzählst'. Aber erst brauchst' was in den Magen. Schaust ja verhungert aus wie ein streunender Hund." Sie stand auf und holte einen Teller für den Hiasl vom Wandbrett. Die Kinder machten ihm auf der Bank Platz.

Der Abgerissene setzte sich. „Bin auch auf den Hund gekommen", murmelte er, ehe er gierig zugriff. Er hatte seit zwei Tagen nichts mehr gegessen. Jetzt schlang er wie ein Wolf, und die Buchingers vergönnten es ihm auch. Nach wie vor gehörten sie selbst zu den Armen, deswegen hatten sie auch ein Herz für die Not anderer Menschen.

Als der Hiasl endlich gesättigt war, begann er zu erzählen. Er erzählte, wie er auf die Gant gekommen war, berichtete dann, schonungslos gegen sich selbst, wie er Weib und Kinder verlassen hatte, weil er ihnen nicht mehr hätte in die Augen blicken können, weil sein eigenes Leben dermaßen zusammengekracht war, daß er für andere keine Kraft mehr hätte aufbringen können. Danach erzählte er von der Zeit, in der er sich herumgetrieben hatte, im Hügelland draußen, im Wald, im Böhmischen. Was ihm auf dem Boubin geschehen war, erwähnte er nicht. Und auch sonst verlor er kein Wort über die Gesichte, die ihn im letzten Jahr härter denn je heimgesucht hatten. Er wollte nichts heraufbeschwören, er hoffte jetzt einmal auf ein bißchen seelischen Frieden.

„Und jetzt bist' zu uns gekommen", sagte der Jörg bloß, nachdem der Hiasl geendet hatte.

„Jetzt bin ich zu euch gekommen", erwiderte leise der Hiasl.

„Dann sollst' auch bei uns bleiben", entschied die Buchingerin. „Wo's für fünf Mäuler reicht, kann man auch noch eines mehr stopfen. Und einen Strohsack legen wir dir auch ins Stubeneck."

„Hast' ein gutes Herz, Buchingerin", sagte dankbar der Hiasl. „Aber ist's dir denn auch recht, Jörg?"

„Wir sind doch immer Freund' gewesen, Hiasl", erwiderte der Bauer. „Weißt's nicht mehr, wie du mich und den Vater heimgebracht hast nach dem Unglück mit dem Holzschlitten? Damals hast' uns das Leben gerettet. Ohne dich wären wir verblutet und erfroren am Rabenstein droben..."

Der Hiasl nickte. „Viel haben wir zusammen erlebt, in den früheren Jahren..."

„Und jetzt wird's wieder so sein", erklärte der Jörg. „Sollst' wissen, daß du immer eine Heimat im Buchinger-Häusl hast, Hiasl! Ganz gleich, was draußen in Apoig oder in Windberg geschehen ist. Von uns wirst' keine Vorwürf' deswegen hören..."

„Ist halt gekommen, wie's hat kommen müssen", murmelte der Hiasl. „Muß wahrscheinlich so sein, daß einer wie ich einschichtig lebt und sich vom Wind treiben läßt. Werd' euch nicht jahraus, jahrein in der Stub'n hocken. Aber gut wär's, wenn ich jetzt erst einmal über den Winter bei euch bleiben dürft'. Bin ein bissl müd' nach dem Jahr, das wo ich hinter mir hab'."

„Dann ruhst' dich aus bei uns", sagte weich und mitleidig die Buchingerin, und damit war alles entschieden.

*

Der Herbst ging über den Rabenstein und das Zwieseler Land hin, dann kam der erste Schnee. Der Hiasl machte sich auf dem Waldbauernhof nützlich, so gut er konnte. Oft spielte er mit den Kindern; sie waren ihm näher und vertrauter als die meisten Erwachsenen. Als die stille Zeit kam, als auf dem kleinen Hof nur mehr wenig zu tun war, hockte der Hiasl oft tagelang im Winkel neben dem Ofen, kauerte dort auf dem Fußboden, ganz so, als befände er sich noch immer im Wald, unter freiem Himmel, und sinnierte dort stunden- und tagelang vor sich hin. Manchmal dann schien es ihn plötzlich zu packen, dann konnte etwas wie ein rauhes Bellen aus seiner Kehle dringen – und danach kamen die erschreckenden und oftmals unverständlichen Sätze. Der Jörg erinnerte sich dann daran, daß der Hiasl schon als Halbwüchsiger so gewesen war; manche der Bilder, die der Seher beschwor, waren ihm sogar noch von früher her bekannt. Andere Visionen hörte der Jörg in diesem Winter von 1802 auf 1803 zum ersten Mal. Sie ängstigten ihn zuerst, doch dann lernte er mit ihnen zu leben, und nicht anders erging es seinem Weib und den Kindern. Sie schafften es, den Hiasl so zu nehmen, wie er eben war, und deswegen kamen sie auch mit ihm aus.

Andere freilich, Bauern aus Rabenstein, aus Klautzenbach und auch Bürger aus Zwiesel, sahen in dem Wintergast im Buchinger-Häusl nur den Unheimlichen, den Unbegreiflichen. Es hatte sich im Umland erstaunlich schnell herumgesprochen, daß der Stoaberger, der Bärentreiberbalg, der schon vor einem Menschenalter hier sein Unwesen getrieben hatte, auf einmal zurückgekehrt war.

Ohnehin war das Gerede im Zwieseler Land nie wirklich verstummt. Viele erinnerten sich noch daran, wie der Stoaberger mit seinem Schemel aus neunerlei Holz in der Zwieseler Kirche aufgetaucht war, mitten in der heiligen Mettennacht, und wie der Besessene dann so fürchterlich auf den Klerus und die Kirche losgegangen war. Andere wußten noch immer von jenem Rabensteiner Bauern zu erzählen, den ein vom Blitz getroffener Birnbaum erschlagen hatte, und der Stoaberger hatte es damals haarklein vorausgesagt. Auch die Bärentreiberlegende, die schaurige Geschichte von den Erhängten im Wald, lebte jetzt wieder auf, und je kürzer und dunkler die Wintertage wurden, um so mehr zerrissen sich die Menschen die Mäuler über den Stoaberger. Während aber die einen bloß redeten, trieb es die anderen unwiderstehlich zu ihm hin; wie unter einem Zwang pilgerten sie zum Buchinger-Häusl, um einen Blick auf den Unheimlichen zu werfen oder womöglich gar dabei zu sein, wie ihm das Grauenhafte aus dem Bartmaul fuhr.

Meistens beachtete der Stoaberger sie gar nicht, hockte bloß zusammengekauert in seinem Winkel und stierte durch sie hindurch. Dann und wann schienen seine gletscherhellen, seine eishellen Augen urplötzlich aufzuglühen, und dann raunzte und flüsterte er seine Sprüche gegen die erschrocken Zurückweichenden hin; vom Wald fauchte er, der einmal aussehen würde wie eines Bettelmanns Rock, vom eisernen Hund auf der Donau und von silbernen Vögeln über den Baumwipfeln, von Wägen, die ohne Rösser fuhren, dazu von Bauern, die mit gewichsten[68]) Stiefeln in der Miststatt standen, und von Weibern, die mit ihren Schuhen Spuren machen würden wie die Geißen, und wenn das erst einmal eingetroffen sei, so fauchte der Stoaberger weiter, dann sei die Zeit gekommen, dann sei es nicht mehr weit bis zum großen Weltenunglück. Dann werde der Schnitter, der Tod die Bänke abräumen in den Bauernstuben, dann würden die Menschen im Wald und anderswo sterben wie die Fliegen, dann werde der eiserne Sturm über Bayern hinsicheln, wie die Menschheit es noch niemals habe erleben müssen.

In die Prophezeiungen des Stoabergers hinein kreischten dann die neugierigen Weiber auf und rannten wohl auch fluchtartig aus der Stube; waren Männer zugegen, so suchten sie zumeist ebenfalls bald mit blassen Gesichtern das Weite. Dann versank der Hiasl in seinem Winkel wieder ins Träumen, ins Brüten, und es konnte sein, daß er dann tagelang keinen Ton mehr von sich gab, sogar das Essen verschmähte und nur ab und zu auf den Hof hinausschlurfte, zum Wassertrog, um dort das Eis aufzuschlagen und einen Trunk zu nehmen. Diejenigen, die ihn raunzen und fauchen gehört hatten, liefen zurück in ihre eigenen Dörfer und trugen weiter, was der Stoaberger gesagt hatte. Auf die Dörfer kamen wiederum Verwandte, Hausierer und Viehhändler, auch Knechte und Mägde standen ein oder standen aus, und denen erzählte man dann flüsternd, was sich im Buchinger-Häusl zu Rabenstein zugetragen hatte. So verbreiteten sich die schaurigen Visionen des Stoabergers weit über den Wald hin und bald auch hinunter bis in den Donaugäu, und die Menschen hatten den langen Winter über viel nervenkitzelnden Gesprächsstoff. Knoten um Knoten wurde an der Legende vom Stoaberger gewebt, und die neuen Geschichten fügten sich zu den alten, die man da und dort seit beinahe dreißig Jahren schon über ihn erzählte, und die Webknoten verknüpften sich auf diese Weise zu einem immer dichteren Geflecht des Unheimlichen, des Unerhörten und des Beängstigenden.

Die Buchingers, die dadurch selbst in einen zwielichtigen Ruf gerieten, nahmen es hin. Nie wurde im Rabensteiner Häusl ein vorwurfsvolles Wort gegen den Hiasl laut. Doch als der Stoaberger im späten Februar des neuen Jahres 1803 plötzlich verschwunden war, über Nacht und ohne Abschied, da trauerte man ihm auch nicht sonderlich nach. „Vielleicht, daß jetzt wieder eine Ruh' einkehrt bei uns", sagte die Frau bloß.

Der Jörg erwiderte: „Hat ihn halt wieder hinausgetrieben in die Einsamkeit, jetzt, wo die wärmere Zeit kommt. Aber ich glaub', daß wir ihn später schon wieder bei uns sehen werden."

„Er hat ja auch nichts mehr als den Wald und bei uns den Winkel hinter'm Ofen", gestand die Buchingerin einsichtig zu. „Und wenn er einmal wieder unterschlupf'n will zu Rabenstein, dann kann er's schon tun. Aber wenigstens hätt' er uns ein Abschiedswörtl gönnen können."

„Vielleicht hat ihn halt was gerufen", murmelte der Jörg nachdenklich. „Vielleicht hat er deswegen mitten in der Nacht wegmüssen."

*

In der Tat hatte ihn, mitten in der Nacht, so etwas wie ein fernes Schrillen und Gellen erreicht. War ihm ins Gehirn gesprungen und hatte dort drinnen zu dröhnen und zu wummern begonnen, und dann hatten grell die unerhörten und dennoch lange erwarteten und ersehnten Bilder aufgeleuchtet. Auf und davon war der Hiasl daraufhin wie ein Gehetzter; quer durch den Wald zwischen Rabenstein und Klautzenbach hatte er sich seinen Weg nach Westen gesucht, und jetzt, eine halbe Nacht und einen halben Tag später, lief er bereits durch den Schwarzacher Forst, lief, ohne Hunger oder Durst zu verspüren, auf das verhaßte, auf das tausendmal verfluchte Kloster Windberg zu.

Ein milchiger Februarmond stand längst schon wieder am Himmel, als der Hiasl das Bachtal erreichte, in dem, ein Stück weiter unten, die Mühle seines hartherzigen Bruders Johann lag. Der Hiasl hielt kurz inne und witterte wie ein Tier gegen die schlafenden Gebäude hin, dann schnaufte er gequält auf, wandte sich um und kletterte die Klamm hinauf, dem Kloster entgegen.

Auch in Windberg schien alles ruhig, schien alles zu schlafen, nur der Wind raschelte über die Dachpfannen hin, und im Hof plätscherte dünn der uralte Brunnen. Wie ein Wolf umschlich der Hiasl das Kloster. Auf seinem Antlitz lag jetzt ein hartes und wissendes Grinsen, seine Nasenflügel bebten, und einmal drang etwas wie ein rauhes Knurren aus seiner Kehle. Der Hiasl pirschte sich näher und näher an das Kloster heran, drang zuletzt in den Hof ein. Am Brunnen vorbei suchte er sich im Mondzwielicht seinen Weg zur Kirche; zuletzt stand er vor dem magischen Stein, aus dem heraus ihn vor vielen Jahren der jenseitige Schrei angefallen hatte. Der Hiasl hob die klauige Hand und legte sie sanft auf den Stein, fuhr dann mit hornigem Finger die Konturen von Schwertmann und Wolf nach, schien die archaischen Figuren zu liebkosen. Der Stein begann zu ihm zu flüstern, und der Hiasl flüsterte zuletzt zurück: „Bloß du wirst bleiben ... Warst vor ihnen da und wirst nach ihnen da sein ... Bist nicht bloß ein Wischer in der Zeit wie die Kirche ..." Er verstummte, schien auf etwas zu lauschen, was nur er allein, sonst kein anderer Mensch, hören konnte, nickte dann und murmelte: „Werd's noch erwarten können ..." Noch einmal fuhr er mit seinen hornigen Fingerkuppen über die Konturen der uralten heidnischen Plastik, und der Stein schien unter seiner seltsam zarten Berührung warm und weich und lebendig zu werden. Dann wandte sich der Hiasl ab und verschwand wie ein Schatten wieder vom Klostergelände. Er lief ein Stück nach Süden, die gewundene Straße entlang; zuletzt verbarg er sich zwischen Windberg und Hunderdorf im Wald. Nachtsichtig wie ein Wildtier scharrte er altes Laub zusammen und trug Zweige heran und errichtete sich einen Unterschlupf. Als der Morgen kam, schlief der Mühlhiasl, wie er hier, in seiner Heimat, einst geheißen hatte, tief und gelöst in seinem Versteck.

Die nächsten Tage wartete er ab. Ernährte sich von dem, was er aus der Speisekammer der Buchingers mitgenommen hatte, fing zusätzlich das eine oder andere Kleingetier im Gestrüpp. In einer Erdgrube unterhielt er ein kleines Feuer; von den Menschen hielt er sich fern. Doch mit scharfen, gletscherhellen Augen spähte er immer wieder auf den Weg hinüber, der sich von der Donau über Hunderdorf hinauf zum verhaßten Zisterzienserkloster zog.

Eine Woche verging; der späte Februar rundete sich in den März hinein. Der Wind, der über den Vorwald strich, wurde allmählich milder. Noch einmal eine kleine Woche wartete der Mühlhiasl ab, und in dieser Zeit rauschten ihm wieder mächtig die Gesichte durchs Hirn. Kruzifixe sah er stürzen und auseinanderbersten, Kirchen zusammenkrachen oder leer im Land stehen, Dohlen sah er über zerborstenem Sakralmauerwerk kreisen. Er sah den Klerus in seiner Macht schrumpfen, sah, wie die einst so mächtige katholische Kirche in ihren herausgeputzten Dienern zu einem verstörten Grüppchen wurde. Er sah, wie ein Heer gegen Rom zog, und einer führte es, der trug ein rotes Tuch um den Hals geschlungen[69]). Dann rauschte die Zeit weiter, und der einst so mächtige Kirchenstaat wurde beinahe zu einem Nichts; auf dem Petersplatz zu Rom knallten Schüsse, und in seinem Blut lag ein Papst. Und noch weiter schaute der Mühlhiasl in die Zukunft, und er sah, wie die Kirche hinweggefegt wurde, wie sie dermaßen nachdrücklich geschlagen wurde, daß zuletzt nur noch schaurige Geschichten von zahllosen Verbrechen die Erinnerung an sie bewahrten. Und gleichzeitig wurde weit im Süden der Erdkugel der Halbmond mächtig; Blutfontänen schossen aus dem hornartig gebogenen Symbol und übersprühten das Abendland und das Morgenland gleichermaßen. Alte Männer mit Turbanen gierten zur blasphemischen Macht; zerschlagen war das Christentum, doch der Islam fauchte empor, drachengleich, und lefzte nach Norden und schien die Länder bis hinauf zum ewigen Eis verschlingen zu wollen. Doch dann, sehr weit in der Zukunft erschaute es der Mühlhiasl, standen helle Augen und helle Gehirne auf gegen den neuen religiösen Wahn, der die Nachfolge des alten christlichen anzutreten versuchte, und angesichts des Hellen und Vernünftigen schmolzen und loderten die Islampfaffen hinweg und vergingen und verrotteten und rasten in ihr stinkendes Grab hinein. Gift und Pestilenz schlugen über ihnen zusammen und verschwanden dann selbst wieder, und ganz zuletzt war der Planet frei, und der Himmel war jetzt freundlich; kein Götze lebte mehr über den Wolken, und die Menschheit, endlich einig, schwang sich empor zu den Sternen.

Nie zuvor hatte der Mühlhiasl derartige Visionen erlebt, doch jetzt war die Zeit dafür gekommen, und er kostete sie aus; die Gesichte, die er jetzt hatte, schreckten ihn nicht, sondern machten ihm Hoffnung. Dann, nachdem er beinahe zwei Wochen im Wald zwischen Hunderdorf und Windberg verbracht hatte, wichen die Gesichte plötzlich wieder von ihm. Sein Blick fand in die Realität der eigenen Zeit zurück, und als er jetzt, an diesem Märzmorgen des Jahres 1803, auf den Weg hinüberschaute, der von der Donau heraufkam, da sah er plötzlich entzückt die Soldaten heranmarschieren. „Das ist der Anfang, und ich darf's erleben!" brach es freudig aus ihm heraus. Dann rannte er los, auf die Straße zu, erwartete die Soldaten, begrüßte sie winkend und folgte der Kolonne zuletzt den Berg hinauf, dem Zisterzienserkloster zu.

Vor dem Klostertor blieb er stehen, in seinem erdigen Gewand, den Filz auf dem Schädel, das Antlitz von strähnigem Bart und strähnigem Haar umwuchert, die Augen eishell wie nie. Er sah, wie die Soldaten in das Kloster eindrangen, er hörte die Mönche kreischen und lamentieren, hörte sie zwischendurch auch vergeblich zu ihrem Gott beten. Fensterscheiben splitterten und Türfüllungen zerbarsten, da und dort krachte ein Musketenschuß. Dann stürzten die ersten der Geschorenen ins Freie, auf den Hof, mitten unter ihnen der hartherzige Abt, Ignaz von Windberg. Kerzenleuchter aus Silber und Kelche aus Gold schleppte er mit, aber die Beute blieb ihm nicht in den Fängen; ein Kolbenhieb löste ihm den immer noch raffgierigen Griff, die Leuchter, die Kelche klirrten zu Boden, die Soldaten trieben den Prior und seinen Anhang mit aufgepflanzten Bajonetten zum Tor.

Kutten zerrissen, Mönchsvisagen waren schlagartig blutig gestriemt, ein Stück abseits jammerten schrill ein paar Betschwestern. Die Soldaten dagegen lachten, und die Offiziere gaben ihre Befehle, die Mönche wurden vor dem Tor zu einem Rudel zusammengetrieben. Auge in Auge standen sich plötzlich der Mühlhiasl und der Abt gegenüber. Zuerst glitt der verstörte Blick des Klerikers nur dumpf über das verwilderte Antlitz des ehemaligen Klostermüllers hin, dann aber lief ein jähes Erkennen und gleichzeitig ein jähes Erschrecken über seine feisten Züge. „Du . . . du . . . Teufel?!" ächzte er und schien einem Schlaganfall nahe.

Die Augen des Mühlhiasl leuchteten auf und hatten jetzt ganz und gar nichts Menschliches mehr an sich. „Ist noch nicht lang' her, da hast du mich zum Bettler gemacht", fauchte er den Mönch an. „Jetzt bist du selber auf die Gant gekommen. Aber dich trifft's härter als mich, denn ich bin bloß ein Fretter gewesen, aber du ein Fetter. Um so schwerer wird dich die Armut jetzt ankommen, du Windberger. Jetzt kriegst' samt deiner Brut, was ihr verdient. Und ich hab's immer gewußt, daß es so kommen wird, hab's von dem Tag an gewußt, an dem du mich und die meinen ins Unglück gebracht hast. Jetzt geh auf die kalte Straß'n hinaus und verreck! Und wenn dich der Tod holt, dann denk noch einmal an den Mühlhiasl und all die anderen, die wo du einstmals in die Not und in den Tod getrieben hast! Ausspucken tu' ich vor dir, du Windberger, und eine harte Todesstund' wünsch' ich dir, aber zuerst sollst' noch die bittere Armut kennenlernen!"

Damit schnalzte der Mühlhiasl dem Abt einen gelben Fladen vor die Füße, dann wandte er sich unter dem zustimmenden Gelächter der Soldaten ab.

Der Prior, gebrochen und in einer Stunde um ein Jahrzehnt gealtert, spürte den Kolbenhieb kaum noch, der ihn weitertrieb, nach Hunderdorf hinunter und dann immer weiter ins Elend. Hinter ihrem Abt her stolperten und wankten die übrigen Mönche; nur ein Rudel schmutzigbrauner Kutten waren sie noch, und was sie und Generationen vor ihnen zusammengerafft und zusammengeraubt hatten, blieb in den Windberger Gebäuden zurück und gehörte nunmehr dem bayerischen Staat.

Der Mühlhiasl schaute den entmachteten Mönchen nach, bis sie hinter der nächsten Hügelflanke verschwunden waren. Dann ging er in den Klosterhof hinein und beobachtete, wie die Soldaten den immensen Besitz auflösten. Was an Gold und Silber zu finden war – und es war enorm viel – wurde in Truhen verpackt und auf eilig konfiszierte Bauernfuhrwerke verladen. Heiligenfiguren, Altarflügel und Möbel wurden ins Freie geschleppt und verpackt. Keuchend und schwitzend räumten die Soldaten die Bibliothek aus und türmten die Folianten auf ein halbes Dutzend weiterer Fuhrwerke. Als beim Abtransport eines davon im Schlamm steckenblieb, warf ein Korporal ein, zwei Dutzend Bibeln von der Ladefläche und in den Dreck, so daß die Räder wieder greifen konnten. Zerfetzt blieben die Bibeln zurück, und der Mühlhiasl lachte darüber und lachte und konnte gar nicht mehr aufhören.

Dann kamen die wertvollen Meßgewänder aus dem Kloster, die prunkvoll bestickten Altardecken, die Reliquienschreine, die reichen Votivgaben. Tausende und Abertausende von Gulden war dies alles wert, aber die Windberger Bauern, Handwerker und Tagelöhner hatten Jahrhundert um Jahrhundert darben und oftmals bitter hungern müssen. Wegen einer Schuld von fünfundsiebzig Gulden war seinerzeit der Mühlhiasl von seinem Anwesen vertrieben worden, aber im Kloster waren Schätze aufgehäuft gewesen, die eines Reichsfürsten würdig gewesen wären. Jetzt jedoch durfte der Hiasl lachen und tanzte zuletzt sogar, ein hagerer, schmutziger Waldschrat, der zuletzt doch noch über die Feinde triumphieren durfte. Und die Soldaten freuten sich mit ihm und feuerten ihn an, ehe sie den langen Zug der Fuhrwerke mit dem Klostergut flankierten und in den Gäuboden hinunter abzogen.

Auch die Bauern und die sonstigen Gaffer verschwanden gegen den Abend hin, nur der Hiasl blieb im Klosterhof und blickte lange auf die leeren Fensterhöhlen, in denen nur noch Glassplitter steckten, blickte auf die zerschmetterten Türen und den Unrat, der auf dem Hof zurückgeblieben war. Dann ging er in das Kloster hinein, wanderte durch die kahlen Räume, Zellen und Säle und ließ keinen einzigen Winkel der einst so betriebsamen Abtei aus. Zuletzt suchte er den Raum auf, in dem der Abt von Windberg gehaust hatte, und bereitete sich dort auf dem Fußboden sein ärmliches Nachtlager.

Später in der Nacht übermannte ihn noch einmal ein Gesicht. In ganz Bayern sah er die Klöster leerstehen, über alle bayerischen Straßen sah er die vertriebenen Mönche wanken[70]). Endlich schlief er ein, friedlich wie ein Kind, während von draußen her zögernd die ersten Ratten Besitz von dem einst so mächtigen Zisterzienserkloster ergriffen.

Am nächsten Morgen dann verschwand der Mühlhiasl, schlug sich erneut in die Wälder und wanderte zurück in die Gegend an der böhmischen Grenze. Nach Windberg sollte er – zumindest als Lebender – nie wieder zurückkehren.

Weltabräumen

Aus dem Konsul auf Lebenszeit war ein Kaiser geworden. Am zweiten Dezember des Jahres 1804 hatte Napoleon sich in Paris eigenhändig die Krone aufgesetzt. Zum erblichen Monarchen Frankreichs hatte sich der ehemalige Revolutionär damit erniedrigt. Was so glorreich begonnen hatte, was vor der Bastille und anderswo aus dem Hunger nach Freiheit, Gleichheit und Brüderlichkeit heraus geboren worden war, wurde aufgrund des popanzischen Denkens des Korsen nunmehr marode und mürbe. Die großen Ideen verkamen zu Parolen, die Lieder der Volksbewegung zu Militärmärschen, die Freiheitskämpfer zu kadavergehorsamen Kampfmaschinen. Kaum gekrönt, rüstete Napoleon das Land der Trikolore auf wie nie. Zum rigorosen Sprung an die Kehlen aller übrigen europäischen Blaublütigen setzte er an. Eine Erneuerung Europas und eine neue Friedensordnung für die Menschheit verkündete er, doch da das Bessere, das Schönere auf Kanonenlafetten vorangetrieben werden sollte, war es – ehernen Naturgesetzen folgend – von Anfang an auf Sand gebaut. Vorerst freilich schimmerte die nagelneue Krone des Korsen noch hell.

*

Durch den Bayerischen und den Böhmerwald strolchte zu dieser Zeit der Stoaberger. Zwei Jahre waren vergangen, seit die Ratten das säkularisierte Zisterzienserkloster zu Windberg in Besitz genommen hatten. Jetzt braute über den pelzigen Waldrücken erneut der Frühling. An jenem Tag im späten März hockte der Hiasl am Schwarzen Regen ein wenig außerhalb von Viechtach, Blossersberg zu. Ein Stück weiter standen die ärmlichen Gebäude des Weilers Rauhbühl[71]). Um erratische Felstrümmer herum gurgelte zu Füßen des Stoabergers der Fluß. Auf einem Wiesenfleck daneben reckten die ersten Märzenbecher, die hier oben im Wald später blühten als unten im Tiefland, ihre Kelche der noch schüchternen Sonne entgegen. Der Hiasl, abgerissener und magerer denn je, sah sie jedoch nicht. Am strudelnden, wirbelnden Wasser hatte sich sein Blick festgesaugt, und nunmehr saugte das gurgelnde, schwarze Naß ihn mehr und mehr in seinen Bann.

Zuerst fluderten ihm lediglich bereits verschüttet geglaubte Erinnerungen durchs Gehirn. Noch einmal erlebte er die Vertreibung der Mönche, noch einmal sah er die Ratten ins Windberger Gemäuer hineinwuseln, dann trieb er weg, trieb zwei Jahre lang durch die Wildnis und ab und zu unter das geduckte Dach einer Keuche oder eines Kleinbauernhofes hinein. Hausnamen und Dorfnamen hallten ihm im Schädel nach, Menschengesichter flitzten vorbei, dann wieder war unendliche Einsamkeit um ihn; die Einsamkeit der Wälder, der Granitklüfte auf den Berggipfeln, die Einsamkeit der Nächte unterm klaren Sternenhimmel oder auch unter wind- und regengepeitschten Wipfeln. Zwei Jahre waren vergangen, seit er zum letzten Mal im Buchinger-Häusl zu Rabenstein gewesen war; zwei Jahre, in denen er – zumindest in den Augen der Seßhaften, der Behüteten – zum letzten Dreck und zum letzten Auswurf heruntergekommen war. Hornig und krumm waren seine Nägel jetzt ausgewachsen, hundertmal gesplittert und abgebrochen in der Härte der Wälder, wenn er sich seinen flüchtigen Windschutz zusammengestellt hatte; gesplittert und abgebrochen auch in den Felswänden des Mittelgebirges, wenn er sich auf einen Gipfelkegel hinaufgezogen hatte, um dort oben dem Unnennbaren, das ihn jetzt mehr denn je und immer unwiderstehlicher anzog, so nahe wie möglich zu sein. Entsetzlich ausgewittert und beinahe schwarzbraun eingefärbt war nunmehr sein Antlitz. Wind und Regen, Sturm und Hagel, dazu Hitze und Schweiß, Waldharz und Straßenstaub hatten dieses Antlitz gegerbt und gedengelt, hatten Furchen hineingerissen und gleichzeitig die schroffen Knochen herausgemeißelt, hatten die Augen tiefer und tiefer in den ausgemergelten Schädel zurückgedrängt, aber immer noch waren diese Augen gletscherhell, eishell, und ihre Sehkraft nach außen und innen war schärfer denn je. In der schmutzigen, verkrusteten, ledrigen Schale eines entsetzlich zermeißelten Menschen glühte und gellte das Licht des Sehers grell wie nie.

Die Menschen, denen er in diesen beiden vergangenen Jahren begegnet war, hatten es gespürt. Erschrocken waren ihm die einen ausgewichen, waren geflohen vor ihm wie vor einem Dämon oder einem Wahnsinnigen. Andere aber hatten, wenn auch zitternd und verschreckt, an seinen Lippen gehangen, wenn die Warnungen, die Mahnungen, die fürchterlichen Bilder aus seinem Bartmaul herausgefahren waren. Manches hatten sie verstanden, anderes hatten sie sich bloß dumpf angehört, aber wann immer der Stoaberger einen Satz geraunzt hatte, hatte der sich in ihre Herzen und ihre Gehirne eingebrannt; hatte sich eingebrannt als etwas Reales oder etwas Magisches, je nachdem. Den Stoaberger zu übersehen, gleichgültig ihm gegenüber zu bleiben, hatte keiner von denen vermocht, die ihn in den vergangenen Jahren gehört oder gesehen hatten. Alle hatte er sie im Innersten getroffen, diejenigen, die vor ihm geflohen waren, und diejenigen, die ihm wie gebannt gelauscht hatten. Und jetzt, am Schwarzen Regen bei Viechtach, sah der Hiasl all die verschreckten Gesichter noch einmal an sich vorüberziehen. Eine lange Prozession war es, ein Abbild des großen, allgemeinen Menschenantlitzes schlechthin, und auf einmal empfand der Seher unendliches Mitleid mit ihnen allen.

Das Gewässer zu seinen Füßen wurde ihm zu einem einzigen Tränenfluß; auch ihm selbst lief jetzt das Wasser über die verwitterten Wangen. Sein Blick verschlierte und verschleierte sich; das Wasser, das ihm aus den Augen rann, und das Flußwasser wurden ihm eins. Aus zwei verschiedenen Dimensionen heraus riß und trieb es ihn in den fließenden Strudel hinein. Und riß ihn fort und trieb ihn weg; unter Wasser befand er sich jetzt, unter einer sich unendlich weit erstreckenden gläsernen Decke, die über die halbe Welt hinschillerte, und dieses Schillern und Gleißen und Strömen weitete ihm die Sicht nun ebenfalls unendlich weit aus. Einmal mehr tat sich sein Drittes Auge grenzenlos auf, Raum und Zeit verblaßten zu einem Nichts, und dann sah der Stoaberger das, was kommen würde, grell aus der Erdkruste heraus aufblühen.

Weit im Westen hörte er sie trommeln und sah er sie marschieren; er hörte die Kanonen übers Land poltern, er sah, wie die Kriegsrösser tanzten und stampften, er hörte, wie Befehle in einer fremden Sprache gebellt wurden, und unterm sich blutig einfärbenden Himmel sah er einen endlosen Wald von Bajonetten blitzen. Der Heerwurm rückte nach Osten, rückte heran, und dann stand tief unten am Donaustrom eine zweite Heersäule auf und marschierte und trommelte nach Westen. Über jeder der beiden Armeen hing jetzt eine Krone, die westliche neu, die östliche uralt, und dann krachten die beiden Kronen, die beiden

Heersäulen über dem kleinen bayerischen Land gegeneinander, und mit einem wehen Aufschrei fuhr der Stoaberger aus seinem Entrücktsein hoch und fand sich wieder am Hochufer über dem Schwarzen Regen.

Er blickte verstört nach Blossersberg hinüber, nach Rauhbühl, dann hinunter auf den Markt Viechtach. Winzig klein sah er die Menschen und begriff, daß sie von nichts wußten, nichts ahnten. Wieder sprang ihn das Mitleid an, gleichzeitig verspürte er Furcht, elementare Furcht. Er hatte gesehen, was kommen würde, doch jetzt schauderte er jäh zusammen, denn er ahnte, daß alles nur ein Anfang sein würde, Vorbote noch größeren, noch schrecklicheren Unheils. Nur ein winziger, mentaler Blitz war es, der ihn dies ahnen ließ, dann waren allein wieder die Bilder der beiden marschierenden Heersäulen da. Ein wehes Keuchen kam aus der Kehle des Stoabergers; es riß ihn von dem Rasenfleck weg, an dessen Rand er gesessen hatte, gehetzt rannte er weg, auf Blossersberg zu.

Er stürmte ins Wirtshaus hinein wie ein Dämon aus einer anderen Welt. Am Ecktisch hockten zwei, drei Bauern, ansonsten war der Raum leer. Beim Anblick des Abgerissenen, des Waldschrats brach schlagartig das Gespräch ab. Die Bauern starrten auf ihn wie auf ein Gespenst; einer hatte unwillkürlich die Faust wie zum Schlag erhoben. Und dann, in das Schweigen, in die Erstarrung hinein, fauchte der Stoaberger: „Wird sich bald in Bayern ein Krieg erheben, der wird in vielen Orten Armut und Elend anrichten!"

Die Bauern glotzten. Angst flackerte in ihren Augen. Der eine, der die Faust erhoben hatte, krampfte die Hand jetzt um den Bierkrug, trank jedoch nicht, schien nicht mehr die Kraft zu haben, das Gefäß hochzuheben. Sein Blick und der des Stoabergers verfingen sich ineinander. Der Mann war noch jung, kaum dreißig. Auf einmal sah ihn der Stoaberger nicht mehr im Bauerngewand dasitzen; jetzt trug der andere plötzlich eine Uniform, den Rock eines bayerischen Korporals. Der Stoaberger wußte auf einmal auch, daß der andere bis vor kurzem noch in Ingolstadt beim Militär gestanden hatte, daß er erst kürzlich aus der Armee entlassen und zum Reservisten geworden war. Er sah es vor sich, und dann sah er das rote Mal auf der Brust des Uniformrockes aufblühen, er sah den Mann fallen, sah, wie ihm das Blut in Blasen aus dem verzerrten Mund platzte. Entsetzt wich er zurück, bis unter die Tür, doch noch immer sah er nicht den jungen Bauern am Wirtshaustisch sitzen, sondern den Sterbenden auf dem Schlachtfeld liegen.

„Sterben mußt', wenn du in den Krieg ziehst!" hätte er ihm zurufen wollen. Aber er brachte keinen Ton heraus; er brachte es nicht übers Herz, dem anderen die Wahrheit zu sagen. Ändern ließ sich sowieso nichts mehr, auch das wußte er mit unabdingbarer Sicherheit. Taumelnd stand der Stoaberger unter der Tür, und noch immer starrten die Bauern stumm auf ihn, und dann sah der Prophet plötzlich ein anderes Bild. Die Kriegszeichen fluderten weg, weit hinten erblickte der Hellseher den Frieden. Unendlich dankbar war er dafür, seine Stimme klang wieder fest, als er nun sagte: „Werden aber nach diesem Krieg etliche bessere Jahre kommen!" Er wandte sich zum Gehen, drehte sich dann noch einmal um, warf über die Schulter zurück: „Denkts dran, wenn ihr glaubt, daß ihr das Unglück nicht mehr derpacken könnt. Der Karren fährt nicht immer bloß in den Dreck hinein, er rumpelt auch wieder heraus."

Damit war er verschwunden, war aus der Wirtsstube gehuscht wie ein Schatten, hatte den Fahrweg übersprungen und tauchte jetzt bereits im Wald auf der anderen Seite unter. Im Wirtshaus drinnen aber glotzten die Bauern immer noch. Erst sehr viel später löste sich der Bann von ihnen, stockend begannen sie zu reden, das Vorgefallene zu besprechen, es hin und her zu wenden. Später dann trugen die Bauern das, was sie gehört hatten, aus dem Wirtshaus hinaus, ins Dorf, und von Blossersberg aus wanderte die Prophezeiung weiter auf die anderen Dörfer und Einöden im Viechtacher Land und von dort aus schließlich über den ganzen Wald und den ganzen Donaugäu hin. Da aber war der Stoaberger schon weit weg und hatte sich wieder in seinen Urwaldschluchten verkrochen; hatte sich verkrochen vor den Menschen und dem Unheil, das ihnen drohte.

*

Im Herbst dieses Jahres 1805 wurde wahr, was der Stoaberger prophezeit hatte. Österreich und Frankreich rasten in den Dritten Koalitionskrieg hinein. Bayern, das lange zwischen den Fronten gezaudert hatte, schlug sich zuletzt auf die französische

Seite. Zuvor, im August schon, waren die Truppen des Kaisers aus Wien ins Kurfürstentum einmarschiert. Vor Ulm kam es am zwanzigsten Oktober zur Schlacht. Napoleon schlug den österreichischen General Mack vernichtend. Doch auch zahlreiche Bayern verreckten im Lauf des Gemetzels, unter ihnen ein kaum dreißigjähriger Korporal aus Blossersberg bei Viechtach. Er wurde an der Donau verscharrt; die napoleonische Armee marschierte nach München weiter und eroberte die von den Österreichern besetzte Stadt am vierundzwanzigsten Oktober. Keinen Monat später wurde auch Wien von den Truppen des Korsen besetzt. Danach zogen sich die österreichischen sowie die französisch-bayerischen Heersäulen nach Norden. Austerlitz hieß das Nest, in dessen Nähe es am zweiten Dezember 1805, dem Jahrestag der Kaiserkrönung Napoleons, zur letzten Schlacht des Krieges kam. Einhundertvierundsechzigtausend Mann auf beiden Seiten metzelten und kanonierten vom Morgengrauen bis zum Abendrot. Danach hatte der Korse gesiegt, waren wiederum Tausende von jungen Männern verreckt. Dem Aufstieg des mit den Franzosen verbündeten bayerischen Kurfürsten zur Königsmacht stand nichts mehr im Wege. Am ersten Januar des Jahres 1806 wurde Max Joseph als Maximilian I. Joseph feierlich gekrönt. Und in der Tat, ganz wie der Stoaberger es vorausgesagt hatte, sollte nunmehr mehr als drei Jahre lang Frieden in Bayern herrschen. Diejenigen, die auf den Schlachtfeldern umgekommen waren, auch die zahllosen Verwundeten, hatten freilich nichts mehr davon.

*

Im tiefen Urwald verkrochen hatte sich der Stoaberger, während in Bayern und dann in Österreich der Krieg getobt hatte. Jetzt, zu Beginn des Jahres 1806, zog es ihn doch wieder zu den Menschen. Im späten Januar tauchte er, von einer Höhle am Falkenstein kommend, im Buchinger-Häusl zu Rabenstein auf. Knapp drei Jahre waren vergangen, seit er sich zum letzten Mal dort hatte sehen lassen. Der Jörg empfing ihn jedoch, als sei er nur einige Tage weggewesen.

„Dein Winkel hinterm Ofen ist schon noch da, Hiasl", sagte er gerührt und drückte die Hand des nunmehr Zweiundfünfzigjährigen, ohne sich um den Dreck und den Grind zu scheren. Die

Klaue des Hiasl fühlte sich hart wie Holz an, aber seine Stimme klang seltsam weich, als er erwiderte: „Bist der einzige Freund, den wo ich noch im Leben hab', Jörg!"

„So soll's auch bleiben", beteuerte der andere. „Kannst bei uns hausen, so lang' du magst."

Die Buchingerin, die jetzt auch dazugekommen war, nickte. Kinder gab es jetzt nicht mehr im Häusl unterm Rabenstein; alle drei hatten bereits zu anderen Bauern gemußt. Die Zeiten waren wieder ärmlich und schlecht geworden durch den Krieg; das kleine Sachl konnte jetzt gerade noch die Alten ernähren. Der Hiasl begriff es, und diesmal brauchte es keine Hellsichtigkeit dazu, und er sagte: „Will euch aber nicht zur Last fallen. Brauch' bloß das Dach über dem Kopf und einen Strohsack, damit ich auch einmal wieder weich liegen kann. Aber mein Essen verdien' ich mir selber, wenn ihr eine Arbeit für mich wißt."

„Der Kißling, der Schloß- und Glashüttenherr, sucht einen zum Meilern", schlug der Jörg vor. „Droben am Rabenstein wär's. Der alte Köhler ist erst vor zwei Wochen verstorben. Jetzt wär' die Stell' frei. Könntest tagsüber am Berg arbeiten und auf die Nacht herunter ins Häusl kommen."

Der Hiasl nickte. „Red'st du mit dem Kißling?" bat er. „Ich selber mag aufs protzerte Schloß nicht gehen."

„Freilich tu' ich's", versprach der Jörg.

„Aber erst bleibst' einmal ein paar Tag' bei uns und ruhst dich aus", bestimmte die Buchingerin. „Schaust ja ganz erfroren und verhungert aus. Und schwarz bist im Gesicht geworden, fast wie ein Mohr."

„Das kommt halt davon, wenn man immer nur den Sternen- oder den Sturmhimmel als Zudeck' hat und den Wald zur Stub'n", antwortete der Hiasl mit einem schüchternen und beinahe schuldbewußten Lächeln. „Darfst dich nicht dran stören, Buchingerin. Wird eher noch schlimmer werden, wenn ich jetzt ein Köhler werd'."

„Stört mich doch eh nicht", verwahrte sich die Frau. „Hab' mir bloß ein bissl Sorgen um dich gemacht..."

„Gut tut's, wenn sich eins um einen sorgt", sagte leise der Hiasl.

Ein paar Tage später dann, zum ersten Mal wieder nach vielen Jahren, stieg er auf den Rabenstein hinauf. Ein neues Gewand, das ihm der Jörg gegeben hatte, trug er am Leib, auf dem Schädel aber nach wie vor seinen uralten Filz. Das Haar hatte ihm die Buchingerin mit der Schneiderschere kinnlang gestutzt. Ansonsten hatte der Jörg alles mit dem Kißling vom Rabensteiner Schloß geregelt.

Das Meilergelände befand sich hoch oben am Berg. Der Hiasl fand die eingeschneiten Holzkloben, die von seinem Vorgänger noch auf Vorrat geschlagen und zerkleibt worden waren; er fand auch noch einen fertigen Meiler vor, den er vorerst nur in Brand zu setzen brauchte. Ganz fremd war ihm das Geschäft ohnehin nicht. Während der bald fünf Jahre, in denen er nun schon durch die Wälder und an den Flüssen entlang strich, hatte er da und dort schon mehrmals als Köhlergehilfe gearbeitet. Er wußte, wie der bienenkorbartige Holzhaufen aufgeschichtet werden mußte; er wußte auch, wie man trotz des Schnees ein Feuer entfachen und am Leben erhalten konnte. So begann der Meiler am Rabenstein schon bald wieder zu rauchen, und als alles richtig in Gang gekommen war, reinigte der Hiasl notdürftig die nur brusthohe Hütte, in der sein Vorgänger verstorben war, schürte ein zweites kleines Feuer vor dem Eingang an und verschloß sich dann unter das Dach aus schräg gestellten Ästen und darübergeschichteten Zweigen.

In die Bergflanke hinein biß ein schneeträchtiger Ostwind. Ab und zu raschelte es hoch oben in den Baumwipfeln, rutschte dann schwer und polternd ab. Da und dort hingen von den Fichten die Eiszapfen wie stachlige Bärte. An Lebendigem ließ sich nichts hören und nichts sehen hier oben im Hochwald. Das Wild hatte sich im Gestrüpp verkrochen, andere Tiere lagen zu dieser Jahreszeit noch im tiefen Winterschlaf. Das einzige Lebewesen, das jetzt am Rabenstein tätig war, war der Stoaberger. Doch auch er schlurfte nur ab und zu aus seiner niedrigen Hütte, um dann zum nahen Meiler zu tappen und ein paar verrutschte Scheiter zurechtzurücken oder die Luftzufuhr zum glühenden und schwelenden inneren Kern des Holzkegels zu regulieren. Danach zog er sich wieder in seine dürftige Hütte zurück, sinnierte und kaute zwischendurch ein Stück von dem Brot, das ihm die Buchingerin mitgegeben hatte.

Der erste Tag verging ihm schnell. Er war die Einsamkeit gewohnt und wußte sie aus sich selbst heraus zu füllen. Als dann die Dämmerung sich ankündigte, machte der Hiasl den Meiler dicht. Er verminderte die Luftzufuhr in das Innere des Holzkegels hinein auf ein Minimum, so daß das Schwelen und Glosen dort in der Nacht nur noch ganz langsam weitergehen würde. Dann stieg er den Berg hinunter, eine gute Stunde weit, und traf mit der letzten Ahnung von Tageslicht im Buchinger-Häusl ein. Die Bäuerin stellte die Brotsuppe auf den Tisch; reihum tauchten sie die Löffel ein und führten sie zu den Mündern. Erst als die tönerne Schüssel geleert war, fragte der Jörg: „Kommst' zurecht mit dem Meiler?"

„In ein paar Tagen kann der Kißling die erste Fuhr' Holzkohlen abholen lassen", erwiderte der Hiasl.

„Wird ihm recht sein. Er braucht's dringend in seiner Glashütt'n", stellte der Bauer fest.

Der Hiasl nickte. Dann sagte er leise: „Eine Weil' wird er noch Glas machen können, der Kißling. Aber dann wird's wieder Sprüng' und Scherben geben in der Welt. Der Krieg wird weitergehen, in Bayern und anderswo. Eh' es zu einem End' kommt, werden die Soldaten aus dem Donaugäu und aus dem Wald mit dem Franzosen bis ins Eisland marschieren müssen. Werden auf den Schutz einer großen Stadt hoffen, wenn der Schneewinter kommt, werden aber keine Stadt mehr vorfinden. Wird alles in Flammen stehen, weil's der Reußenherr[72]) so geplant hat. Und dann werdens' verrecken wie die Fliegen im Winterfrost. Werden nur ganz wenige zurückkommen nach Bayern. Aber die Menschen werden trotzdem nicht gescheiter geworden sein. Werden eine Friedenszeit, die wo dann kommt, nicht nutzen. Werden bloß die Köpf' in den Sand stecken und nicht denken und werden den Menschheitsfrieden nicht schaffen können ..."

Starr saß er da, mit glühenden Augen. Einmal mehr hatte ihn das Unerklärliche gepackt. Fauchend und rauh war seine Stimme, als er jetzt fortfuhr: „In der Zeit zwischen den Kriegen wird sich die Hoffart einschleichen bei den gemeinen Leuten. Man wird Farben an den Kleidern sehen, die noch niemand gesehen hat, dem Waldwurm ähnlich. Man wird den Bauern nicht mehr vom Bürger, den Bürger nicht mehr vom Edelmann und die Magd nicht mehr von der Frau unterscheiden können. Auch werden die Menschen nicht mehr ohne Dach auf die Straß'n gehen. Werden einen jeden Regenspritzer fürchten, als sei's die Pest, und werden mit ihren Dachl'n ausschauen wie die Schwammerl im Wald. Wird aber dann ein Blutregen kommen über die Menschheit und werden die Deutschen wie-der gegen die Franzosen Krieg führen. Und dann, wenn die Deutschen meinen, daß der Krieg gewonnen ist, und wenn sie ihr neues Reich aufrichten, dann geht's erst richtig los. Dann wird die Welt brennen und wird abgeräumt werden..."

„Hör auf, Hiasl, bittschön, ich hab' Angst!" unterbrach ihn die Buchingerin. „Hab' mich schon früher immer gefürchtet, wenn du mit dem Weissagen angefangen hast, aber so schlimme Sachen wie heut' hast' noch nie gesagt. Red nicht weiter, Hiasl, ich fleh' dich an!"

Wie aus einem Traum heraus schreckte der Stoaberger auf. Duckte sich dann gleich wieder zusammen und blickte schuldbewußt auf die Bäuerin, die ihm schon so viel Gutes getan hatte. „Hab' gar nicht reden wollen, ist einfach über mich gekommen", murmelte er. „Kann nichts dafür, Buchingerin. Aber du mußt keine Angst haben. Was ich zuletzt gesagt hab', wirst du nicht mehr erleben müssen. Wird erst lang nach deiner Zeit losgehen, das Weltabräumen. Werden von heut' an noch mehr als hundert Jahr vergehen, bis es so weit ist. Einen Vierzehner seh' ich, aber er trifft erst aufs nächste Jahrhundert. Kennen wird man's daran, daß auf dem Zwiesler Kirchturm die Birkenbäum' wachsen, und wenn sie so hoch wie eine Fahnenstang' geworden sind, geht's los. Aber du, Buchingerin, wirst die Bäum' nicht wachsen sehen und deine Kinder auch noch nicht. Die Enkel freilich können's dann erleben..."

„Von denen ist noch keiner geboren, also brauchen wir uns jetzt auch nicht die Köpf' darüber zerbrechen", warf, um Ausgleich bemüht, der Jörg ein. „Und jetzt holst' uns einen Krug Most, Alte, damit wir auf andere Gedanken kommen."

Eilig verschwand die Buchingerin in die Flez hinaus, um von dort ins Kellerloch hinunterzusteigen. Der Jörg nutzte ihre Abwesenheit, um den Hiasl zu bitten: „Schau halt, daß d' wenigstens dein Maul hältst, wenn sie in der Näh' ist. Weißt's ja selber, wie die Weiber sind. Haben kein so dickes Fell wie unsereiner..."

„Hab' eh schon alles gesagt, was ich hab' sagen müssen", erwiderte der Hiasl. „Und morgen bin ich wieder im Wald, da hören mich dann bloß die Bäum'. Und wenn der Auswärts kommt, werd' ich ganz droben bleiben auf dem Rabenstein. Dann fall' ich keinem mehr zur Last."

„So hab' ich's aber jetzt auch nicht gemeint", verwahrte sich der Jörg.

„Weiß schon, daß du's bloß gut gemeint hast", erwiderte der Hiasl versöhnlich.

Die Bäuerin kam mit dem Mostkrug zurück. Alle drei am Tisch tranken stumm, wenig später fielen ihnen die Augen zu. Der Stoaberger verkroch sich im Ofeneck, während die Buchingers die Treppe hinauf verschwanden. Und ums Häusl winselte der Schneewind und winselte in die Träume des Hiasl hinein, die in dieser Nacht grell und blutig und entsetzlich waren.

Am nächsten Tag kauerte der Hiasl wieder in seiner niedrigen Köhlerhütte und starrte stundenlang auf die heißen Luftwirbel, die vom Meiler aufstiegen. Aus dem Inneren des Holzkegels heraus knisterte und sprotzelte es zusätzlich, und alles zusammen löste bei dem Seher vom Rabenstein, zu dem er jetzt, in seinem letzten Lebensabschnitt, geworden war, wiederum eine Flut von Visionen aus. Was früher das Mühlenrauschen, das Mühlenpochen bewirkt hatten, bewirkten nunmehr das Schweigen des Waldes, das Knistern und Sprotzeln im Meiler, das Wabern und Tanzen der erhitzten Luft. Widerhall fand all dies im Schädel des Stoabergers, und während er, zunehmend mechanischer, meilerte, rissen die Gesichte ihn fort, jagten und trieben ihn kreuz und quer durch die diesseitige und die Anderwelt, peitschten ihn durch Raum und Zeit und brannten sich für immer grell in ihm ein.

Er sah die Welt sich rasend schnell verändern, sah die Menschheit sich vermehren wie Rattenbrut, uferlos. Er sah die neuen Ideen aufkommen, und sie waren nicht schlecht, doch die Anhänger der alten Welt, der verbohrten, der engstirnigen, bissen und schnappten gegen sie, kämpften mit Zähnen und Krallen um ihre Privilegien, ihre Wahnvorstellungen politischer und religiöser Art, und so entstanden die Kriege, deswegen würden sie in der Zukunft ausbrechen; deswegen würde das Weltabräumen immer näher rücken. Einmal würde es kommen, dann noch einmal und noch ein drittes Mal vielleicht, und die Opfer würden nach Millionen und Abermillionen zählen. Eine verpestete Erde sah der Stoaberger, eine Erde, von Bombenkratern zernarbt und von Giftgas zerfressen. Und die Menschen krallten sich in den Schlünden und Gräben dieser zerstörten Erde ein; Masken trugen sie vor den Gesichtern, die sahen aus wie Schweinerüssel, und mit gläsernen Glotzaugen belauerten sie ihre Feinde, ihre vermeintlichen Feinde, und schossen auf sie und ließen armdicke Feuerstrahlen gegen sie fauchen und rotteten die anderen aus und wurden gleichzeitig selbst ausgerottet.

Städte sah der Stoaberger nach seiner eigenen Lebenszeit entstehen; Städte, wie noch kein Menschenauge sie erblickt hatte, endlose Geschwüre über dem Land, und die höchsten ihrer Gebäude schienen den Himmel zu zerkratzen. Dann hörte er wimmernd und hallend etwas aufheulen, das die Menschen der Zukunft als Sirenen bezeichneten, und über den molochischen Stadtlandschaften erschienen riesige Rudel silberner Vögel und streuten aus ihren Wänsten den todbringenden stählernen Samen, ließen ihn hinunterprasseln auf die Millionenstädte, bis die Gebäude in Feuerstürmen zum Himmel geschleudert wurden und der Rauch die Welt von Horizont zu Horizont verdunkelte. Tief unten im Gekröse der Städte ballten sich wie in steinernen Rattennestern die Menschen zusammen, die Frauen, die Kinder, die Alten, geschichtet wie Bündel Fleisch lagen sie in den Bunkern, und mit meterdicken Wänden aus grauem Stein versuchten sie sich zu schützen. Doch durch den ölig geschwärzten Himmel fauchten silberne Pfeile heran, ein jeder so groß wie ein hundertjähriger Baum, und die mörderischen Geschosse bohrten sich durch den Stein wie durch morsches Holz und brachen in die Gewölbe ein und zerrissen Hunderte, Tausende von kreischenden, betenden, heulenden Menschen auf einen Schlag. Fleischfetzen, Gliedmaßen, zerborstene Schädel klebten an den Bunkerwänden, gleichzeitig verbrannte Eisen so leicht wie Stroh, und auch die Fetzen der geschändeten Menschenleiber verglühten zu schwarzer Kohle.

Und weiter rauschte der Stoaberger in seine entsetzlichen Visionen hinein; er sah eine ganz neue Waffe, ein himmelhohes Schreckgespenst wie einen Pilz, und als es geboren wurde aus dem wahnwitzigen Drang der Menschheit zur Selbstzerstörung heraus, da fegte es mit einem einzigen Schlag eine ganze Stadt hinweg, ließ Hunderttausende verbrennen und verzischen, ließ von manchen nichts als eine verwaschene Kontur auf einer Steinstufe oder einer Mauer zurück. Ein Krieg, der die Welt abgeräumt hatte wie nie, wurde auf diese Weise mit einem Schlag beendet, doch wiederum lernte die Menschheit nichts aus ihrem eigenen partiellen Untergang in einem weit entfernten östlichen Land; das tödliche Spiel mit dem himmelhohen Pilz begann jetzt erst richtig. In einem Meer weit im Westen wurden Inseln zerpulvert vom Pilz und vom Orkan, den er nach sich zog. In die Eingeweide der Erde drang der Pilz vor, bis in die Abgründe unter dem Meeresboden hinunter, um dort unsichtbar seine blasphemische Gewalt zu entfesseln. Und Schockwellen liefen um den Globus, rasten unter dem Meer dahin und trafen auf den nächstgelegenen Kontinent und lösten dort Erdbeben aus, die wiederum Zehntausende und Hunderttausende von Toten forderten[73]). Und wiederum lernten die Menschen nichts daraus; statt dessen vergötterten sie den Pilz und behaupteten, unter seinem giftigen Dach sicher leben zu können. Die alten Männer, die Bösartigen, diejenigen, die vom Leben ohnehin nicht mehr viel erwarteten, weil ihnen die Weisheit des Alters fehlte, weil sie immer nur nach Macht gestrebt hatten, anstatt an ihrer Seele zu arbeiten, redeten dies den Jungen, den Unschuldigen ein, hämmerten es ihnen ein, impften es ihnen ein. Viele, Millionen und Abermillionen, konnten sie verführen, und diejenigen, die sich nicht von ihnen verführen lassen wollten, wurden mit allen verfügbaren Machtmitteln verteufelt, gehetzt, gejagt, ermordet. Eiserne Hornissen flügelten aggressiv über die Menschenketten hin, die sich zum Zeichen ihres Friedenswillens, ihres Lebenswillens an den Händen gefaßt hatten; bespitzelt und verleumdet wurden sie, und doch lag in ihren ineinander verschlungenen Händen die einzige Zukunft der Menschheit.

Und während die Massenvernichtungswaffen allüberall auf dem Erdball aufblühten wie Disteln des Bösen, während die alten Männer ihre verschiedenen Göttergötzen anriefen und geifernd den Untergang des Menschengeschlechts beschworen, führten die anderen, die Friedens- und Lebenswilligen, den

Verkrüppelt

Auf dem Rabensteiner Schachten zeigte sich an diesem vierundzwanzigsten Juni des Jahres 1812 die Herde unruhig. Immer wieder senkten die Stiere ihre klobigen Schädel gegen den Waldrand hin. Der Stoaberger, fast sechzigjährig jetzt, umkreiste unablässig die Tiere. In der Hand hielt er die Geißel schlagbereit. Schon am Morgen dieses Tages hatte er ein ungutes Gefühl gehabt. Etwas drohte, etwas lauerte. Ganz deutlich hatte es der alte Mann in der Frühe gespürt und spürte es jetzt immer noch. Doch der Tag verstrich und vorerst ereignete sich nichts weiter.

*

Am selben Tag setzte knapp eine halbe Million Soldaten der Großen Armee Napoleons über den russischen Grenzfluß Njemen. Ohne Kriegserklärung hatte der Korse den Angriff eingeleitet. Noch immer war Bayern mit Frankreich verbündet; in der Großen Armee marschierten deswegen auch mehr als dreißigtausend Mann unter weiß-blau gerauteten Fahnen mit. Kommandiert wurden sie von den Generälen Wrede und Deroy; diese geboten nicht nur über mehr als dreißigtausend Menschenleben, sondern auch über knapp siebentausend Gäule sowie sechsundsechzig Kanonen.

Der Übergang über den Njemen verlief weitgehend problemlos. Nur vereinzelt knallten Musketenschüsse oder raunzten Kanonen. Am anderen Ufer fächerte die Große Armee aus und walzte weiter nach Osten. Der Korse wußte es noch nicht, doch mit jedem Stiefeltritt seiner ungeheuren Armee näherte er sich Schritt um Schritt seinem eigenen Untergang. Dennoch war er, als die Große Armee an diesem ersten Feldzugsabend lagerte, siegessicherer denn je.

*

Der Abend auf dem Rabensteiner Schachten war schwül und dämpfig. Durch die schwere, lastende Luft sirrten die Staunzen und summten giftig die Bremsen. Die Unruhe der Herde nahm zu, je schwerer die Nachtschatten über die Rodung fielen. Unentwegt strich der Stoaberger am Waldrand entlang, umklammerte mit feuchten Händen den Geißelgriff und lauerte ins Ge-

Kampf auf ihre Weise; verzweifelt versuchten sie die Katastrophe aufzuhalten, versuchten es mit den Mitteln der Hoffnung und des guten Willens und ohne Gewalt, und sie schafften es, sie schafften es zumindest wertvolle Augenblicke lang immer wieder, und in einer letzten Vision sah der Stoaberger eine Waage, eine riesige Waage, die zitternd über dem Erdball hing, nachdem der Erdball bereits einmal und dann noch einmal abgeräumt worden war. Und in der einen Waagschale hing das Verhängnis des dritten und dann endgültigen Weltabräumens, und in der anderen Waagschale hingen die Hoffnung und die gutherzige Kraft der Friedens- und Lebenswilligen, und noch neigte sich der Balken der Waage weder nach links noch nach rechts. In der Schwebe hing und zitterte der Erdball und hing und zitterte das Menschengeschlecht, und ehe der Seher den Ausgang erkennen konnte, verwaberte ihm jäh seine Vision. Mit einem rauhen Schrei kam er wieder zu sich; er sah, daß der Meiler in Brand geraten war, daß die Flammenzungen bereits aus der Kuppel leckten.

„So wird auch die Welt brennen, beim dritten Mal!" keuchte er, während er losrannte. „Außer, die einen halten's dann noch auf gegen die anderen, das dritte Weltabräumen, und erkennen rechtzeitig die Zeichen, wenn's beginnen will!"

Er hatte den vom Feuer überglosten Meiler erreicht, stieß die Scheiter dort, wo sie angekohlt und geborsten waren, wieder zusammen, erstickte den Brand dann, indem er mit beiden Händen Schnee auf die Meilerkuppel schaufelte. Er war gerade noch rechtzeitig zu sich gekommen, um das Abbrennen des ganzen Haufens zu verhindern. „Als ob's ein Zeichen gewesen wär'", murmelte er zuletzt, „und vielleicht können die anderen in hundert und nochmal hundert Jahren das Wegbrennen der Welt doch noch verhindern..."

Erschöpft von den fürchterlichen Gesichten und der Arbeit am Meiler, blickte er zum Winterhimmel hoch, suchte die Sonne. Sie stand bereits tief, der Tag war beinahe schon wieder vorüber. Noch einmal inspizierte der Hiasl den Meiler, dann machte er sich auf den Weg zurück zum Buchinger-Häusl. An diesem Abend redete er nichts. Schweigend schlang er sein Essen hinunter, dann verschloff er sich im Winkel hinter dem Ofen. Die Buchingers sahen ihm an, daß es ihm im Schädel räderte wie nie, und sie waren ihm dankbar dafür, daß er sie an diesem Abend mit seinem Leid verschonte.

*

Erst nach Wochen, nachdem er schon den vierten oder fünften eigenen Meiler aufgebaut hatte, wurde der Stoaberger allmählich wieder ruhiger. In den Tälern um Zwiesel kündigte sich bereits das Frühjahr an. Auf dem Rabenstein und an den anderen Bergflanken lag der Schnee zwar noch immer hoch, doch die Luft war jetzt milder, die Sonne stand wieder länger am Himmel und lockte da und dort bereits die ersten Gräser und Blumen aus der dampfenden Erde. Jetzt mußte der Hiasl sich nicht mehr in seiner niedrigen Hütte verkriechen, wenn er seinen Meiler bewachte, jetzt kauerte er im Freien und spürte dankbar, wie das Jahr und die Wärme wuchsen. So ging das Märzende hin und dann der April, und nur selten zogen dem Hiasl in dieser Zeit irgendwelche Bilder durchs Gehirn. Es schien, als wollte sich sein mentales Ich von den Visionen, die es im Spätwinter so furchtbar gepeitscht hatten, in einer Art von Erschöpfungsschlaf erholen. Der Hiasl war dankbar dafür und tat seine Arbeit, tat sie bis ins späte Frühjahr hinein, und als auch oben am Rabenstein der Schnee von den Schachten abgeschmolzen war und die Waldwiesen wieder trocken dalagen, machte der Jörg seinem Freund, der sich jetzt nur noch selten im Buchinger-Häusl sehen ließ und lieber droben am Berg übernachtete, einen Vorschlag.

„Das Köhlern könnt' jetzt auch ein anderer übernehmen", sagte er. „Für den Sommer findet der Kißling schon einen. Hat bloß im Winter keiner auf den Rabenstein gewollt. Und du könntest in der Zwischenzeit eine Arbeit übernehmen, die wo leichter für dich ist."

„Was wär's denn?" wollte der Hiasl wissen.

„Könntest das Großvieh von uns Rabensteiner Bauern auf den Schachten hüten", erklärte der Jörg. „Hättest keine große Müh' – damit. Müßtest nur aufpassen, daß kein Raubzeug über die Herde kommt. Weißt's ja, daß es immer noch Wölf' und manchmal auch noch einen Bären gibt in der Wildnis. Könntest aber ein Schießzeug mitnehmen gegen das Ungetier . . ."

„Brauch' keine Büchs'n", erwiderte der Hiasl barsch. „Kann die Schießprügel ums Verrecken nicht ausstehen. Sind eh schon viel zu viel davon in der Welt.

„Dann nicht", nickte der Jörg verständnisvoll. „Aber das Hüten selber willst' übernehmen, wenn ich dich recht versteh'?
„Das Hüten schon", sagte der Stoaberger.

*

Im Mai dann zog er mit der Rabensteiner Herde zum Hahnenriegel hinauf und später im Sommer weiter zum Emahlenriegel[74]. Schon vor Jahrhunderten waren die Schachten dort gerodet worden; Generationen von Hirten hatten hier die Einsamkeit der Waldsommer hoch über den besiedelten Tälern erlebt. Jetzt tauchte auch der Hiasl in diese Einsamkeit ein, und wo ihn in seinen frühen Jahren das Mühlenpochen und Mühlenrauschen gelullt hatte, lullte ihn nun das Rauschen der die Schachten umsäumenden Wälder und dazu das geruhsame Rupfen und Schreiten der Rinder.

Zumeist war die Welt unendlich friedlich hier oben; in sanftem Gleichklang gingen die Tage und die Nächte über die Bergrücken hin, und der Hiasl hatte oft genug das Gefühl, daß die Rinder ihn gar nicht brauchten. Nur ab und zu ereignete sich etwas, das ihn dann doch forderte; ein jähes Sommergewitter, das die Herde verstörte, manchmal auch ein Schleichen und Rascheln im Dikkicht, das auf irgendein Raubzeug hindeutete. Aber die Gewitter zogen dann schnell wieder weiter, während der Hiasl seine Herde umkreiste und beruhigend auf die Tiere einredete, und was die Raubtiere anging, so genügte es stets, daß der Hirte seine Geißel gegen das Unterholz hin knallen und schnalzen ließ, oder daß er nachts mit einem Feuerbrand fuchtelte. Erregenderes geschah nicht in diesem Sommer des Jahres 1807, und als der Herbst dann den Laubwald bunt einzufärben begann, trieb der Stoaberger seine Rinder ins Tal hinunter. Prall und glänzend waren die Tiere geworden droben auf den Schachten, und der Stoaberger hatte kein einziges Stück verloren. Die Rabensteiner Bauern zeigten sich zufrieden mit ihm; der Hiasl selbst nahm ihren Dank schweigend an. Die letzten drei Rinder trieb er dann zum Buchinger-Häusl, brachte sie dort in den Stall und setzte sich anschließend zum Jörg und seinem Weib in die Stube.

„Hast' ein bissl Frieden gefunden in der Einsamkeit?" fragte der Bauer, während die Buchingerin dem Hiasl das verfilzte Haar mit der Schneiderschere schnitt.

„War schon friedlicher als meistens in den letzten Jahren", erwiderte der Stoaberger. „Ja, bin schon ein bissl zur Ruh' gekommen." Daß er auch auf den Schachten seine Gesichte gehabt hatte, verschwieg er dem Freund. Er wollte ihn nicht damit ängstigen. Doch das Waldrauschen, das Rupfen und Schreiten der Rinder, das Ziehen der Wolken und das Funkeln und Glitzern der Sterne dazu hatten auch in diesem Sommer immer wieder die Visionen bei ihm ausgelöst, und die Bilder waren zumeist schrecklich und beängstigend gewesen. Doch daran war der Hiasl nun schon seit Jahrzehnten gewöhnt, und in diesen Jahrzehnten hatte es ihn schon viel ärger gebeutelt und geschüttelt als in diesem Sommer des Jahres 1807. Ein klein wenig Ruhe schien in diesem Jahr in die Welt gekommen zu sein; vielleicht hatte deswegen auch der Hiasl ein relativ ruhiges Jahr erleben dürfen. Das Rennen der Welt und das Rennen der Bilder in seinem Schädel schienen irgendwie zusammenzuhängen; das hatte sich der Hiasl droben auf den Schachten manchmal auch gedacht. Und jetzt hoffte er, daß es noch eine Zeitlang so bleiben würde, aber daß es einmal auch wieder anders kommen würde, wußte der Stoaberger sowieso.

Für ein paar Wochen hielt er sich in diesem Herbst im Buchinger-Häusl auf; im November zog er dann wieder hinauf in die Wälder. Der Kißling hatte ihn erneut als Köhler angestellt; wie im Jahr zuvor schichtete der Hiasl jetzt wieder seine Meiler auf, bewachte sie und schlief nachts in seiner niedrigen Hütte aus Ästen und Zweigen. Das Feuer gloste, bald fiel der erste Schnee, einmal in der Woche kamen ein paar Tagelöhner vom Schloß herauf und schleppten die Holzkohle, die der Stoaberger gebrannt hatte, in Säcken zu Tal. Als der Winter härter wurde, suchte der Hiasl nachts wieder öfter das Buchinger-Häusl auf, hockte und schlief dann hinterm Ofen, redete manchmal dumpf und unverständlich von den Dingen, die kommen würden, und ging am nächsten Morgen wieder auf den Berg.

So meilerte er bis in den Frühling des Jahres 1808 hinein, und dann war es beinahe selbstverständlich, daß er sich bei den Rabensteiner Bauern wiederum als Waldhirte verdingte. Der zweite Sommer, den er mit seiner Herde verbrachte, unterschied sich in nichts vom ersten; zuletzt kam wieder der Herbst, und der Stoaberger wurde erneut zum Kohlenbrenner in den Diensten des Kißling. Auch der Winter von 1808 auf 1809 verstrich eher ruhig für ihn; im März freilich packte den Stoaberger eine seltsame Unruhe, und all das, was ihn während der letzten Jahre nicht mehr gar so stark gequält hatte, sprang ihn nun jäh und mit um so größerer Wut wieder an.

Der Stoaberger hatte einen der letzten Meiler dieses Winters in Arbeit, als es ihn überkam. Aufzurauschen schien plötzlich der Wald wie mit einem fürchterlichen Schrei, zu zerkrachen und zu zerbersten schienen die Baumstämme, über den scheckigen Himmel schienen die Wolken plötzlich wie von Furien gehetzt zu rasen. Vor dem glosenden Meiler stand der Stoaberger und zitterte am ganzen hageren Leib, dann riß es ihm die Augen hoch zum Firmament, und die Himmelsschale brach auf wie ein Wasserstrudel, brach auf zu einem rasend schnell rundum tobenden Trichter und saugte das, was im Schädel und im Herzen des Hiasl seherisch war, in seinen Abgrund hinein.

Wieder waren die Bilder vom großen Weltabräumen da, vom ersten, vom zweiten, vielleicht vom dritten; er sah die Erde bersten und Soldaten aus sich speien, Myriaden von Soldaten, lebende Körper mit toten Gesichtern, in den toten Augen unsagbares Grauen. Ein jedes Land auf dem Kontinent spie seine Heere aus, und ein jedes Land hatte seinen Trommler, seinen Götzen, seinen Popanz, der seine Heersäule vorwärts hetzte, der die Totengesichter hetzte gegen andere Totengesichter, der zur Schlachtbank trieb, was immer ihm in die klauigen Fänge geriet. Unter den Marschtritten der Heersäulen erbebte der Kontinent; Fahnen peitschten wie Schlangen und Leichentücher über die Länder hin, von Horizont zu Horizont. Auf den Thronen keckerten die Bestien, die blaublütigen und schwarzweißrotblütigen und braunblütigen Meuchelmörder, und je lauter und schriller sie keckerten, um so schneller und rasender marschierten die Heersäulen, und zuletzt saugte der Abgrund des allgemeinen Wahnsinns sie ein. Ebenso wie der Seher mental, gerieten sie körperlich in den irrsinnigen Strudel, und der Strudel der menschlichen Dummheit und der menschlichen Bösartigkeit schleuderte sie durcheinander und schleuderte sie gegeneinander, riß sie unausweichlich tiefer und tiefer.

Die Soldaten und diejenigen, die ihnen zujubelten, merkten es jedoch nicht. Anstatt sich womöglich doch noch aus dem Strudel freizukämpfen, begannen sie nunmehr bestialisch gegeneinander zu wüten, zu schlagen und zu feuern. Ihren vermeintlichen Feinden, die in Wahrheit doch ihre Brüder waren, gingen sie an die Gurgel, jagten ihnen das Blei ins Fleisch und das Bajonett in die Gedärme, rissen ihnen die Augen aus den Höhlen und schlitzten ihnen die Kehlen auf. Und wurden selbst gewürgt, erschossen, bajonettiert, geblendet und aufgeschlitzt, während die wirklichen Feinde, die Keckerer, die Hetzer, die Lügner, die Machtbesoffenen, die Herrscher, die Führer, die Generäle, die Feldpfaffen, die Bischöfe, die Päpste, die Menschenverächter, auf immer schneller sich auftürmenden Leichenhaufen tanzten, kapriolten und johlten. Während die Kleinen sich gegenseitig metzelten, stampften die Großen die geschändeten Körper ins Massengrab, pflanzten Kreuze und Fahnen über die stinkenden, blut- und kotverschmierten Leichenhaufen und zeigten ihre Macht, ihre unendlich bösartige menschenverachtende Macht.

Abgeräumt wurde die Welt, weil jeder sein Gewehr auf den Bruder richtete und keiner es gegen seinen wahren Feind zu kehren wagte; abgeräumt wurde die Welt, weil die Kleinen zwar angeblich tapfer zu sterben vermochten, aber nicht mutig zu denken wagten; abgeräumt wurde die Welt, weil es Königshäuser und Kirchen und andere Alleinherrscher gab, und weil das eherne Gesetz, daß kein Mensch Macht über einen anderen haben darf, verachtet und mißachtet und ewig mit Füßen getreten wurde.

Das Schlachten jagte über Bayern und Deutschland und Österreich und Rußland hin; Böhmen, Preußen, Sachsen, Westfalen und viele andere schlachteten mit im deutschen Verbund; es schlachteten auch Franzosen, Spanier, Italiener und Engländer. Sie schlachteten auf schlammigen Feldern und schlachteten auf dem Meer; unter bleierner Sonnenglut schlachteten sie und in den Eiswüsten des Ostens, und sie schlachteten und schlachteten, bis kaum noch einer lebte; die letzten Soldaten krochen heulend und blutbesudelt auf allen Vieren zwischen den Leichenhaufen herum.

Ein stinkender Grind aus gestocktem Blut krustete zuletzt über der Welt, Maden gruben sich durch die bleichen Leichenhaufen, Geier schwebten und stießen nieder und hackten gierig in auslaufende Augenhöhlen hinein. Und zuletzt schoß aus dem

Himmelsstrudel ein Aasvogel, entsetzlich wie ein Cherubim, heraus und fauchte auf den Stoaberger zu und packte ihn an der Brust mit hornigen Fängen und schüttelte ihn und zerbrach ihn fast – und mit einem Schrei kam der Seher wieder zu sich, naß vom Schweiß und zitternd wie nie, und sein Schrei gellte über die Waldlichtung am Rabenstein hin.

Am Meiler fing sich der Schrei; entsetzt sah der Stoaberger, daß der so mühsam errichtete Kegel in hellen Flammen stand. Wie schon einmal war ihm das Feuer außer Kontrolle geraten, während es ihn durch die Anderwelt gepeitscht hatte, doch diesmal machte der Stoaberger gar keinen Versuch mehr, die Flammen zu löschen. Eine Panik und ein Entsetzen wie nie standen in seinen eishellen Augen. Er tat einen Sprung auf die fauchenden Flammen zu, riß ein meterlanges Scheit, dessen Spitze lodernd flammte, aus dem Stoß, schwang es durch die Luft und gegen die immer noch neblig heranwabernden Gesichte hin, dann lief er los, den Berg hinunter, wie von Furien gehetzt.

In der Rabensteiner Glashütte ruhte schlagartig die Arbeit, als der Stoaberger mit seiner fürchterlichen Fackel hereintobte, als er wiederum das Holz schwang, daß die Funken sprühten. Die Glasbläser starrten auf ihn wie auf ein Gespenst; einer ließ die Pfeife fallen, klirrend zersprang der halb ausgeformte Ballon am ausgeweiteten Ende.

„Genauso wird's kommen!" fauchte der Stoaberger gegen die erschrockenen, verschwitzten Gesichter hin. „Die Welt wird zerspringen wie eine Glaskugel, und wird's keiner mehr aufhalten können! Der Krieg kommt, kommt jetzt wieder zurück und wird nicht der letzte sein. Noch in diesem Jahr werden die Soldaten in ihr Verderben rennen in Bayern. Aber aus Krieg und Not wird keiner etwas lernen. Wenn's vorbei ist mit dem Bänkabräumen, wird gleich wieder der Übermut unter den Menschen wachsen. Bald wird niemand mehr dran denken, daß die Geißel zurückkommen kann. So wird der Jammer noch größer werden als zuvor!"

Schrill war die Stimme des Stoabergers jetzt, wieder hieb er mit seiner Fackel wie mit einer Peitsche zu. „Soviel Feuer und soviel Eisen hat noch kein Mensch gesehen", gellte er. „Alles wird durcheinander sein! Wer's überstehen will, muß einen eisernen Kopf haben. Wird aber in Wirklichkeit jeder einen anderen Kopf aufhaben, und wird eins das andere nicht mehr mögen. Grad' deswegen, weil's so sein wird, wird's zum Schlachten kommen..."

Die Fackel fauchte, Funken regneten gegen die Glasbläser. „Alles nimmt seinen Anfang, wenn ein großer weißer Vogel oder ein Fisch über den Wald fliegt", drohte der Stoaberger. „Wird auch im Vorwald eine eiserne Straß'n gebaut werden, und wenn sie fertig ist, geht's los. Oder wenn auf dem Zwieseler Kirchtum die Birken wachsen und so lang wie eine Fahnenstang' geworden sind. Wenn das alles geschieht, dann kommt der große Krieg nach all den anderen in unserer Zeit, dann kommt noch einer, und dann wird, so die Menschen nicht umkehren, der letzte kommen..."

„Hör auf! Um der Liebe Christi willen! Wir wollen's nicht hören!" rief einer der Glasbläser.

„Müßt's aber hören!" fauchte der Stoaberger und hieb wiederum mit seiner wahnwitzigen Fackel zu. „Herausschreien muß ich's, vielleicht, daß die Menschen dann doch noch gescheiter werden! Hört zu, was ich euch sag': Der letzte Krieg wird der Bänkabräumer sein. Er wird nicht lang dauern. Wenn die Menschheit nicht umkehrt, wird er über Nacht kommen. Es wird so schnell gehen, daß kein Mensch es glauben kann, aber es gibt viel Blut und Leichen. Es wird so schnell gehen, daß einer, der beim Rennen zwei Laib Brot unterm Arm hat und einen davon verliert, sich nicht drum zu bücken braucht, weil er mit einem Laib auch langt. Merkt's euch, Leut', auch wenn's euch nicht betrifft. Aber die Geschlechter, die nach euch kommen, können's erleben."

Erneut sprühte die Fackel Funken weg. „Die Geschlechter, die das erste und das zweite Weltabräumen erfahren müssen, sind euch schon näher. Wenn's einmal losgeht, wenn der Fisch fliegt, wenn die eiserne Straß'n durch den Vorwald läuft, wenn auf der Kirchturmspitz'n die Bäum' wachsen, dann werden eure Kindskinder Männer und Weiber sein. Und die Kinder von denen werden das zweite Weltabräumen durchstehen müssen oder werden daran verrecken. Bevor die Welt zum zweiten Mal brennt, wird das Geld zu Eisen werden, und man wird sich nichts mehr dafür kaufen können. Dann kommt das papierene Geld, und wenn eine Flietsch'n[75]) auf den Papierfetzen erscheint, dann dauert's nicht mehr lang. Dann wird die Welt brennen, im Osten und im Westen, im Norden und im Süden, und wird noch ärger sein als beim ersten Mal. Ganze Städte werden im Feuersturm untergehen, und über zweien davon wird der himmelhohe Pilz stehen. Wenn's aber zum dritten Brennen kommt, wird's so arg sein, daß kein Mensch es sagen kann – und auch ich nicht."

„Und auch ich nicht . . .", wiederholte der Stoaberger und schaute sich dabei erschrocken in der Glashütte um, als sei er soeben aus einem Traum erwacht. Erst jetzt schien er die riesige Fackel zu bemerken, die seine Hände umkrampften; es schüttelte ihn, und er schleuderte den Buchenkloben in die Feuerstelle unter der Glasschmelze. Da löste sich langsam auch der Bann, der die Arbeiter befallen hatte. Sie kamen in Bewegung, schoben sich mit verstörten und zugleich drohenden Gesichtern näher an den Seher vom Rabenstein heran.

Doch ehe sie ihn packen, ihn möglicherweise schlagen konnten, war ihnen der Stoaberger auch schon wie ein Schatten entwischt. Verwirrt starrten die Glasbläser auf den Platz, wo er soeben noch gestanden hatte. So schnell war er verschwunden, daß manche von ihnen an einen Spuk glaubten. Zögernd und ängstlich begannen sie zu reden, das Vorgefallene zu besprechen. Ungeheuerliches hatten sie sich anhören müssen, und deswegen ging die Arbeit in der Rabensteiner Glashütte jetzt stundenlang nicht weiter.

Der Stoaberger indessen lief in diesen Stunden wie gehetzt durch den Wald. Lief auf den Gipfel des Rabenstein hinauf und auf der anderen Seite wieder hinunter, lief weiter und weiter, bis er irgendwo in der Wildnis erschöpft zusammenbrach. Immer noch schrillten und bissen die im Grunde unbeschreiblichen Bilder in seinem Schädel, sie ließen ihn nicht los, sie peinigten ihn, bis er beinahe wahnsinnig wurde.

Nichts als die eigene Erschöpfung rettete ihn. Sein Körper verweigerte ihm den Dienst und damit endlich auch sein Gehirn. Wie ein waidwund geschossenes Wild kroch der Stoaberger unter einen gestürzten und bereits angemoderten Baumstamm hinein, wühlte sich ins vorjährige Laub und in den Schutz der Erde und fiel dort in einen Schlaf, der sich nicht mehr sehr stark von tödlicher Agonie unterschied. Und über den Wald wehte der Märzwind hin, einen halben Tag, eine Nacht und dann noch einmal einen halben Tag, ehe der Stoaberger wieder zu sich kam und seine modrige Höhle verlassen konnte.

Verwirrt schaute er sich um, wußte zuerst nicht einmal mehr, wo er sich befand. Nur allmählich erkannte er dann die vertrauten Silhouetten der Berge im Norden und fand so die Richtung nach Rabenstein heraus. Stundenlang lief er zurück, zuletzt stolperte er erschöpft ins Buchinger-Häusl hinein. Er verkroch sich in seinem Winkel; schweigend versorgte ihn die Bäuerin mit Suppe und Brot.

Die Buchingers hatten inzwischen erfahren, was in der Glashütte geschehen war. Aber sie machten dem Hiasl keinen Vorwurf deswegen. Der Jörg sagte bloß: „Mit dem Meilern ist es eh vorbei für diesen Winter. Kannst wieder die Rabensteiner Herde hüten, bis Gras über alles gewachsen ist."

Der Hiasl nickte dankbar, trank den letzten Rest Suppe aus dem Napf und aß den letzten Bissen Brot, dann war er auch schon eingeschlafen.

Im April zog er mit den Rabensteiner Rindern wieder hinauf auf die Waldweiden. Und wie er es vorausgesagt hatte, brach zur selben Zeit draußen in der Welt der nächste Krieg – zwar noch nicht der Bänkabräumer, aber einer seiner Vorläufer – aus.

*

Am neunten April dieses Jahres 1809 fielen habsburgische Truppen in Bayern ein, das nach wie vor mit den Franzosen verbündet war. Es kam zu Plünderungen, Vergewaltigungen und sinnlosen Morden. Schon in der Aprilmitte trat Napoleon den Österreichern entgegen. Er beschoß und stürmte Hausen und Pfaffenhofen, danach Abensberg, Kirchdorf, Siegenburg und Pfeffenhausen. Am einundzwanzigsten April nahm er Landshut ein, schon einen Tag später stellte er das Gros der Österreicher bei Eggmühl. Die Schlacht dort dauerte nicht länger als einhalb Stunden, danach war der österreichische Erzherzog Karl entscheidend geschlagen. Auf dem Talboden zwischen den sanften niederbayerischen Hügelketten lagen die Verwundeten und Toten zu Tausenden. Was von den Habsburgischen überlebt hatte, zog sich nach Regensburg zurück. Wenige Tage später schoß Napoleon die alte Reichsstadt in Brand und eroberte auch sie. Der Krieg selbst war bereits nach der Schlacht von Eggmühl so gut wie entschieden gewesen. Den Sommer hindurch kleckerte er noch dahin; am vierzehnten Oktober wurde im Schloß Schönbrunn in Wien der Friede geschlossen. Ein Scheinfrieden allerdings nur, nichts weiter als eine Atempause in dieser elementaren Umbruchszeit.

strüpp hinein. Mehrmals während des Tages hatte er ein Rascheln und Brechen aus dem Dickicht heraus gehört, das ihm Angst eingejagt hatte. Doch er hatte nicht ausmachen können, was eigentlich sich im Walddämmer verbarg.

Im letzten, diffusen Tageslicht ließ er mehrmals die Geißel knallen. Wie Musketenschüsse hallte es über den Schachten. Einer der Stiere brüllte zornig. Die anderen Tiere drängten sich verstört zusammen. Der Stoaberger ging auf sie zu, trieb sie so nahe wie möglich an die niedrige Hütte heran, vor deren Einschlupf das Feuerholz aufgeschichtet lag. Der Stahl schlug auf den Flintstein im Zunderbüchschen. Der feine, pudrige Staub glühte auf. Der Waldhirte setzte ein Büschel trockenes Gras in Brand, schob es unter die Scheiter des Lagerfeuers ins dünne Reisig. Die Flamme begann zu leben, fraß sich hoch. Über dem Rabensteiner Schachten hing jetzt die Nacht. Der Himmel war schon den ganzen Tag über verhangen gewesen. Jetzt gab es in all der Schwärze nichts mehr als das Feuer vor der Hütte des Stoabergers.

Er schloff nicht unters primitive Dach in dieser Nacht. Er setzte sich ans Feuer und behielt die Herde im Auge, so gut er konnte. Nur als bucklige, unförmige Schatten waren die Rinder noch sichtbar. Und immer noch lief die Unruhe wie Wellen über sie hin.

Zäh verstrich die halbe Nacht; nach wie vor hing die Schwüle unter einem jetzt bleiernen Himmel. Der Stoaberger kauerte am Feuer, schob ab und zu einen Kloben nach. Aber immer schwerer und mühsamer wurden seine Bewegungen, und dann, in der dunkelsten und gefährlichsten Stunde der Nacht, sank er in einen schweren Erschöpfungsschlaf hinein. Noch brannte das Feuer, doch allmählich wurden die Flammen dünner und fielen in sich zusammen und glimmten zuletzt nur noch ganz spärlich im Zentrum des Aschenhaufens.

Aus dem Dickicht heraus schnellte das pelzige Ungeheuer. Schnellte mit weichen, fließenden Bewegungen auf die Herde zu, die aufbrüllend wegzudrängen versuchte und sich dabei gegenseitig behinderte. Dann richtete das pelzige Wesen sich übermannshoch auf und prankte zu. Die Tatzen rissen das Fell und das Fleisch einer Färse auf, zerfetzten die Schlagader des Opfers. Im Rhythmus der verzuckenden Herzschläge pulste das Blut auf den Weidegrund. Wie von einem Axthieb gefällt, stürzte das Rind. Der riesige Braunbär packte zu und versuchte seine Beute wegzuzerren. Die übrigen Rinder waren längst nach der anderen Seite der Lichtung hin ausgebrochen. Die Stampede hatte den Stoaberger aus seinem schweren Schlaf gerissen.

Er sprang auf, erkannte im ersten Morgendämmer den Braunbären und zwischen dessen Tatzen die geschlagene Färse. Sein erster Impuls war Flucht, doch dann siegte sein Pflichtbewußtsein gegenüber den Rabensteiner Bauern. Plötzlich hielt er die Geißel in der Faust und ging mit dieser lächerlichen Waffe auf das Raubtier los.

Die lederne Peitschenschnur schnalzte und knallte dem Braunbären über die Schnauze. Das Vieh ließ ein wütendes Fauchen hören, ließ gleichzeitig seine Beute fahren und nahm den Waldhirten, den alten Mann an. Die Bärenpranken schlegelten und pfiffen durch die jetzt kühlere Luft, schlegelten und pfiffen haarscharf am Körper des Stoabergers vorbei. Er wich zurück, um Raum für weitere Peitschenhiebe zu bekommen. Zwei, drei schnalzende Schläge brachte er an, doch sie schienen den Bären nicht mehr zu jucken als Mückenstiche. Dann geriet der Staoberger mit dem Fuß in die ausgebrannte Feuerstelle, rutschte aus, taumelte gegen die Hütte, die krachend zusammenbrach. Als der Waldhirte mühsam wieder festen Stand gefaßt hatte, war der Bär bei ihm. Wieder fuhren die fürchterlichen Tatzen heran, doch diesmal prankte das Raubtier nicht, sondern riß den alten Mann in eine mörderische Umarmung hinein. Der Körper des Stoabergers wurde gegen das stinkende, verfilzte Fell des Braunbären gepreßt, die Luft pfiff ihm jäh aus den Lungen; durch seine rechte Schulter raste gleichzeitig ein stechender Schmerz. Der Bär hatte ihm die dolchscharfen Krallen ins Fleisch geschlagen.

Jetzt kämpfte der Stoaberger um sein Leben. Während die Bärenkrallen in seinem Fleisch wühlten, während die Umklammerung immer gräßlicher wurde, gelang es ihm, an das Messer zu kommen, das er bereits am Abend vorsorglich in die Joppentasche geschoben hatte. Unter Aufbietung aller Kraft riß er es nun mit der linken Hand heraus, trat gleichzeitig mit dem Knie zu, traf den Bären ins Gemächte. Für einen Augenblick lockerte sich der tödliche Klammergriff; der Stoaberger fand Gelegenheit, mit dem Messerarm auszuholen und zuzustoßen.

Die Klinge bohrte sich in die Weiche des Raubtiers. Gleichzeitig riß die Pranke den Oberarm des Stoabergers von der Schulter bis zum Ellenbogen auf. Der Schmerz ließ ihn rasend werden. Er wußte gar nicht mehr, daß er wieder und wieder zustieß, in die Flanke, in den Rücken des Bären hinein. Tatzenhiebe trafen ihn, fetzten ihm die Kleider weg und fetzten ihm ins Fleisch, doch immer wieder biß auch das Messer zu, bis es zuletzt, eher durch Zufall, das Herz des Braunbären traf. Das Raubtier brach zusammen, auf den blutverschmierten Kadaver stürzte der Waldhirte, selbst von oben bis unten vom eigenen Blut besudelt. Er fiel auf seine rechte Seite und spürte noch einmal den rasenden Schmerz. Dann wurde alles schwarz um ihn, und er wußte von nichts mehr. Stumm lag der Schachten da; die Herde war in ihrer Panik talwärts geflüchtet, nach Rabenstein hinunter. Auf der Waldlichtung waren nur noch die drei leblosen Körper zu sehen: die ausgeblutete Färse, der Braunbär und der Mensch, die beiden letzten in beinahe intimer Umarmung ineinander verschlungen.

Als der Stoaberger wieder zu sich kam, schütterte der Tod durch seinen zerfleischten Körper. Was ihm an Kleiderfetzen geblieben war, haftete ihm brettsteif vom geronnenen Blut am Leib. Seine ganze rechte Seite schien wie im Feuer zu glühen und zu brennen. Sein Gesicht war im stinkenden Fell des toten Braunbären begraben. Wellen der Übelkeit, der Schwäche überfielen ihn immer wieder, als er von dem Raubtierkadaver wegzukriechen versuchte. Unendlich mühsam war es; er bewegte sich so langsam zurück wie ein Wurm. Als er dann endlich ein Stück neben dem Bären lag, war eine sehr lange Zeit vergangen. Nur zwei oder drei Meter hatte er geschafft, doch nun ließ ihn die Anstrengung in eine neue Ohnmacht stürzen.

Als er wiederum zu sich kam, stand die Sonne im Südosten bereits über den Baumwipfeln. Es waren die Stimmen, die ihn zu sich brachten, die wie aus einer anderen Welt heraus an sein Ohr schlugen.

„Der ist hin", hörte er einen sagen.

„Schaut euch die Schulter und den Arm an", keuchte entsetzt ein anderer.

Dann war jemand bei ihm und berührte sein Gesicht. „Hiasl", hörte er ein vertrautes Organ. „Hiasl, alter Freund!"

Er brachte es fertig, die Augen zu öffnen, und erkannte den Buchinger.

„Jörg", wollte er sagen, doch es kam nur ein Krächzen aus seiner Kehle.

„Er lebt tatsächlich noch! Ein Wunder!" stammelte ein anderer der Rabensteiner Bauern, die auf den Berg gegangen waren, nachdem die Herde hirtenlos ins Dorf gerast war.

„Holt Wasser her – und dann baut eine Tragbahre", befahl der Jörg. Zärtlich streichelte er das blutverkrustete Gesicht des Stoabergers. „Daß du lebst – ich kann's kaum glauben", flüsterte er.

„Noch leb' ich", krächzte der Hiasl. Dann fuhr ihm jemand mit einem feuchten Lappen übers Gesicht. Ein anderer machte sich ungeschickt an seiner Schulter zu schaffen. Die Schmerzen waren so reißend, daß der Stoaberger erneut die Besinnung verlor.

Die Bauern verbanden ihn notdürftig, legten ihn auf die aus Ästen zusammengezimmerte Tragbahre und machten sich an den Abstieg nach Rabenstein. Dort brachten sie den Waldhirten ins Buchinger-Häusl. Als sie ihn auf das Lager im Ofenwinkel betteten, fieberte er bereits.

Während der folgenden vier Tage und Nächte schwebte der Stoaberger zwischen Leben und Tod. Erbarmungslos glühte ihn das Wundfieber aus. Die tiefen Verletzungen an der Schulter und am rechten Arm sonderten stinkenden Eiter ab. Wo die Bärentatzen ihn weniger tief getroffen hatten, war das aufgerissene Fleisch entzündet und geschwollen. Der Stoaberger warf sich auf seinem Lager herum und bäumte sich immer wieder jäh auf. Fürchterliche Visionen und Gesichte schienen ihn zusätzlich zu quälen. Beinahe ununterbrochen fauchte und schrie er. Meist verstanden die Buchingers nicht, was da aus ihm gellte, nur ab und zu kam ihnen ein Satz vertraut vor. Die Bilder, die ihn fast sein ganzes Leben lang heimgesucht hatten, schienen jetzt ärger denn je in seinem Gehirn zu wüten und zu schillern und aus ihm herauszubrechen.

Als die Krisis einsetzte, wich die Buchingerin keine Minute mehr von seiner Seite. Sie wusch ihm den Fieberschweiß vom Körper, reinigte ihn, wenn er in seiner Agonie unter sich machte.

Hielt zwischendurch seine unverletzte Hand und bettelte den Ohnmächtigen an, nicht aufzugeben, weiterzukämpfen. Zuletzt schien der Hiasl in sich selbst zurückzufallen; auf dem Strohlager ruhte jetzt ein Körper, der eigentlich nur noch aus Haut und Knochen bestand. Jetzt fauchte und schrie der Hiasl auch nicht mehr; leblos lag er da, beinern und auf einmal kalt wie der Tod. Eine ganze Nacht durch fürchteten die Buchingers das Schlimmste, doch dann, im Morgenlicht, schlug der Hiasl die Augen auf, und jetzt war sein Blick wieder klar, wenn auch unendliche Erschöpfung in ihm lag. „Werd' doch weiterleben", murmelte er. „Ein paar Jahr' noch, bis es mich dann wirklich trifft..."

Vor Freude heulend, brach die Buchingerin über dem armseligen Lager zusammen. Und auch der Jörg, der neben ihr stand, hatte Tränen in den Augen.

*

In Rußland drang die napoleonische Armee weiter nach Osten vor. Der Widerstand war nach wie vor gering. So gut wie kampflos nahm Napoleon Wilna ein; die Russen zogen sich von dort nach Witebsk zurück. Den Juli hindurch folgte die Große Armee den vermeintlich Demoralisierten und bereits Geschlagenen. Im August freilich stellten sich die Zaristischen bei Smolensk zur Schlacht. Die beiden Heere kanonierten und attackierten lange hin und her; zuletzt mußte der Kampf als unentschieden gelten. Die Stadt Witebsk brannte. Die Russen unter General Kutusow zogen sich in Richtung auf Moskau zurück. Der französische Kriegsrat empfahl Napoleon, den Vormarsch nach Osten nicht weiter fortzusetzen. Der Kaiser schlug diesen guten Rat in den Wind. Die Große Armee marschierte weiter.

Im September dieses Jahres 1812 kam es zur Schlacht bei Borodino. Die Verluste auf beiden Seiten waren entsetzlich. Siebzigtausend Tote und Verwundete blieben im kalten Herbstschlamm liegen. Die Moskwa strömte nicht mehr milchig, sondern rot durchschliert dahin. Das Gemetzel hätte noch schrecklicher geendet, wenn die Zaristischen den Kampf nicht abgebrochen hätten. Doch die russischen Überlebenden verschwanden nach Osten hin im ziehenden Nebel. Napoleon marschierte mit seinem arg dezimierten Heer weiter nach Moskau.

Der Korse fand eine Stadt vor, die von ihren Bewohnern verlassen worden war. Im Kreml starrten ihm die leeren Säle entgegen. Kaum hatte der Kaiser mit seinem Stab sich dort eingenistet, wurden die ersten Brände an der Peripherie der Stadt gemeldet. Der russische General Rostoptschin hatte Befehl gegeben, die Moskauer Holzhäuser zu Dutzenden anzustecken. Während der Brand sich schnell ausbreitete, verflüchtigten sich die letzten Nachhuten der noch längst nicht geschlagenen zaristischen Armee im ziehenden Herbstnebel. Als die Feuersbrunst sich unaufhaltsam dem Zentrum der Stadt näherte, versuchte Napoleon, Verhandlungen mit Zar Alexander aufzunehmen, der sich nach Petersburg zurückgezogen hatte. Der Russe hielt den Korsen hin, vierunddreißig Tage lang. Die Flammenzungen fauchten jetzt bereits gegen den Kreml. Am neunzehnten Oktober dieses Jahres 1812 wurde der Moskauer Boden den Franzosen und ihren Verbündeten endgültig zu heiß. Napoleon befahl den Rückzug.

Bei Jaroslavetz schlug die verschollen geglaubte russische Armee zum ersten Mal zu. Aus dem Nebel heraus attackierten die Kosaken. Bis zum sechsten November gingen die Angriffe unablässig weiter. Die Große Armee hungerte, fror und wehrte sich verzweifelt. Am genannten Novembertag dann brach zusätzlich noch der russische Winter über sie herein. Napoleon kommandierte zu diesem Zeitpunkt noch etwa siebzigtausend Mann.[76] Nach der ersten bitteren Frostnacht zeigte sich die Große Armee entsetzlich dezimiert. Gerade vierzigtausend Mann konnten jetzt noch als kampffähig gelten; weitere dreißigtausend taumelten waffen- und hilflos durch den pfeifenden Schneesturm.

Der Würgegriff der Zaristischen lockerte sich nun Tag und Nacht nicht mehr. Als Napoleon am fünfzehnten November die Beresina erreichte und sich bei Krasnoi den Weg zum Stromufer freikämpfte, kommandierte er noch dreißigtausend Mann. Bis zum Monatsende wurden zwei Brücken geschlagen. Der Übergang erfolgte dann unter mörderischen Verlusten. Gerade noch neuntausend kampffähige Soldaten brachte der Korse ans andere Ufer. Am dritten Dezember dieses Jahres 1812 verließ Napoleon die kläglichen Reste seines Heeres und jagte in einer Kutsche zurück nach Paris. Von Versailles aus verkündete er in einem Bulletin zynisch: „Der Kaiser ist gesund, die Große Armee so gut wie vernichtet."

*

Etwa zur selben Zeit kam der Stoaberger in Rabenstein nach monatelangem Siechtum wieder auf die Beine. Doch er war in diesem halben Jahr, in dem die Buchingerin ihn aufopferungsvoll gepflegt hatte, zum Schatten seiner selbst geworden. Seine rechte Schulter und der Arm waren verkrüppelt und würden es bis ans Ende seines Lebens bleiben. Auch auf der Brust, zwischen den hervortretenden Rippen, trug sein Körper fingerdicke Narbenwülste. Wenn der Hiasl jetzt, im Frühwinter, vorsichtig ums Haus ging, schob er die linke Schulter stets etwas vor, als wollte er die andere Körperseite vor irgendeiner unsichtbaren Bedrohung schützen. Der rechte Arm pendelte hilf- und haltlos nach unten. Der Bär hatte ihm nicht nur ganze Fetzen Muskelfleisch weggerissen, sondern ihm die Sehnen für immer zerfetzt.

Verändert hatte sich auch der Schädel des Hiasl. Schon immer war sein Antlitz hager und knochig gewesen, doch nunmehr glich es auf erschreckende Weise einer Totenmaske. Schnurschmal gewordene Lippen spannten sich über gelben Zähnen. Scharf wie ein Messerrücken stand ihm jetzt die Nase im eingefallenen Gesicht. Wo die Wangen gewesen waren, hatten sich tiefe Gruben ausgebildet. Das Haar des Hiasl, das bis zu seinem Bärenkampf noch immer dunkel gewesen war, leuchtete jetzt in einem geisterfahlen Weiß. Schwarz geblieben waren dagegen die Brauen des Stoabergers. Struppig und während der Krankheit dicht ausgewuchert, überschatteten sie die Augen des Sehers, die jetzt noch viel tiefer als früher in ihre Höhlen gekrochen zu sein schienen. Oft zeigte der Hiasl der Welt jetzt nur noch zwei verkniffene Schlitze, doch wenn sich seine Augenlider einmal öffneten, dann war zu erkennen, daß das Durchdringende, das Gletscherhelle, das Eishelle geblieben war, ja, daß es sich eher noch verstärkt hatte.

Der Stoaberger, der zweimal mit dem Tode gerungen hatte - einmal auf dem Rabenstein und dann noch einmal im Buchinger-Häusl - hatte durch diese Kämpfe zu seiner letzten mentalen Vollendung und Ausformung gefunden. Er hatte mit der Unversehrtheit seines Leibes dafür bezahlt, doch andererseits hatte sich sein Seherblick weit wie nie in die Zukunft hinein geweitet.

Im späten November dieses Jahres 1812 brach die furchtbare Gabe schmetternd wie niemals zuvor aus ihm heraus. Er hockte im Winkel, hatte sich den verkrüppelten Arm in den Schoß gezogen und starrte ins Feuer. Am Tisch saßen an diesem Abend die Buchingers, dazu eine Störnäherin[77]), die von Zwiesel herübergekommen war. Und auf einmal schienen die Augen des Hiasl vor dem flackernden Feuer wie wahnsinnig aufzuleuchten, schienen die fauchenden Flammen an eisheller Glut noch zu übertreffen, und dann bellte und rasselte es aus der Kehle des Stoabergers heraus: „Sind dreißigtausend Bayern mit dem Franzosen nach Osten gezogen, aber bloß dreitausend werden zurückkommen in ihre Heimat, und Jahre kann's dauern, bis die letzten Krüppel wieder den Donaustrom sehen.[78]) Nie vorher hat Bayern so bluten müssen, ist aber das heutige Blut bloß ein Fliegenschiß gegen das, was noch kommen wird! Wird nicht einmal ein Jahr vergehen, dann wird es zu einem Völkerschlachten kommen bei einer Stadt in Sachsen[79]). Wird der Franzos' geschlagen werden, wird auf eine Insel im Südmeer verbannt werden, wird aber noch einmal zurückkommen. Keine zwei Jahr' vom Völkerschlachten an wird's dauern, bis das nächste Metzeln anhebt. Mitten im Sommer wird's sein, weit im Westen, da brechen sie dem Franzosen das Genick[80]). Und werden die Bayern, die so lang' mit ihm gelaufen sind, dann trotzdem auf der Siegerseit'n stehen[81]) . . ."

Der Stoaberger brach ab, richtete seinen unglaublich durchdringenden Blick auf die drei verstörten Menschen am Tisch, murmelte dann: „Siegerseit'n, daß ich nicht lach'! Wird keine Sieger geben in diesem Krieg. Gibt nie Sieger in einem Krieg! Gibt immer bloß die Verreckten und die Verkrüppelten und die, die wo vor Angst narrisch geworden sind. Und gibt die Großkopferten, die wo die anderen ins Gemetzel gehetzt haben. Und die haben auch nicht gesiegt, weils' verflucht sind in alle Ewigkeit. Freilich jubelt man ihnen zuerst zu und feiert sie, wird aber einmal der Tag kommen, da werden die Menschen erkennen, was für Saubären und Mörder sie angebetet haben. Dann wird man die Kaiser und Könige und die Heerführer dazu als die Ungeheuer sehen, die wo sie gewesen sind, und von ihren

Grabstätten wird man die Stein' wegreißen und wird ihnen in die Grub'n scheißen und wird Feuerbränd' auf die Protz- und Prunksärg' schmeißen.

Eh' daß es soweit kommt, muß freilich die Erd' geläutert und gereutert werden! Werden die Menschen leiden müssen, bis sie es nicht mehr ertragen können, ihr Leid. Denn was jetzt geschieht, ist alles bloß ein Anfang. Hunderttausend Tote sind jetzt viel, werden aber schon bald bloß ein Fliegenschiß sein. Dann wird man die Kriegstoten zu Millionen und Abermillionen zählen müssen. Dann, wenn das große Weltabräumen kommt, einmal, zweimal, vielleicht zum dritten Mal. Wenn auf dem Kirchturm von Zwiesel die Birkenbäum' wachsen und lang wie eine Fahnenstang' geworden sind, geht's mit dem ersten Abräumen los. Man wird's auch dran kennen, daß in Straubing eine große Brück'n über die Donau gebaut wird. Der Tod wird über die Welt kommen, einmal und dann gleich noch einmal. Die Soldaten werden verrecken im Westen und im Osten, im Norden und im Süden. Im Westen werden stinkende Wolken herantreiben, und wer von den Soldaten bloß einen kleinen Schnauferer davon einatmet, der ist auch schon verratzt. Die Lung' werden sie sich aus dem Leib kotzen und verbrannt werden sie sein, obwohl kein Feuer da ist.

Nichts werden sie lernen aus dem ersten Weltabräumen, werden gleich wieder einem nachrennen, der wo sie noch ärger ins Verderben führt. Der wird ihnen die Haut abziehen, dem ganzen deutschen Volk. Der wird die Juden in Öfen verbrennen und wird sie mit giftiger Luft ausrotten, ihres Glaubens wegen, und wenn es vorbei ist, wird man das deutsche Volk verachten in der ganzen Welt. Haben aber auch die Deutschen bluten müssen wie nie, wird ihr ganzes Land bloß noch ein einziger Trümmerhaufen sein..."

Der Stoaberger keuchte, ächzte, schien kaum noch ertragen zu können, was er sah. Aber der Strom der Bilder riß nicht ab in seinem Herzen und in seinem Gehirn, die Bilder strudelten weiter, und dann brach es schon wieder aus ihm heraus: „Die Städte werden wieder aufgebaut und das Land eine Zeitlang Frieden haben. Aber dann das dritte Weltabräumen wird das schrecklichste sein – so es kommt! Wird so schnell gehen, daß es keiner glauben kann. Wird über Nacht kommen, der Bänkabräumer, und wird eine Krankheit sein, die alles hinwegrafft. Die Leut' werden von den Bänken fallen wie die Fliegen von der Wand. Neue Häuser werden zu Fuchs- und Wolfshütten werden. Bloß die Leut', die wo sich am Fuchsenriegel verstecken oder am Falkenstein, werden verschont bleiben. Die anderen werden krank, und niemand kann ihnen helfen. Wenn man dann auf einem Berg steht, wird man im ganzen Wald kein Licht mehr sehen können. Wenn man herüberhalb der Donau noch eine Kuh findet, dann soll man ihr eine goldene Glock'n umhängen. Später wird der Hirt' die Küh' hüten und sagen, da ist einmal ein Dorf gestanden und dort eine Stadt. Die Menschen, die's überlebt haben, werden Steine zu Brot backen und Brennesseln essen. Wird erst vorbei sein, wenn kein Totenvogel mehr fliegt. Auf d'Nacht zündet dann einer ein Licht an und schaut, ob er woanders vielleicht auch noch eines sieht. Wer eine Kronawittstaud'n[82]) sieht, geht drauf los, ob's nicht ein Mensch ist."

Einen fürchterlichen Blick schoß der Stoaberger auf die anderen in der niedrigen Bauernstube, dann fauchte es wie nie aus ihm heraus: „Was dann kommt, ist das Ende der Welt. Dann wird man Sommer und Winter nicht mehr auseinander kennen, und die Sonne wird nicht mehr scheinen. Himmel und Erde brennen, die wilde Jagd braust mit Feuer und Schwefel über alle Länder hin. Dann wird kein Mensch mehr wissen, wo Zwiesel und Rabenstein gewesen sind. Denn alles hat ein End', auch diese Welt – und kann bald eintreffen oder noch lang' nicht, je nach der Dummheit oder der Gescheitheit der Menschen..."

Langsam, erschöpft schlossen sich die eishellen Augen des Stoabergers wieder. Im Ofenwinkel sackte sein verkrüppelter Körper zu einem mageren Knochenbündel zusammen. Nur sein pfeifendes Atmen war jetzt noch zu hören, dazu das Sprotzeln und Prasseln des Feuers, aber immer noch schienen in der Rabensteiner Bauernstube die entsetzlichen Visionen nachzuhallen; nach dem Ausbruch des Sehers schienen sie sich im Gebälk und gleichzeitig in den Herzen und den Gehirnen derer, die sie gehört hatten, für immer festgefressen zu haben.

Absterben und Weiterleben

Eingefressen hatten sich die Visionen des Stoabergers in die Herzen und in die Gehirne der drei Zeugen im Buchinger-Häusl. Und jetzt, in der letzten Lebensspanne, die dem Seher vom Rabenstein noch vergönnt oder aufgebürdet war, fraßen sie sich weiter und weiter durch den Wald, den Vorwald und ins Hügelland und dann ins Flachland hinaus. In immer mehr Bauern- und Bürgerköpfen begannen nun die warnenden und anklagenden Bilder zu flackern und zu brennen, während die napoleonische Ära sich ihrem Ende zuneigte und das eintraf, was der Stoaberger über den Untergang des Korsen gesagt hatte. Man flüsterte sich das Erstaunliche zu oder wendete es in den Wirtshäusern hin und her, begriff es nicht und erlebte es dennoch, und so wuchs der Ruf des Sehers vom Rabenstein jetzt von Monat zu Monat.

Der Hiasl selbst hingegen schien zu schrumpfen. Kaum rührte er sich jetzt noch aus seinem Ofenwinkel im Buchinger-Häusl heraus, Tage und Nächte kauerte er dort im düsteren Schatten, während die Feuerzungen dunkelrot gegen ihn leckten und doch zu schwach waren, um wirklich noch einmal Licht in seinen Winkel zu bringen. Immer kleiner und magerer schien der Hiasl im Spiel von Schatten und Flackerfeuer zu werden, immer mehr schien er sich zusammenzukrümmen und zurück zum Foetus zu formen.

Die Buchingers gaben ihm, was er brauchte, pflegten ihn auch, wenn es nötig war; manchmal, wenn der Hiasl aus seinen ewigen Träumen und Visionen hochtrieb, dankte er ihnen mit krächzender Stimme dafür. Doch auch diese Stimme wurde immer leiser und schwächer, zuletzt war kaum noch zu verstehen, was er dünn fauchte, wenn es ihn wieder einmal überkam.

Manchmal geschah dies, wenn Fremde ins Buchinger-Häusl einbrachen; Bauern und Bürger, die jetzt oft von weither kamen, um den Stoaberger über die Zukunft ihrer Familien oder der Welt zu befragen. Manchmal antwortete er ihnen dann wie mit letzter Kraft, oft jedoch schien er sie überhaupt nicht zu bemerken. Immer stiller und verschlossener wurde er, je weiter das zweite Jahrzehnt des neunzehnten Jahrhunderts in seine Mitte kam. Dann, an einem sturmigen Herbsttag, schien er noch einmal aufzuwachen, schien noch einmal eine Kraft wie in seinen Männerjahren aus ihm zu schlagen.

Nur die Buchingers waren dabei, als sein Körper sich plötzlich spannte, als er halb aus seinem Ofenwinkel herauskam und mit erstaunlich klarer Stimme bellte: „Ist jetzt die Zeit da, wo ich absterben muß. Wird nicht mehr lang' dauern, grad' noch drei Tag' von heut' an..."

Die Buchingerin schluchzte auf, der Bauer starrte, doch der Stoaberger ließ sich nicht beirren. „Werdet mich auf einem Kuhkarren nach Zwiesel bringen, und der Pfaff' wird mich dort außerhalb von der Kirchenmauer verscharren lassen. Werd' aber nicht ganz leicht unter die Erd'n zu bringen sein. Werd' euch als ein Toter noch einmal auskommen..."

Das letzte Wort des Stoabergers war verklungen. Er fiel wieder in sich zusammen, fiel in den Schatten seiner Ofenhöhle zurück. Nur das Flennen der Buchingerin war noch zu hören, dazu das gepreßte Atmen des Bauern. Eine Antwort wußten sie nicht auf das, was der Hiasl ihnen zum Abschied gesagt hatte.

Drei Tage später dann fanden sie ihn tot in seinem Winkel. Für immer war das unerhörte Licht seiner Augen erloschen. Sein zusammengekrümmter Körper wirkte klein, unsagbar klein. Er war abgestorben ohne einen Laut, ohne einen Seufzer, und jetzt lag auf seinen nunmehr stummen Lippen etwas wie ein unendlich dankbares Lächeln.

Scheu schlichen die Rabensteiner Bauern heran, als sie ihn einsargten. Sie spürten, daß ein Großer, ein Ungeheuerlicher von ihnen gegangen war. Dann schob der Jörg den Deckel auf die fichtene Kiste und nagelte den Sarg zu. Vor dem Buchinger-Häusl stand bereits der Leiterwagen, angesträngt waren zwei Kühe. Die Bauern hoben den Sarg auf das Gefährt, dann zogen die Rinder langsam an und trotteten mit nickenden Köpfen auf Klautzenbach zu. Aus den ziehenden Herbstnebeln heraus drang noch einmal der Gipfel des Rabenstein, des Berges, der dem Stoaberger so sehr zum Schicksal geworden war. Dann verhüllte sich der Bergschädel wieder, der Kuhwagen polterte an Klautzenbach vorbei.

Gegen Mittag erreichte er Zwiesel; die Rinder trotteten auf die Hammerbrücke zu. Als sich der Leichenwagen genau in der

Mitte des Brückenbogens befand, krachte unvermittelt ein Rad von der Nabe. Der Wagenboden senkte sich jäh, der Sarg kam ins Rutschen und polterte auf die Fahrbahn. Als er aufschlug, splitterte der Deckel weg. Aus dem hölzernen Gehäuse heraus fuhr der verkrüppelte Arm des Stoabergers ins Freie, ganz so, wie er es prophezeit hatte, als er zum letzten Mal gesprochen hatte.

Entsetzen packte die Trauergäste, Entsetzen vor dem Übernatürlichen, das noch einmal sicht- und greifbar geworden war. Die meisten wußten inzwischen, was der Stoaberger noch über sein eigenes Begräbnis vorhergesagt hatte; die anderen erfuhren es jetzt.

Lange wagte es keiner, sich dem Sarg mit dem herausragenden Totenarm zu nähern. Endlich faßte sich der Jörg ein Herz, drückte das leichenstarre Glied des Freundes behutsam in die Kiste zurück und verschloß notdürftig den Deckel wieder. Ein Stellmacher kam und reparierte das Wagenrad. Dann legte der Leichenzug das letzte Stück bis zur Zwieseler Kirche zurück. Dort wartete der Pfarrer mit einem galligen Ausdruck im Gesicht.

„Das Gotteshaus hat er geschändet in einer Mettennacht vor vielen Jahren", eröffnete er den Buchingers, „und dann hat er sich nie wieder in der Kirche sehen lassen. Ein blutiger Heide ist er gewesen, und ich werde es nicht dulden, daß er wie ein Christenmensch auf meinem Gottesacker beigesetzt wird."

„Aber der Stoaberger hat doch ein Recht auf sein Grab", bettelte erschrocken die Buchingerin. „Ein jeder Mensch hat ein Recht darauf, ob er es jetzt mit der Kirch'n gehalten hat oder nicht!"

„Dann verscharrt ihn halt außerhalb der Friedhofsmauer", bestimmte der Pfarrer. „Ich werde dann kommen und ein Vaterunser für seine sündige Seele sprechen."

„Er hat's gewußt. Er hat gesagt, daß er auf dem Schandplatz[83]) eingescharrt werden wird", murmelte der Jörg. „Und wir können nichts gegen den Pfaffen machen..."

Er nahm die Leitseile wieder auf und lenkte das Fuhrwerk bis zu der genannten Stelle. Der Totengräber hatte die Grube auf Anordnung des Pfarrers bereits ausgehoben. Der Jörg und ein paar Nachbarn aus Rabenstein senkten den fichtenen Sarg in die Erde. Dann polterten die feuchten Schollen auf die Kiste hinunter, während der Zwieseler Pfarrer sein herzloses Gebet murmelte. Als der Hügel aufgewölbt und geglättet war, verliefen sich die Trauergäste schnell. Der Pfarrer war schon lange vorher verschwunden. Nur der Buchinger und sein Weib standen noch ein Weile vor der Grabstelle des Stoabergers, und die Tränen, die sie um ihn weinten, kamen aus ehrlichen Herzen.

*

Abgestorben war der Leib des Matthäus Lang; tot war der Stoaberger oder der Mühlhiasl, wie sie ihn draußen im Donaugäu und im Vorwald genannt hatten, dennoch nicht. Denn nur seinen Leib hatte die Mißgunst des Pfaffen ehrlos verscharren lassen können, seine Prophezeiungen, seine Gesichte hingegen lebten weiter. Von Mund zu Mund wurden sie jetzt immer häufiger weitergesagt, wanderten wie nie in seinem Leben über die Dörfer, die Marktflecken und die Städte. Manches von dem, was der Seher aus sich gefaucht hatte, war bereits eingetroffen, das andere würde noch kommen, davon waren zahllose Menschen jetzt überzeugt. Und weil sie davon überzeugt waren, wollten sie nicht, daß die seltsamen Vorhersagen des Stoabergers vergessen wurden. Die einen gaben sie mündlich weiter; bald auch fanden sich andere, die sie aufschrieben, unbeholfen und fehlerhaft oft, aber den Sinn erfaßten sie, und in den folgenden Jahren begannen auch diese Blätter durch den Wald und durch den Donaugäu zu wandern.

Durch einen Zufall geriet eine dieser Abschriften um das Jahr 1820 in die Obere Klostermühle von Windberg. Dort lebte noch immer der Bruder des Sehers vom Rabenstein, der nunmehr gut sechzigjährige Johann Lang, der viele Jahre zuvor mit dem Hiasl so mörderisch aneinandergeraten war. Seitdem hatte der Hans seinen einzigen Bruder aus seinem Gedächtnis zu tilgen versucht, doch als nun der Hausierer mit den hingekritzelten Prophezeiungen in die Mühle kam und von dem armseligen Tod des Stoabergers berichtete, begann der Hans erschrocken nachzufragen. Er ahnte etwas, und seine Ahnung bestätigte sich schnell, als er erfuhr, daß der Hellseher während der letzten Jahre vor seinem Tod im Buchinger-Häusl zu Rabenstein gelebt hatte. „Ich hab' immer geglaubt, der Hiasl wär' verschollen", murmelte er. „Hab' auch gar nicht wissen wollen, wo er geblieben war. Hab' gedacht, vielleicht ist er gar ins Amerika hinüber, wie er damals sein Weib und die Kinder verlassen hat. Hab' immer nur einen Haß auf ihn gehabt, aber jetzt, wo ich weiß, daß er bloß zwei Tag' von Windberg weg begraben sein könnt' ..."

Noch einmal fragte er den Hausierer eindringlich aus, dann kaufte er ihm die geschriebenen Prophezeiungen für einen sehr großzügigen Preis ab, verwahrte sie gut in seinem Geldkasten und machte sich unverzüglich auf den Weg nach Rabenstein.

Der Jörg und sein Weib bestätigten ihm, was er ohnehin bereits geahnt hatte. Der Stoaberger von Rabenstein war wirklich sein Bruder gewesen, der Mühlhiasl von Apoig. „Bei euch drunten hat er die Heimat verloren gehabt, aber bei uns herinnen im Wald hat er ein bissl davon wiedergefunden", sagte der Jörg zuletzt.

Er hatte es ehrlich, jedoch ohne allzu scharfe Anklage vorgebracht, und deswegen wagte der Hans jetzt zu bitten: „Um der Barmherzigkeit willen, bringts mich zu seinem Grab!"

Die Buchingers taten es gerne. Gemeinsam fuhren sie im Einspänner des Klostermüllers nach Zwiesel hinüber, und dann stand der Hans vor dem inzwischen längst eingefallenen Erdhügel, unter dem sein Bruder ruhte, zu dem er im Leben nicht mehr hatte finden können, weil sein Herz auf schändliche Weise verhärtet gewesen war.

Jetzt aber öffnete sich das Herz des Klostermüllers wenigstens noch im Nachhinein; die Tränen kamen ihm, und er schämte sich nicht deswegen, und er dachte daran, wie der Hiasl und er als Kinder zusammen gespielt hatten. Zuletzt atmete der Hans tief durch, dann eröffnete er den Buchingers: „Er soll nicht hier im Schandgrab liegenbleiben! Er soll zurück in seine Heimat. Ich werd' alles tun, was dazu nötig ist, wenn ihr nichts dagegen habt."

„Was sollten wir dagegen haben, wenn du dich mit ihm aussöhnen willst", erwiderte leise die Buchingerin, und der Jörg nickte zustimmend.

Wenige Wochen später wurde der Sarg des Matthäus Lang exhumiert und in den Vorwald gebracht. Auf dem Windberger Friedhof fand der Mühlhiasl seine endgültige Ruhestätte.

Noch einmal hatte sich eine Prophezeiung des Sehers erfüllt. Denn nach dem Kampf mit dem Hans und dann noch einmal, als der Vater verstorben war, hatte der Hiasl gesagt, daß sein Bruder so lange nicht würde über seinen Schatten springen können, bis er selbst einmal tot sei. Und selbst dann müsse der Hans noch weit rennen mit seiner Reue.

Jetzt war es eingetroffen. Der Klostermüller hatte einen langen Weg zurücklegen müssen, ehe er den verstorbenen Bruder hatte heimführen können, und über seinen Schatten war er dabei auch gesprungen, denn jetzt war kein Haß mehr in seinem Herzen.

Bis zu seinem eigenen Tod besuchte der Hans das Grab oft. Dann gingen ihm die schrecklichen Mahnungen und Warnungen des Sehers durch den Kopf, in denen er immer wieder las, aber er verzweifelte dennoch nicht an den fürchterlichen Bildern. Sein eigenes Tun hatte ihm gezeigt, daß es immer noch Hoffnung gab, auch wenn scheinbar alles zerbrochen war, und deswegen konnte der Hans, der Bruder des Mühlhiasl, auch auf ein Weiterbestehen der Welt trotz allem hoffen.

Anmerkungen

1) Waibel = Feldwebel.
2) Der letzte Hexenprozeß in der Gegend von Bogen/Straubing fand 1750 statt. Es hätte also im Jahr 1741 durchaus noch zu einem Inquisitionsverfahren gegen Anna Maria Iglberger kommen können. Das Mädchen wäre dann vermutlich verbrannt worden.
3) Der Ort heißt heute Steinburg; Mitte des 18. Jahrhunderts nannte man ihn noch Steinberg.
4) Hebammen waren bis in die Neuzeit herauf in besonders großer Gefahr, als Hexen verleumdet und ermordet zu werden. Diese „weisen Frauen" waren nämlich nicht nur naturheilkundig, sondern verfügten auch über Mittel zur Empfängnisverhütung. Beides war der katholischen Kirche ein arger Dorn im Auge. Sie nahm ja Krankheiten und Leiden als angeblich gottgewollt hin und verurteilte die Geburtenkontrolle rigoros. Letzteres zeigt bekanntermaßen noch heute seine gerade in der „Dritten Welt" bevölkerungspolitisch verderblichen Auswirkungen.
5) Die Kelten nahmen eine Anderwelt, eine weitere Dimension der menschlichen Existenz hinter der Sichtbaren an. Dem Autor erscheint dieses heidnische Weltbild gerade im Zusammenhang mit parapsychologischen Phänomenen hochinteressant zu sein, weshalb der Begriff der Anderwelt im Roman mit den Fähigkeiten des Mühlhiasl verknüpft wird.
6) Das Taufdatum des Matthäus Lang ist gesichert. Es findet sich für den 16. September 1753 ein Eintrag in den Annalen des Klosters Windberg. Das Geburtsdatum dagegen steht nicht fest, außer Geburtstag und Tauftag wären zusammengefallen. Da die Taufe in Windberg und nicht im doch ein Stück entfernten Hunderdorf stattfand, hält der Autor dies für eher unwahrscheinlich. Der eigentliche Geburtstag des Matthäus Lang wurde deswegen um zwei Wochen zurückverlegt.
7) Der Taufpate Georg Bayr aus Buchberg ist historisch gesichert.
8) Um das Jahr 1750 begründete der Regensburger Büchsenmacher Johannes Jakobus Kuchenreuter durch einige Neuerungen den nachmaligen Weltruhm seiner Waffen. Ein Kuchenreuter-Gewehr war zu jener Zeit ein Luxusgegenstand. – Die Firma Kuchenreuter besteht noch heute in Regensburg.
9) Die erwähnte Steinplastik ist auch in unseren Tagen noch im Kloster Windberg zu sehen. Bei der Altersbestimmung und der Schilderung der Geschichte des Kunstwerks hat der Autor von seiner künstlerischen Freiheit Gebrauch gemacht.
10) Die Person des Windberger Paters Altmann ist historisch gesichert.
11) Daß „voraus" getauft wurde, war nach Dr. Rupert Sigl ein oft geübter Brauch im alten Bayern. Daß man auch bei der Taufe des Apoiger Müllerssohnes so verfuhr, ist daher als ziemlich sicher anzunehmen. Der Taufname Matthäus bestätigt diese These.

12) An Lichtmeß wechselten die Dienstboten im ländlichen Bayern nach alter Sitte ihre Stellen.

13) Die Degenberger Ritter und Freiherren gehörten im ausgehenden Mittelalter zu den mächtigsten Adelsgeschlechtern des Bayerischen Waldes. Die Burg Degenberg östlich von Bogen wurde im 15. Jahrhundert während des sogenannten Böckler-Krieges erobert und zerstört. Ein Edelknecht (Kleinadliger) namens Donnersteiner führte damals die Sturmtruppen an. Heute ist die Ruine im Vorwald, um die sich die üblichen Sagen ranken, kaum noch auszumachen. Es liegen tatsächlich nur noch einige Steinreste im Wald.

14) Die Burg Weißenstein wurde im Jahr 1742 zerstört, war also zum Zeitpunkt der Erzählung bereits eine Ruine.

15) Bei der „Deggendorfer Gnad'" handelt es sich um eine katholische Wallfahrt allerschändlichsten Ursprungs. Sie wurde nach einem Massenmord an den Deggendorfer Juden im Mittelalter eingeführt, jedoch nicht zur Sühne für die Untat, sondern um die „Befreiung" Deggendorfs von den „Christmördern" zu feiern. Die Wallfahrt wird heute noch durchgeführt. Verschiedene Bemühungen christlich-jüdischer Gesellschaften sie abzuschaffen, blieben vergeblich.

16) Der Natternberg bei Deggendorf ist mit einer Teufelssage verknüpft. Angeblich soll der Teufel den Berg aus Wut über das Deggendorfer Glockenläuten in die Donauebene geschleudert haben.

17) Schachten = Waldweiden.

18) Der Autor versucht hier aufzuzeigen, wie die Legende von der Bärentreiberabkunft des Mühlhiasl/Stoabergers entstanden sein könnte.

19) Die Familie derer von Kißling zu Rabenstein ist historisch gesichert. Die Kißlings hatten Schloß und Glashütte von 1744 bis 1857 in ihrem Besitz.

20) Die Rabensteiner Glashütte soll angeblich die erste des Bayerischen Waldes gewesen sein, zumindest war sie eine der ältesten. Sie wurde gleichzeitig mit dem Schloß Rabenstein errichtet, das für das Jahr 1421 erstmals urkundlich bezeugt ist.

21) Ein Sud aus der Arnikapflanze wurde in früheren Jahrhunderten gerne als Desinfektionsmittel verwendet.

22) Cellerar = Keller-, Vorratsmeister in einem Kloster.

23) Modernen Forschungsergebnissen zufolge werden 90 Prozent des menschlichen Gehirns im alltäglichen, bewußten Lebensablauf nicht genutzt. Manche Parapsychologen vermuten, daß in diesen Bereichen des menschlichen Gehirns, wenn sie aktiver werden können, die sogenannten übernatürlichen Fähigkeiten schlummern.

24) Christian Wolff war einer der führenden protestantischen Aufklärungsphilosophen Deutschlands. Auch als Mathematiker machte er sich einen Namen.

25) Der „Bayerische Hiasl", eigentlich Matthias Klostermayr, war einer der berühmtesten Räuber Süddeutschlands. In der Volkserinnerung lebt er noch heute fort.

26) In der Straubinger Gegend brach der Hexenwahn immer und immer wieder aus. Es hatte mit dem sogenannten Geislinger Hexenprozeß von 1689 bis 1692 begonnen (siehe auch Tatsachenroman des Autors „Die Hexe soll brennen") und erst zwei Generationen später sein Ende gefunden. (Vergleiche auch Anmerkung 2!)

27) Im Jahr 1777 war in Spanien die Inquisition wiedereingeführt worden. Andreas Zaupser protestierte dagegen mit seiner Ode. In dem damals sehr populären Gedicht heißt es unter anderem: „Fährt wieder prasselnd auf dein kaum erstorbenes Feuer/Megäre Inquisition,/Des Orkus und der Dummheit Tochter, Ungeheuer,/Pest der Vernunft und der Religion!"

28) Der Bayerische Erbfolgekrieg dauerte vom fünften Juli 1778 bis zum 13. Mai 1779. Es war – wie immer – ein Krieg, in dem es allein um die Machtinteressen der Herrschenden ging. Bayern und Böhmen wurden im Verlauf der Kriegshandlungen arg in Mitleidenschaft gezogen.

29) Der 30. Dezember 1777 war der Todestag der Kurfürsten.

30) Dalmatika = Teil (Übergewand) der Pandurenuniform.

31) Der Begriff krawottisch ist eine Verballhornung von kroatisch. Im bayerischen Sprachgebrauch ist damit – nach den bösen Erfahrungen mit den kroatischen Truppen Österreichs – etwas Böses, Gemeines, Verachtenswertes gemeint.

32) Der Autor hält die Gleichsetzung „Rotjankerl" gleich Panduren für sehr wahrscheinlich. Die Panduren trugen nämlich zum Teil rote Uniformteile. Daß die „Rotjankerl" in der zweiten Hälfe des 20. Jahrhundertes immer wieder mit den sowjetischen Truppen gleichgesetzt wurden, erscheint dem Autor hingegen als politische Propaganda und Panikmache. Die sowjetische Armee trug niemals rote Uniformen. Die Interpretation „Rotjankerl" gleich Kommunisten ist ein gutes Beispiel dafür, wie sehr die Prophezeihungen des Mühlhiasl/Stoabergers für bestimmte Zwecke verfälscht wurden. Dies gilt durchaus auch für andere seiner Aussagen.

33) Achezn = ächzen.

34) Auf die Gant kommen = abwirtschaften, Konkurs machen.

35) Barbara Lorenz aus Racklberg ist als historische Person gesichert.

36) Schammerl = Schemel.

37) Unkampet = unhandlich, schwer.

38) Auswärts = Frühjahr.

39) Zur Zeit der Erzählung wurde die katholische Messe noch „volksabgewandt" zelebriert. Das heißt, der Kleriker blickte auf den Altar und wandte den Gläubigen den Rücken zu. Erst seit dem II. Vatikanischen Konzil sind Altar und Kleriker dem Volk zugewandt.

40) Stiftgut = Lehensgut, Pachtgut.

41) Das sogenannte Mühlhiaslkreuz und die damit verbundene Geschichte sind historisch gesichert. Das Kreuz soll bis 1935 in der Oberen Klostermühle von Windberg aufbewahrt worden sein, dann kam es in den

Besitz des Hunderdorfer Pfarrprovisors Gerhard Lecker, der es später einer Deggendorferin schenkte, die es noch heute aufbewahrt. Durch Gerhard Lecker ist auch die im Roman geschilderte Geschichte, die sich um das Kruzifix rankt, überliefert. Als der Pfarrprovisor es entdeckte, war das Kreuz schwer beschädigt. Es handelt sich um ein ur-'altes gotisches Schnitzwerk, dessen Corpus etwa 30 Zentimeter hoch ist.

42) Austrag = Ruhestand im bäuerlichen Leben.

43) Der Hochzeitstermin des Matthäus Lang und der Barbara Lorenz ist historisch gesichert. Sicher ist auch, daß dem Paar acht Kinder geboren wurden. Daß vier davon früh wieder verstoren sind, hat der Autor erfunden.

44) G'stanzl = nicht unbedingt bösartiger Spottgesang. Die kurzen Liedstrophen werden oft aus dem Stegreif gereimt. Wenn ein dermaßen Verspotteter sich spontan wiederum mit einem G'stanzl wehren kann, trägt ihm das hohes Ansehen ein.

45) Hutschen = schaukeln, wiegen.

46) Jean Paul, eigentlich Johann Paul Friedrich Richter, (1763–1825) war einer der ganz großen ostbayerischen Dichter. Er stammte aus Wunsiedel in der Oberpfalz. Von der Literaturkritik wird er teilweise bis heute verkannt.

47) Nikolaus Luckner wurde als Sohn eines Gastwirts und Hopfenhändlers in Cham geboren. Mit 15 Jahren riß er von zu Hause aus, kämpfte zunächst gegen die Türken, diente anschließend in zahlreichen Armeen als Söldner, bis er 1763 in die damalige königliche französische Armee eintrat. Er stand damals bereits im Rang eines Generalleutnants. Später wurde er geadelt. Nach 1789 befehligte er die Rheinarmee der revolutionären Truppen; einer seiner Leutnants war der Dichter der „Marseillaise", die er Luckner auch widmete. 1793 wurde Graf Luckner, nunmehr Marschall, seines Amtes enthoben. Als er ein Jahr später nach Paris reiste, um seinen noch ausstehenden Sold einzuklagen, wurde er kurzerhand hingerichtet.

48) Rumfordsuppe. Nach dem Engländer Rumford benannt, der damit sozusagen die erste staatliche Armenspeisung der Moderne einführte.

49) Johann Pezzl war ein Reiseschriftsteller und Sozialrevolutionär, der in seinen oft anonym erscheinenden Büchern „Möncherey und Preßzwang, Aberglauben, Fanatism, Pfaffentrug, Despotendruck und Verfolgungsgeist" im Bayern des späten 18. Jahrhunderts rigoros anprangerte. Geboren war er in Mallersdorf als Sohn des dortigen Klosterbäckers, später lebte Pezzl in der Schweiz, in Salzburg und in Wien.

50) Das sogenannte Direktorium, aus fünf Mitgliedern des Nationalkonvents bestehend, hatte von 1795 bis 1799 die Exekutivgewalt im nachrevolutionären Frankreich inne. Man kann in ihm bereits eine Vorstufe der späteren Alleinherrschaft Napoleons sehen.

51) 18. Brumaire = Bezeichnung nach dem revolutionären Kalender für den neunten November.

52) Abt Joachim von Windberg ist als historische Person gesichert. Im Gegensatz zur Darstellung im Roman verstarb er jedoch nicht zum genannten Zeitpunkt, sondern wurde von seinen eigenen Mönchen abgesetzt. Der Autor veränderte hier die historische Realität aus erzählerischen Gründen.

53) Der erwähnte Pachtvertrag ist in seinen Details historisch gesichert.

54) Flez = Hausflur.

55) Ignaz von Windberg ist historisch gesichert. Er trat die Nachfolge von Abt Joachim zum genannten Zeitpunkt an.

56) Ein Abt jener Zeit war einem Hochadligen gleichgestellt; er trug praktisch mit seinem Abts- auch den Grafentitel.

57) Ruach = Geizhals, Raffer.

58) Prim = erste Messe im Tagesablauf der Mönche, die noch während der Nacht zelebriert wurde.

59) Hafen (Krauthafen) = Kochgefäß

60) Bams(en) = Kind(er).

61) Krischperl = Jämmerling, Kümmerling.

62) Ehehalten = bäuerliches Gesinde.

63) Der bayerische Volksmund bezeichnete die Mönche noch bis in die Gegenwart herauf so. Der Grund ist recht delikater Natur. Selbst die Berührung gewisser Körperteile aus rein „entsorgerischen" Gründen galt den Mönchen bereits als Sünde . . .

64) Gemeint sind sogenannte Aussterbeklöster. Sie wurden in Bayern nach der Säkularisation eingerichtet. Die Regierung faßte dort die aus ihren eigenen Klöstern vertriebenen Mönche zusammen, damit sie in diesen „Sammellagern" allmählich wegsterben sollten.

65) Plätte = flachbödiges Flußschiff, Lastkahn.

66) Das Böhm = Böhmen.

67) Gestöckelte Milch = Joghurt.

68) Gewichst = blank geputzt.

69) Gemeint ist der italienische Freiheitskämpfer Garibaldi, der 1862 und 1867 versuchte, den Kirchenstaat einzunehmen und das Papsttum zu vernichten. Garibaldi und seine Truppen trugen rote Halstücher.

70) Während der Säkularisation wurden in Bayern 131 Klöster verstaatlicht und geräumt.

71) In Rauhbühl bei Viechtach steht heute ein einmaliges Denkmal für den Mühlhiasl/Stoaberger. In seiner „Gläsernen Scheune" hat der Kunstmaler Rudolf Schmid überdimensionale Bildwerke mit Darstellungen aus dem Leben des Sehers geschaffen.

72) Reußen = Russen.

73) Es gibt die Theorie, daß die Erdbeben, die sich in den letzten Jahrzehnten weltweit gehäuft haben, auch durch unterirdische Atomversuche verursacht werden. Die Druckwellen könnten sich entlang der Verwerfungsli-

nien in der Erdkruste fortpflanzen und dann auf anderen Kontinenten die Katastrophen auslösen.

74) Hahnenriegel, Emahlenriegel = Berge bei Rabenstein.

75) Flietsch'n = Fledermaus. Im „Dritten Reich" wurden Geldscheine eingeführt, auf denen ein Adler zu sehen war. Die Darstellung der Adlerflügel war nicht recht gelungen, weshalb der Vogel im Volksmund bald als Flietsch'n bezeichnet wurde, weil er eher einer Fledermaus ähnelte.

76) Die 70 000 Mann beziehen sich auf das Hauptheer Napoleons. Bei seinem Rußlandfeldzug waren noch andere Armeen im Einsatz.

77) Störnäherin = wandernde Näherin, die in den Häusern ihrer Kunden arbeitete.

78) Es zogen genau 30 249 bayerische Soldaten mit Napoleon. Nur 2997 Mann kehrten unversehrt in die Heimat zurück.

79) Gemeint ist die Völkerschlacht bei Leipzig. Sie fand vom 16. bis zum 19. Oktober 1813 statt.

80) Hier ist die Schlacht von Waterloo in Westeuropa (Belgien) gemeint. Napoleon erlebte dort die entscheidende Niederlage am 18. Juni 1815.

81) Bayern hatte schon am achten Oktober 1813 den Bündnisvertrag mit Frankreich gebrochen, obwohl es Napoleon immerhin den zuvor nie erreichten Status des Königreiches verdankte. In der Völkerschlacht bei Leipzig kämpfte Bayern auf Seiten der antinapoleonischen Koalition.

82) Kronawittstaude = Wacholderbusch.

83) Eine Grabstelle außerhalb der Friedhofsmauer galt als schändlich. Es wurden dort vor allen Dingen ungetaufte Kinder, Selbstmörder und Mittellose beigesetzt. Die katholische Kirche grenzte also die Hilflosen, die Armen und Verzweifelten sozusagen noch im Tod aus der Gesellschaft aus. Die Reichen konnten sich Grabstätten möglichst nahe bei der Kirche kaufen und glaubten dann, daß sie so um so leichter „erlöst" werden würden.

Nachwort

Einige Jahre vor seinem Tod war es mir vergönnt, ein längeres Gespräch mit dem Schriftsteller Paul Friedl, dem unvergessenen „Baumsteftenlenz", zu führen. Unsere Unterhaltung drehte sich um den Mühlhiasl und damit logischerweise auch um die fatale Möglichkeit eines dritten Weltkrieges sowie um die schon damals drohende globale Umweltkatastrophe. Meine Kernfrage an den älteren Kollegen lautete, ob denn unabdingbar eintreffen müsse, was der Mühlhiasl über den Ersten und Zweiten Weltkrieg hinaus prophezeit habe.

Paul Friedl, der sich in einem Roman und in mehreren anderen Veröffentlichungen intensiv mit dem ostbayerischen Hellseher auseinandergesetzt hatte, verneinte dies – und er tat es ganz offensichtlich aus seiner reichen Lebenserfahrung heraus. Seine Antwort auf meine Frage lautete in etwa dahingehend, daß Menschen wie der Mühlhiasl eher Warner und Mahner seien, daß sie zwar mögliche verderbliche Entwicklungen der Menschheit voraussehen könnten, daß die Menschheit aber trotzdem die Chance habe, solch schlimme und möglicherweise tödliche Irrwege durch Vernunft, guten Willen und Kontrolle der Mächtigen zu korrigieren.

In den folgenden Jahren und dann auch bei der Niederschrift des vorliegenden Romans ließ mich diese – in meinen Augen enorm wichtige Erkenntnis – nicht mehr los. Es lag mir nicht daran, mit Hilfe der Mühlhiasl-Prophezeiungen ein ausweglos25 Weltuntergangsszenario zu zeichnen, sondern ich wollte – ganz im Sinne des Sehers, davon bin ich überzeugt – aufrütteln, wachrütteln, schreien. Dies um so mehr, als der Romanstoff mitten in der Niederschrift plötzlich auch noch beklemmende Aktualität gewann.

Während ich am Kapitel „Zerkrachendes Leben" arbeitete, brach der Golfkrieg aus. Wenige Tage später war ein Meer verseucht, fiel schwarzer Regen im Iran, heulten israelische Sirenen Giftgasalarm, drohte ein Atomschlag, sprachen Wissenschaftler von der Möglichkeit einer sich total verdunkelnden Stratosphäre, auch von der Gefahr eines global sich ausweitenden Ozonlochs. Unheimlich nahe und unheimlich bedrohend waren die Vorhersagen, die Warnungen und Mahnungen des Mühlhiasl da auf einmal geworden.

Tagelang konnte ich nicht mehr schreiben. Doch dann schenkten mir andere Menschen wieder Kraft. Es waren diejenigen, die sich nicht wort- und wehrlos in den Abgrund reißen lassen wollten: Eine arabische Frau mit einem Kleinkind auf dem Arm, die mir im Supermarkt trotz allem zulächelte. Die Israelis, die nach den Scud-Angriffen auf einen Gegenschlag verzichteten, um den Konflikt nicht noch weiter eskalieren zu lassen. Die Friedensdemonstranten, die weltweit auf die Straßen gingen und protestierten. Die irakischen Deserteure, die dem Wahnwitzigen nicht länger folgen wollten. Die Bundeswehrsoldaten, die sich dazu aufrafften, den Kriegsdienst zu verweigern. Diejenigen unter den Politikern (zumeist leider nur linke und alternative), die ehrliche Betroffenheit und ehrliche Angst zeigten. Sie alle gaben mir die Kraft, Widerstand auf meine Art zu leisten und am vorliegenden Roman weiterzuarbeiten. Ich tat es mit gesteigerter Wut auf die Machtmenschen jeglicher Couleur und mit gesteigertem Mitleid mit den scheinbar Machtlosen. Und ich fühlte mich dabei dem Mühlhiasl nahe wie nie.

So sind Passagen in den Roman gelangt, die auf Prophezeiungen des Mühlhiasl aufbauen, die aber dann – und dies ist mein Recht als Schriftsteller – rigoros ins Brandaktuelle hinein weitergeschrieben wurden. Denn der Mühlhiasl und seine Vorhersagen sind alles andere als seltsame Folklore oder lediglich Skurriles; sie gehen uns alle auf ganz existentielle Weise an, und in diesem Sinne habe ich versucht, sein Leben und sein Wirken zu schildern. Kämpferisch war er, die Menschheit herumreißen wollte er, und ich habe dabei mit meinen eigenen bescheidenen Mitteln gerne in seinem Schatten gestanden.

Diese Sätze ans Ende des Romans zu stellen, war mir Bedürfnis. Notwendig ist es nun, auch noch einiges zur Mühlhiasl-Forschung sowie zur Überlieferung seiner Prophezeiungen zu sagen.

Die Theorien, die es über den ostbayerischen Seher gibt, sind zahlreich. Gesicherte Lebensdaten hingegen gibt es nur wenige. Manche Forscher nehmen sogar die Existenz zweier verschiedener Menschen an, die allerdings seltsamerweise beide dasselbe prophezeit haben sollen. Der eine wäre der Mühlhiasl von Apoig aus dem Vorwald bei Bogen gewesen, der andere ein gewisser Stormberger (auch Starnberger, Starremberger, Sturmberger, Stoaberger usw.), der in Rabenstein bei Zwiesel gelebt haben soll. Diese Duplizität erscheint mir allerdings so unwahrscheinlich, daß ich ihr in meinem Roman nicht gefolgt bin. Ich habe mir statt dessen eine sehr vernünftige und logische Erklärung des Straubinger Journalisten und Schriftstellers Dr. Rupert Sigl zu eigen gemacht und habe den Seher im Roman unter zwei verschiedenen Namen auftreten lassen. Die Indizien weisen fast zwingend darauf hin, daß er im Vorwald als Müller und damit eben als Mühlhiasl bekannt war, während er sich bei seinen späteren Aufenthalten im Zwieseler Raum nach seiner kirchlichen Herkunftsgemeinde Steinberg dann eben als Stoaberger bezeichnete. Dieser Herkunftsname wird wohl später verballhornt worden sein.

Unter diesen Voraussetzungen lassen sich wenigstens einige Lebensdaten und historische Bezugspersonen des Matthäus Lang aus der Gemeinde Steinberg bestimmen. Sie wurden von mir im Roman allesamt verarbeitet. Hintergrundmaterial dazu findet sich im Anhang des Buches. Zur weiteren Information empfehle ich vor allem das Buch „Der Mühlhiasl und seine Prophezeiungen" von Walther Zeitler, Amberg, 1987.

Die Prophezeiungen, die ich im Roman verwendet habe, sind den verschiedenen überlieferten Handschriften entnommen. Gelegentlich habe ich aus erzähltechnischen Gründen die eine oder andere Vorhersage vom Satzbau her leicht verändert. Auch habe ich manche Aussagen des Mühlhiasl/Stoabergers ausgeweitet und erzählerisch kommentiert oder aktualisiert. Es war jedoch nicht meine Absicht, sie auf diese Weise zu verfälschen, weshalb in einem weiteren Anhangteil dieses Buches die Mühlhiasl/Stoaberger-Prophezeiungen im Original – allerdings in moderner Sprache – abgedruckt sind. Ich habe hierfür die sogenannte Keilhofersche Handschrift ausgewählt, zitiert nach einer 1921 entstandenen Abschrift von Paul Friedl. Daß das Original viele Generationen früher entstand, braucht eigentlich nicht extra betont zu werden.

Ansonsten weise ich darauf hin, daß es sich bei einem Roman stets weitgehend um ein Phantasieprodukt handelt. Ich habe mich jedoch bemüht, ein Buch zu schreiben, das das gesamte gesicherte Wissen über den Mühlhiasl/Stoaberger berücksichtigt und ansonsten, wo immer möglich, den Indizien, die sein Leben ebenfalls erhellen können, folgt.

Am wichtigsten erscheinen mir jedoch die Warnungen und Mahnungen des Sehers. Ich bitte meine Leser, das Buch vor allem in diesem Sinne aufzunehmen.

Zwiesel
Februar 1991
Manfred Böckl

Die Prophezeiungen

(Nach der Keilhoferschen Handschrift, weitergegeben von Paul Friedl, vom Autor sprachlich da und dort etwas modernisiert.)

Ihr lieben Leut', es wird eine Zeit kommen, da werden die Leut' allerweil gescheiter und närrischer werden.

*

Wenn ihr wüßtet, was euch, euren Kindern und Enkeln bevorsteht, ihr würdet in Schrecken vergehen.

*

Das ist die erste Zeit:
Wenn sich die Bauern wie die Städtischen kleiden, und wenn sie mit gewichsten Stiefeln in der Miststatt stehen.

*

Wenn man die Weiberleut' wie die Geißen spürt.

*

Wenn es nur noch rote Hausdächer gibt.

*

Wenn auf den Straßen die weißen Gäns' daherkommen.

*

Wenn die roten Hüt' aufkommen, das ist dann die erste Zeit.

*

Eiserne Straßen werden in den Wald gebaut, und grad an Klautzenbach vorbei wird der eiserne Hund bellen.

*

Wagen werden gemacht, die ohne Roß und ohne Deichsel fahren.

Und der Übermut wird keine Grenzen mehr haben.

*

In die Schwarzach wird eine eiserne Straß'n gebaut, die wird nicht mehr fertig.

*

In Zwiesel wird ein großes Schulhaus gebaut wie ein Palast, für die Soldaten.

*

In Zwiesel wird alles voll Häuser, und einmal werden die Brennessel aus den Fenstern wachsen.

*

Wenn die Rabenköpf' aufkommen und dann schön stad wieder abkommen, beginnen diese anderen Zeiten.

*

Wenn das Korn reif ist, wird ein großer Krieg kommen.

*

Die Leute werden allerweil mehr statt weniger.

*

Das Geld wird keinen Wert mehr haben.

*

Um zweihundert Gulden kann man keinen Laib Brot kriegen.

*

Es wird aber keine Hungersnot sein.

*

Das Geld wird zu Eisen.

*

Um ein Goldstück kann man einen Bauernhof kaufen.

Von den Leuten wird eines das andere nicht mehr mögen.

*

Den Herrgott werden sie von der Wand reißen und im Kasten einsperren.

*

Jeder wird einen anderen Kopf haben.

*

Die Leut' werden in der Luft fliegen wie die Vögel.

*

Ein großer weißer Vogel wird in den Wald kommen.

*

Der Wald wird so licht werden wie des Bettelmanns Rock.

*

Auf jedem Stock wird ein Jäger sitzen.

*

Und vom Hühnerkobel bis zum Rachel wird man durch keinen Wald mehr zu gehen brauchen.

*

Das Holz wird so teuer werden wie das Brot, aber es langt.

*

Die Kleinen werden groß und die Großen klein.

*

Dann wird es sich erweisen, daß der Bettelmann auf dem Roß nicht zu derreiten ist.

*

Der Glaube wird so klein werden, daß man ihn unter einen Hut hinein bringt.

Der Glaube wird so klein werden, daß man ihn mit einem Geißelschnalzen vertreiben kann.

*

Sieben geistliche Herren werden in Zwiesel eine Messe lesen, und bloß sieben Leut' werden's anhören.

*

Die hohen Herren machen Steuern aus, die keiner mehr zahlen wird.

*

Viele neue Gesetze werden gemacht, aber nicht mehr ausgeführt.

*

Nachher geht's an: In der Stadt geht alles drunter und drüber.

*

Und der Bruder wird seinen Bruder nicht mehr kennen, die Mutter ihre Kinder nicht.

*

Von der Stadt werden die Leut' aufs Land kommen und zum Bauern sagen: Laß mich ackern.

*

Doch der Bauer wird sie mit der Pflugreuten erschlagen.

*

Wer feine Händ' hat, wird gehängt werden.

*

Das dauert aber nur eine oder zwei Mondlängen.

*

Die Mannsbilder werden sich tragen wie die Weiberleut und die Weiberleut wie die Mannsbilder, man wird sie nicht mehr auseinanderkennen.

*

Die Bauern werden sich hohe Zäune ums Haus machen und aus dem Fenster auf die Leut' schießen.

Zuletzt werden sie noch Steine zu Brot backen und betteln gehen.

*

Den Herrgott werden die Leut' wieder hervorziehen und ihn recht fromm aufhängen, doch wird es nicht mehr viel helfen.
Die Sach' geht ihren Lauf:
Ein Himmelszeichen wird es geben, und ein gar strenger Herr wird kommen und den armen Leuten die Haut abziehen.

*

Es wird aber nicht lange dauern, denn wenn alles das eingetroffen ist, dann kommt das große Abräumen.

*

Das Bayernland wird verheert und verzehrt, das Böhmerland mit dem Besen ausgekehrt.

*

Der Wald wird öd werden ohne Hunger und ohne Sterben.

*

Über den Hühnerkobel, über den Falkenstein und über den Rachel werden sie kommen und rote Jankerl anhaben.

*

Über Nacht wird es geschehen.

*

In einem Wirtshaus in Zwiesel werden viele Leute beisammen sein, und draußen werden die Soldaten über die Brücke reiten.

*

Die Berge werden ganz schwarz werden von Leuten.

*

Die Leute werden aus dem Wald rennen.

*

Wer zwei Laib Brot unterm Arm hat und verliert einen, der soll ihn liegenlassen, denn er wird mit einem Laib auch reichen.

Die Leut', die sich am Fuchsenriegel verstecken oder am Falkenstein, werden verschont bleiben.

*

Wer's übersteht, muß einen eisernen Kopf haben.

*

Die Leut' werden krank, und niemand kann ihnen helfen.

*

Wenn man auf den Bergen steht, wird man im ganzen Wald kein Licht mehr sehen.

*

Wenn man herüber der Donau noch eine Kuh findet, der soll man eine goldene Glocke umhängen.

*

Es wird aber wieder weitergehen:
Der erste Rauch wird im Ried aufsteigen.

*

Dort wird später eine große Kirche gebaut, und von weither werden die Leut' kommen.

*

Wenn die Leut' gereitert sind, kommt wieder eine gute Zeit.

*

Wer dann noch lebt, kriegt ein Haus geschenkt und Grund, so viel er mag.

*

Je mehr Hände einer hat, desto mehr wird er gelten.

*

Das „Gelobt sei Jesus Christus" wird wieder der Gruß sein.

Die Gescheitheit wird nichts nutz sein, und sie ist vergessen.

*

Der Hirt' wird die Kühe hüten und sagen, da ist einmal ein Dorf gestanden, dort eine Stadt.

*

Aber es wird weitergehen, und was dann kommt, ist das Ende der Welt.

*

Himmel und Erde brennen, denn es ist die Zeit da, wo alles ein Ende nimmt.

*

Und diese Zeit ist da, wenn die wilde Jagd mit Feuer und Schwefel über alle Länder braust.

*

Bis dahin ist es noch lange, dann wird kein Mensch mehr wissen, wo ist Zwiesel und wo ist Rabenstein gewesen.

*

Von allen Schrecken wird der Bänkeabräumer der letzte sein.

*

Wenn die Leut' von der Bank fallen wie die Fliegen von der Wand, beginnt die letzte Zeit.

*

Sie wird furchtbar sein.

Bücher für Bayern aus Liebe zur Heimat

Andreas Zeitler
Die Prophezeiungen des Mühlhiasl
ISBN 978-3-86646-751-4 · Preis: 7,90 €

Manfred Böckl
Prophezeiungen zum Dritten Weltkrieg
ISBN 978-3-95587-718-7 · Preis: 13,90 €

Manfred Böckl
Prophet der Finsternis
Leben und Visionen des Alois Irlmaier
ISBN 978-3-86646-793-4 · Preis: 16,90 €

Egon M. Binder
Alois Irlmaier 1894–1959
Der Seher von Freilassing · Prophezeiungen
ISBN 978-3-86646-781-1 · Preis: 9,90 €

battenberg gietl verlag — Heimat
Pfälzer Straße 11 | 93128 Regenstauf
Tel. 09402/9337-0 | Fax 09402/9337-24
E-Mail: info@battenberg-gietl.de

Heimat
battenberg
gietl verlag

Fordern Sie kostenlos unser Verlagsprogramm an!

Manfred Böckl

Der Mühlhiasl

Seine Prophezeiungen
Sein Wissen um Erdstrahlen, Kraftplätze und Heilige Orte
Sein verborgenes Leben

Schon über 35.000 verkaufte Exemplare!

Manfred Böckl
Der Mühlhiasl
ISBN 978-3-95587-057-7
Preis: 11,90 €

Folgen Sie uns auf Facebook, Instagram und Pinterest!

Das komplette Programm mit Leseproben finden Sie in unserem Online-Shop unter: **www.battenberg-gietl.de/heimat**

Bücher für Bayern aus Liebe zur Heimat

HISTORISCHE ROMANE & ERZÄHLUNGEN
VON MANFRED BÖCKL

Oft war es wie im Roman
ISBN 978-3-86646-783-5

Der Uttenschwalb
ISBN 978-3-86646-758-3

König der Wildschützen
ISBN 978-3-86646-743-9

Das Amulett aus Keltengold
ISBN 978-3-86646-702-6

Oft war es wie im Roman
Manfred Böckl ist einer der bekanntesten bayerischen Schriftsteller, ein international beachteter Literat, der es seit Jahrzehnten schafft, von seinen Büchern zu leben. Böckls Lebenserinnerungen lesen sich so spannend, kurzweilig und bereichernd wie ein mitreißender Roman.

Der Uttenschwalb
In einer Kirche aus der Kreuzzugszeit entdeckte Manfred Böckl einen Totengedenkstein aus dem Jahr 1805 mit Bezug auf die Ursprungslegende des Adelsgeschlechts der Grafen von Closen. Darauf basierend schrieb er diesen packenden Mittelalter-Roman.

König der Wildschützen
Er war der König der deutschen Wildschützen und Räuber: Matthäus Klostermayr, besser bekannt unter dem Namen „Bayerischer Hiasl". In der Mitte des 18. Jahrhunderts trieb er sein Unwesen im Augsburger Raum.

Das Amulett aus Keltengold
Ein goldenes Keltenamulett, das von Hand zu Hand durch die Jahrhunderte wandert, verbindet die in sich abgeschlossenen Erzählteile des Episodenromans und nimmt den Leser mit auf eine packende Zeitreise!

battenberg gietl verlag Heimat
Pfälzer Straße 11 | 93128 Regenstauf
Tel. 09402/9337-0 | Fax 09402/9337-24
E-Mail: info@battenberg-gietl.de

Heimat
battenberg
gietl verlag

Fordern Sie kostenlos unser Verlagsprogramm an!

Bischofsmord und Hexenjagd
ISBN 978-3-86646-714-9

Kreuzzug bis ans Höllentor
ISBN 978-3-86646-713-2

Die Leibeigenen
ISBN 978-3-86646-703-3

Bischofsmord und Hexenjagd
Das historische Bayern als Schauplatz der zwölf spektakulärsten Verbrechen unserer Geschichte. Die spannendsten Kriminalfälle werden anhand von knallharten Fakten neu aufgerollt und mitreißend erzählt.

Kreuzzug bis ans Höllentor
Das Buch erzählt von Herzog Ludwig I. von Bayern, der das Aufblühen ganzer Landstriche förderte und machthungrig mit einem Kreuzheer in den Orient segelte, wo ihn die Hölle auf Erden erwartete.

Die Leibeigenen
Die frisch vermählten Leibeigenen Konrad und Mariann fliehen vor ihrem Burgherrn in die Wildnis des Bayerischen Waldes. Ein dramatischer Kampf ums Überleben beginnt.

Die Kaiserhure
Die von allen begehrte Gürtlerstochter Barbara Blomberg wird dem alternden Kaiser Karl V. als Bettgespielin zugeführt. Barbara erträumt sich davon eine bessere Zukunft – doch dann schlägt das Schicksal zu …

Die Kaiserhure
ISBN 978-3-86646-704-0

Format 13,5 x 20,5 cm, Hardcover, Preis: 16,90 €

Folgen Sie uns auf Facebook, Instagram und Pinterest!

Das komplette Programm mit Leseproben finden Sie in unserem Online-Shop unter: **www.battenberg-gietl.de/heimat**

Heimat
battenberg gietl verlag

Manfred Böckl
Verborgene Schätze in Bayern
ISBN 978-3-86646-782-8 · Preis: 13,90 €

Manfred Böckl
Das Mysterium der Erdställe
ISBN 978-3-86646-715-6 · Preis: 13,90 €

Erleben Sie die schaurige Seite Niederbayerns und der Oberpfalz!

Gabriele Kiesl & Michael Cizek
Mystische Oberpfalz
ISBN 978-3-95587-048-5 · Preis: 24,90 €

Regensburg · Furth im Wald · Neunburg vorm Wald · Laaber · Amberg · Kallmünz · Neumarkt · Tirschenreuth · Schwandorf · Cham · Hauzenstein · Weiden

Gabriele Kiesl & Michael Cizek
Mystisches Niederbayern
ISBN 978-3-95587-738-5 · Preis: 24,90 €

Passau · Landshut · Deggendorf · Konzell · Abensberg · Straubing · Pfarrkirchen · Regen · Vilshofen · Ringelai · Freyung

---

Heimat battenberg gietl verlag

Pfälzer Straße 11 | 93128 Regenstauf
Tel. 0 94 02 / 93 37-0 | Fax 0 94 02 / 93 37-24
E-Mail: info@battenberg-gietl.de

Folgen Sie uns auch auf Facebook, Instagram und Pinterest!

Das komplette Programm mit Leseproben finden Sie in unserem Online-Shop unter: **www.battenberg-gietl.de/heimat**